현대중남미경제론

이 재 기 저

청목출판사

머리말

중남미 경제가 최근 들어 성장 활력(growth vitality)을 회복하고 있다. 1998년부터 2002년까지 외환위기(foreign exchange cirsis)와 금융불안정(financial instability)이 발생하고 경기침체(recession)가 지속되는 등 '잃어버린 5년'을 보냈던 중남미 경제는 2003년 이후 국제원자재 수요 증가와 가격 상승 그리고 중남미 통화의 평가절하(depreciation)로 인한 수출호조에 힘입어 회복세를 보이기 시작했다. 중남미 경제는 2004년에는 지난 25년간 가장 높은 5.9%의 성장률을 기록하였으며 2005년에도 4.3%의 양호한 성장률을 기록하는 등 3년 연속 성장세를 지속하고 있다.

중남미 경제는 2005년에 이어 2006년에도 성장세를 지속할 것으로 전망된다. 그러나 중남미 경제가 장기 안정적 성장궤도에 진입하기 위해서는 국가경제력(country competitiveness) 제고를 위한 경제개혁(economic reform)의 지속적 추진과 더불어 물적·인적 자본에 대한 투자 확대가 필요하다. 그러나 중남미 각국은 1990년대 이후 경제안정을 위한 긴축재정을 지속하면서 국가 기초 인프라에 대한 투자를 축소하였으며 물가안정을 위한 고금리정책으로 인해 민간부문의 투자도 아직 활성화되지 못하고 있다.

중남미 투자진출(총고정자본 형성) 증가율은 2005년에도 경제성장률을 크게 상회하는 10%를 기록하였다. 그러나 GDP 대비 투자비중은 20.4%로 여타 개도국에 비해 높지 않을 뿐만 아니라 지속가능한 경제성장(sustainable economic growth)을 시현하기에는 부족한 수준으로 평가할 수 있다. 또한 베네수엘라, 볼리비아, 아르헨티나에서 보듯이 좌파성향의 정부와 외국인투자기업과의 마찰이 증가할 가능성이 있어 향후 외국인투자기업 유치를 통한 투자확대도 낙관할 수 없는 상황이다.

향후 중남미 거시경제정책(macroeconomic policy)의 핵심은 인플레이션과 환율변동의 효과적 관리에 두어져야 하며 현재의 양호한 대외경제여건을 최대한 활용하고 장기 안정적 성장궤도 진입을 위해서 국가경쟁력의 제고가 절대적으로 요구된다. 그러나 중장기 국가경쟁력 강화방안은 교역재의 품질향상과 지속적인 혁신

(innovation)을 통한 총요소생산성(TFP : Total Factor Productivity)의 증가와 같은 비가격변수(non-price variable)의 강화에 두어져야 한다.

중남미의 생산성(productivity) 증가 가능성은 매우 큰 것으로 판단된다. 그러나 이는 신속한 투자 증가가 선행되어야만 가능하다고 할 수 있다. 중남미 경제가 지속적으로 성장하여 신규고용을 창출하고 소득수준을 제고시킬 수 있는지의 여부는 중남미 각국이 에너지, 교통, 통신 등 국가 기초 인프라와 교육 등 인적자본(human capital)에 대한 투자를 지속하여 자본스톡(capital stock)을 증가시키고 국가경쟁력을 효과적으로 향상시킬 수 있는지의 여부에 좌우된다고 할 수 있다.

본서는 중남미 경제와 관련한 연구에 있어서 저자를 비롯한 여러 학자들의 시각과 논리, 그리고 관련참고문헌과 자료를 될 수 있는대로 다양하게 소개하려고 시도하였다. 경우에 따라서는 논리적인 비약도 있으리라 생각된다. 본서가 가지고 있는 내용상의 미흡함에 대해서는 넓은 아량으로 이해해 주기 바란다. 선배 제현과 독자 여러분의 아낌없는 질타와 조언을 기대해 보며 오류로 지적되는 부분이 있으면 차후에 이를 수정할 계획이다. 그 동안 본서가 나오기까지 여러 동료 교수님들의 성원과 도움이 있었으며 이에 깊은 감사의 말씀을 드리는 바이다. 또한, 원고정리에 많은 수고를 아끼지 않았던 본교 사회과학대학에 재학하고 있는 김기덕 군과 유대석 군에게 각별히 고마운 마음을 전한다.

끝으로 출판계의 어려운 사정에도 불구하고 본서의 출판을 흔쾌히 허락해 주신 청목출판사의 유성렬 사장님과 편집에 여러모로 수고해 주신 편집부원 여러분에게 진심으로 감사의 말씀을 드린다. 본서의 집필기간 동안 가정에 소홀했음에도 불구하고 항상 사랑과 격려를 보내주고 편안한 안식처를 제공해준 사랑하는 아내 경심과 군 복무에 열중인 소중한 아들 형진에게 무한한 감사의 마음을 전한다.

2007년 1월 15일

안서동 연구실에서

이 재 기

차 례

제3편 중남미 경제현안 Ⅱ

◆부록

제1편

중남미 경제현황 및 전망

제1장

중남미 경제현황 및 전망

제 1 절 개관

중남미 경제가 최근 들어 성장 활력(growth vitality)을 회복하고 있다. 1998년부터 2002년까지 외환위기(foreign exchange cirsis)와 금융불안정(financial instability)이 발생하고 경기침체(recession)가 지속되는 등 '잃어버린 5년'을 보냈던 중남미 경제는 2003년 이후 국제원자재 수요 증가와 가격 상승 그리고 중남미 통화의 평가절하(depreciation)로 인한 수출호조에 힘입어 회복세를 보이기 시작했다.[1] 중남미 경

1) 1980년대 외채위기로 인해 소위 '잃어버린 10년'(lost decade)을 보냈던 중남미 경제는 1990년대 들어 시장개방(market opening), 규제완화(deregulation), 민영화(privatization) 등 적극적인 신자유주의(neoliberalism) 경제개혁정책을 추진하면서 고질적인 하이퍼인플레이션(hyperinflation)을 치유하고 경제 성장 기조도 회복할 수 있었다. 그러나 물가안정을 최우선시하는 고정환율제 경제안정화정책의 후유증으로 인해 경상수지 적자(current account deficit)가 누적되었으며 재정수지 개선을 위한 세제개혁과 재정개혁(fiscal reform)이 실패하면서 공공부채가 급증하는 한편, 자본자유화정책(capital liberalization policy)으로 인해 국제자금 유출입을 조정할 수 있는 정책수단이 제한된 상황에서 아시아 외환위기로 촉발된 신흥시장(emerging market)에 대한 투자자들의 위험회피성향 증가로 국제자금이 급격히 유출되고, 자국통화의 평가절하로 인한 자산가치 하락을 우려한 내국인의 해외 외환도피가

제는 2004년에는 지난 25년간 가장 높은 5.9%의 성장률을 기록하였으며 2005년에도 4.3%의 양호한 성장률을 기록하는 등 3년 연속 성장세를 지속하고 있다.

향후에도 중남미 경제는 이 같은 성장세를 지속할 것으로 판단된다. 그러나 성장률은 다소 낮은 4%대 수준을 보일 것으로 전망된다. 이는 중남미 각국 통화의 평가절상(appreciation)과 국제원자재 가격의 하향 안정화로 인해 그 동안 중남미 경제성장의 견인차 역할을 담당했던 수출증가세가 다소 둔화될 것으로 보이며 중남미 각국 정부가 재정 및 물가 안정을 위한 긴축재정·금융정책 기조를 견지하고 있어 소비 및 투자도 높은 증가세를 보이기는 힘들 것으로 판단되기 때문이다.

제 2 절 중남미 경제현황

2005년에 중남미 경제가 3년 연속 성장할 수 있었던 가장 큰 요인으로 수출호조를 지적할 수 있다. 중남미는 주요 수출품인 석유, 광물, 농축산물 등 1차산품의 국제가격 상승으로 교역조건(terms of trade)이 개선되고 이들 수출상품에 대한 국제수요 증가로 수출이 3년 연속 유래없는 호조를 지속하였다. 2005년 중남미 수출은 물량 기준으로 8%(2004년 12.4%), 가격 기준으로는 19%(2004년 22.8%) 증가한 5,528억 달러를 기록하였다. 중남미 전체 GDP에서 차지하는 비중도 24.9%(1990년대 중남미 전체 GDP에서 수출이 차지하는 비중은 12.5%에 불과했음)로 증가하는 등 중남미 경제성장의 견인차 역할을 수행하였다.

1. 지역별 현황

지역별 또는 국가별로 경제성과에는 큰 차이가 나타났다. 남미와 카리브 지역이 각각 4.9%와 4.1%의 비교적 높은 성장세를 보인 반면에 중미(멕시코 포함)는 3.1%의 낮은 성장세를 시현하였다. 국가별로는 베네수엘라가 2004년(17.9%)에 이

급증하면서 중남미 각국은 이 기간동안 외환위기와 금융불안정 그리고 극심한 경기침체에 직면하게 되었다(수출입은행, 수은해외경제, 2006. 2. pp. 95~103 요약·재구성).

어 2005년(9.0%)에도 가장 높은 성장률을 기록하였으며 아르헨티나(8.6%), 도미니카공화국(7.0%), 칠레(6.0%), 페루(6.0%), 우루과이(6.0%), 파나마(6.0%) 등이 6%를 상회하는 높은 경제성장률을 기록하였다. 그러나 중남미 양대 경제대국인 브라질과 멕시코가 각각 2.5%와 3.0%의 낮은 성장률을 기록함에 따라 중남미 전체 경제성장률을 하락시킨 주요 원인으로 작용하였다. 중미 국가 대부분도 중남미 평균 경제성장률인 4.3%를 하회하는 낮은 성장률을 기록하였다.

〈표 1-1〉 중남미 지역별 수출증가율 및 경제성장률 현황(2005년 기준)

(단위 : %)

	남미	중남미	중미(멕시코 포함)	카리브
수출증가율	25.5	19.0	11.8	5.6
경제성장률	4.9	4.3	3.1	4.1

상기한 차이가 발생한 주요 원인은 국제원자재가격 상승 등 교역조건의 변화가 지역별 또는 국가별로 상이한 영향을 미쳤기 때문으로 볼 수 있다. 특히, 중남미 교역조건의 변화는 1990년대와 2004~2005년을 비교할 경우 지역별로 뚜렷한 대비를 보이고 있다. UN 중남미경제위원회(ECLAC) 자료(ECLAC, Preliminary Overview of the Economies of Latin America and the Caribbean, 2005. 12)에 따르면 남미는 2004~2005년의 교역조건이 1990년대와 비교해서 31% 개선되었으며 멕시코도 22.0% 개선되었으나 중미는 오히려 11.8% 악화된 것으로 나타났다.

중남미의 교역조건은 2005년에도 전체적으로 전년 대비 4.8% 개선된 것으로 나타났다. 그러나 교역조건 개선의 혜택은 주로 남미 국가들에 집중되었으며 멕시코를 포함한 중미의 교역조건 개선 효과는 크지 않은 것으로 나타났다. 이와 더불어 중미 국가들은 다자간섬유협정(MFA)의 종료 등으로 인해 주요 수출시장인 미국에서 중국과의 경쟁이 더욱 심화되었고 석유 순수입국가인 중미 국가들은 고유가 지속으로 인해 물가 상승과 수출증가율 감소로 어려움에 직면하였다.

이 같은 대외경제여건의 변화가 지역별 경제성장률의 차이로 나타났다. 〈표 1-1〉에서 알 수 있듯이 1차산품의 수출비중이 높고 교역조건이 크게 개선된 남미가 중남미 여타 지역에 비해 높은 수출증가율과 경제성장률을 기록하였다. 남미의 수출

증가율과 경제성장률은 각각 25.5%와 4.9%로 중남미 평균 수출증가율(19%)과 경제성장률(4.3%)을 상회하였다. 반면에 제조품의 수출비중이 상대적으로 높고 교역조건 개선효과가 미약한 중미와 카리브의 수출증가율은 각각 11.8%와 5.6%, 경제성장률은 각각 3.1%와 4.1%로 중남미 평균을 하회하였다.

〈표 1-2〉 지역별 경제성장률 추이 및 전망

(단위 : %)

	2004	2005e	2006f
세계	4.0	3.3	3.3
선 진 국	3.2	2.5	2.5
개 도 국	6.6	5.7	5.6
중남미	5.9	4.3	4.1
아르헨티나	9.0	8.6	6.0
브라질	4.9	2.5	3.0
칠레	6.1	6.0	5.5
파라과이	4.0	3.0	3.0
우루과이	12.3	6.0	4.5
볼리비아	3.6	3.8	3.0
콜롬비아	4.0	4.3	4.5
에쿠아도르	6.9	3.0	3.0
페루	4.8	6.0	5.0
베네수엘라	17.9	9.0	5.5
중미(멕시코 포함)	4.4	3.1	3.6
중미(멕시코 제외)	4.0	3.9	4.2
코스타리카	4.2	4.2	4.0
엘살바도르	1.5	2.5	2.5
과테말라	2.7	3.2	4.0
온두라스	5.0	4.2	4.0
니카라과	5.1	4.0	4.0
파나마	7.6	6.0	6.5
멕시코	4.4	3.0	3.5
카리브	4.0	4.1	4.3
도미니카공화국	2.0	7.0	5.0

2. 특징

2005년 중남미 경제의 가장 큰 특징으로 3년 연속 대규모 경상수지 흑자(current account surplus)를 지적할 수 있다. 중남미는 2005년에 수출 증가에 힘입어 757억 달러의 대규모 상품수지 흑자를 기록하였고 해외근로자 송금유입액이 급증하여 경상이전수지가 474억 달러로 증가하여 경상수지도 국내총생산(GDP)의 1.2%인 297억 달러의 대규모 흑자를 기록하였다. 중남미는 2003~2004년에도 각각 GDP의 0.5%와 1.0%의 경상수지 흑자를 기록하여 3년 연속 경상수지 흑자를 기록하였다. 이는 과거 베네수엘라를 제외한 중남미 모든 국가들이 만성적인 경상수지 적자국가였던 것과 비교해 중남미 경제 역사상 획기적인 성과로 이해할 수 있다. 경상수지가 3년 연속 흑자를 기록하는 한편 중남미로의 국제민간자금 유입액이 크게 증가하면서 외환보유고(foreign exchange reserves)도 급증하였다.

2.1 물가 · 재정

(1) 물가

물가는 안정세를 유지하였다. 2003년에는 중남미 통화의 평가절하(depreciation)로 인한 수입물가 상승으로 10%대의 물가상승률을 기록하였다. 그러나 2004년 들어 중남미 각국 중앙은행의 긴축통화금융정책으로 인해 다시 한 자릿수인 6.6%로 하락하였으며 2005년에도 2004년과 비슷한 6~7%를 기록한 것으로 추정된다. 중남미 각국 중앙은행들은 2004년 하반기 이후 미국과 유럽의 금리인상과 국제유가 상승으로 인한 물가상승압력에 대응하여 기준금리를 인상하였으나 수출증가로 인한 외환보유고 증가 등으로 인해 중남미 통화가 강세를 보여 수입물가 상승압력이 크지 않아 금리 인상폭도 크지 않았다.

(2) 재정

재정수지도 크게 개선된 모습을 보였다. 중남미 각국은 경제성장으로 인한 세수 증가에도 불구하고 정부의 경상지출 증가를 억제하여 금융비용을 제외한 기초재정수지(primary fiscal balance) 흑자 규모를 증대시키는 데 재정정책(fiscal policy)의 초점을 두었다. 이에 따라 2005년에도 중남미의 금융비용을 제외한 기초재정수지 흑자규모는 GDP의 0.9%(2004년 GDP의 0.7%)로 증가하였으며 통합 재정수지 적자규모는 GDP의 1.7%(2004년 GDP의 1.8%)로 축소되었다. 한편, 기초재정수지 흑자의 대부분은 공공부채(public debt) 상환에 사용되었으며 그 결과 공공부채 규모도 2004년 GDP의 53.3%에서 2005년에는 GDP의 45.9%로 축소되었다.

〈표 1-3〉 중남미 주요 경제지표 추이 및 전망

(단위 : %, 십억 달러)

	2003	2004	2005e	2006f
GDP 성장률	2.1	5.9	4.3	4.1
1인당 GDP 성장률	0.7	4.3	3.1	2.4
소비자물가상승률	11.0	6.6	6.4	5.6
기초재정수지	1.7	2.2	2.3	..
통합재정수지	-1.8	-0.7	-0.9	..
경상수지	8.6	18.3	29.7	7.6
경상수지/GDP	0.5	1.0	1.2	0.3
상품수지	44.7	58.4	75.7	54.2
수 출(FOB)	378.2	464.4	552.8	..
수 입(FOB)	333.5	406.0	477.1	..
서비스수지	-13.2	-14.6	-20.6	-18.6
소득수지	-57.7	-66.8	-72.8	-78.0
경상이전수지	34.8	41.3	47.4	50.0
총외채	773.6	795.5	750.3	748.8
총외채/GDP	44.5	40.0	31.4	29.8
외환상환액/수출(D.S.R.)	30.7	23.4	21.6	20.6

자료 : ECLAC, Preliminary Overview of the Economies of Latin America and the Caribbean, 2005. 12. EIU, Viewsvire

2.2 외채지표

중남미의 경제성장과 중남미 통화의 평가절상(appreciation)으로 인해 달러표시 GDP 규모가 증가하고 경상수지가 대규모 흑자를 기록하는 한편, 국제 저금리 기조 지속과 국가신인도 상승으로 인해 자국통화표시 국채발행이 가능해지는 등 유리한 조건으로 해외 신규차입이 가능해지면서 중남미 국가들은 차입조건이 불리한 기존의 외채를 조기상환하는 등 적극적으로 외채를 축소하였다. 이로 인해 중남미의

GDP 대비 총외채 비중은 2004년 40%(7,955억 달러)에서 2005년에는 31.4%(7,503억 달러)로 크게 감소하였으며 수출 등 경상외환수입 대비 외채원리금상환비율(D.S.R.)도 2004년 23.4%에서 2005년에는 21.6%로 1.8%포인트 정도 축소되었다.

외채지표의 개선과 더불어 중남미 국채(sovereign bond)의 스프레드(spread)도 사상 최저 수준으로 하락하였다. 국채 스프레드는 2가지(① 국제금융시장의 전체 시장상황을 반영하여 변동하는 부문, ② 개별 국가의 상황 변화에 따라 변동하는 부문)로 구분할 수 있다. 따라서 국채 스프레드는 다수의 투자자들이 시장에서 평가한 개별국가의 국가위험지수로 해석되고 있다. 즉, 최근 중남미 국채의 스프레드가 크게 낮아진 것은 국제금융시장(international financial market)의 전체 시장상황 변동이 반영된 것이기는 하나 중남미 개별국가의 경제 펀더멘털(economic fundamentals)이 강화되었고 그 만큼 국가위험도가 하락하였다는 투자자들의 평가가 반영된 것으로 해석할 수 있다.

〈표 1-4〉에서 알 수 있듯이 JP Morgan의 중남미 EMBI+(Emerging Market Bond Index plus) 국채 스프레드 지수는 2002년말에 1,000bp를 상회하였다. 그러나 2005년말에는 283bp(EMBI + Global은 245bp)로 하락하였으며 국가별 국채 스프레드도 사상 최저 수준으로 낮아졌다. 아르헨티나의 경우 2005년에 디폴트(default) 상태에 있었던 기존 국채의 채무스왑에 성공하면서 2005년말 신규채권의 국채 스프레드는 504bp 수준으로 크게 하락하였으며 여타 국가들의 국채 스프레드도 매우 낮은 수준을 보이고 있다. 칠레의 국채 스프레드(2005년말 기준)는 79bp에 불과하며 멕시코(126bp), 페루(206bp), 콜롬비아(238bp) 등은 신흥시장(emerging market) 전체를 대상으로 한 국채 스프레드(EMBI + Global)인 245bp보다도 낮은 수준을 보이고 있다.

〈표 1-4〉 중남미 주요 국가의 국채 스프레드(EMBI+) 변화 추이

(단위 : bp)

	1999	2000	2001	2002	2003	2004	2005
EMBI+Global	904	756	731	765	418	356	245
EMBI+Latin	682	706	833	1,007	521	420	283
아르헨티나	594	773	4,372	6,391	5,632	4,703	504
브라질	758	749	863	1,446	463	382	311
칠레	195	285	275	350	91	65	79
콜롬비아	482	755	514	645	431	332	238
멕시코	438	392	308	331	199	166	126
페루	482	687	521	610	312	220	206
베네수엘라	894	958	1,130	1,127	593	411	318

자료 : Bloomberg

2.3 국제자금유입

중남미로의 자금유입도 크게 증가하였다. 2002년 중남미 금융불안정(financial instability)으로 대규모 감소세를 보였던 순민간자금 유입액은 2003년 이후 증가세로 전환되었다. 2005년에도 직접투자와 포트폴리오투자(portfolio investment) 등 자본 순유입액이 3년 연속 증가세를 보이고 상업은행 대출 순유출액이 감소하면서 순민간자금 유입액은 2004년의 310억 달러보다 152억 달러 증가한 462억 달러에 이른 것으로 추정된다. 그러나 〈표 1-5〉에서 알 수 있듯이 가장 중요한 자금유입 수단인 외국인직접투자(FDI) 유입액은 2004년 433억 달러에서 2005년에는 411억 달러로 소폭 감소하였으며 포토폴리오투자와 은행대출도 감소폭이 축소되었으나 여전히 순유출을 기록하였다.

또한, IMF 등 국제기구와 선진국 정부의 공적자금은 멕시코에 이어 브라질과 아르헨티나가 2006~2007년에 만기도래하는 IMF 차관 원리금을 조기상환하면서 대규모 순유출을 기록하였다. 이에 따라 2005년 총자금유입액은 2004년보다 120억 달러 정도 많은 325억 달러에 이른 것으로 추정된다. 한편, 2006년에도 민간자금 유입액이 증가세를 보이면서 총자금유입액은 400억 달러를 초과할 것으로 전망된다.

〈표 1-5〉 대(對)중남미 국제자금 유입액 추이 및 전망

(단위 : 십억 달러)

		2003	2004	2005e	2006f
민간자금유입액		26.8	31.0	46.2	49.9
자본	직접투자	30.1	43.3	41.1	41.8
	포트폴리오 투자	-5.3	-6.9	-1.3	-3.9
부채	은행대출	-13.2	-14.9	-4.8	3.4
	비금융기관 대출	15.1	9.5	11.2	8.6
공적자금유입액		-0.6	-10.3	-14.0	-9.0
총자금유입액		26.2	20.7	32.5	40.9

자료 : IIF, Capital Flows to Emerging Market Economies, 2005. 9.

경상수지 흑자 전환과 국제자금 유입액 증가 등으로 외환유동성이 풍부해지면서 1998~2002년의 '잃어버린 5년' 동안 크게 평가절하되었던 중남미 통화도 2003년 하반기 이후 강세로 전환되었으며 2005년에도 이 같은 강세기조가 지속되었다. 중남미 각국 주가지수도 2005년에는 멕시코, 베네수엘라 등 일부 국가를 제외하고는 대부분 높은 상승률을 기록하였다.

〈표 1-6〉 중남미 주요 국가의 환율 및 주가지수 변동

	대미달러 환율[1]			주가지수[2]		
	2005. 1	2005. 12	증감(%)	2005. 1	2005. 12	증감(%)
아르헨티나	2.96	3.04	2.7	1,347	1,645	22.1
브라질	2.65	2.27	-14.3	24,804	35,897	44.7
칠레	559.83	526.00	-6.0	6,765	9,421	39.3
콜롬비아	2,412.10	2,277.00	-5.6	4,341	10,426	140.2
멕시코	11.26	10.88	-3.4	19,645	18,889	-3.8
페루	3.28	3.45	5.2	3,814	4,603	20.7
베네수엘라	1,918.00	2,150.00	12.1	29,657	22,821	-23.1

주 : 1) 아르헨티나 Peso, 브라질 Real, 칠레 Peso, 콜롬비아 Peso, 멕시코 Peso, 페루 Nuevo Sol, 우루과이 Peso, 베네수엘라 Bolivar

2) 아르헨티나 MERVAL, 브라질 BOVESPA, 칠레 IGPA, 멕시코 IPC, 페루 IGBVL, 베네수엘라 IBVC 주가지수

자료 : Bloomberg

제 3 절 중남미 경제전망

중남미 경제는 2005년에 이어 2006년에도 성장세를 지속할 것으로 전망된다. 그러나 중남미 경제가 장기 안정적 성장궤도에 진입하기 위해서는 국가경제력(country competitiveness) 제고를 위한 경제개혁(economic reform)의 지속적 추진과 더불어 물적·인적 자본에 대한 투자 확대가 필요하다. 그러나 중남미 각국은 1990년대 이후 경제안정을 위한 긴축재정을 지속하면서 국가 기초 인프라에 대한 투자를 축소하였으며 물가안정을 위한 고금리정책으로 인해 민간부문의 투자도 아직 활성화되지 못하고 있다.

중남미 투자진출(총고정자본 형성) 증가율은 2005년에도 경제성장률을 크게 상회하는 10%를 기록하였다. 그러나 GDP 대비 투자비중은 20.4%로 여타 개도국에 비해 높지 않을 뿐만 아니라 지속가능한 경제성장(sustainable economic growth)을 시현하기에는 부족한 수준으로 평가할 수 있다. 또한 베네수엘라, 볼리비아, 아르헨티나에서 보듯이 좌파성향의 정부와 외국인투자기업과의 마찰이 증가할 가능성이 있어 향후 외국인투자기업 유치를 통한 투자확대도 낙관할 수 없는 상황이다.

한편, 최근 중남미 통화가 평가절상되면서 중남미 기업의 가격경쟁력(price competitiveness) 약화의 가능성도 증대되고 있다. 그러나 세계화(globalization)의 진전으로 국제자본이동이 자유로운 상황에서 중남미 각국이 국가경쟁력 약화에 대응하여 선택할 수 있는 정책대안도 제한되어 있다. '삼위일체 불가설'(Impossible Trinity)에 따르면 중남미 국가들이 선택할 수 있는 정책대안은 환율을 통제하는 대신에 통화정책의 독립성(independence of monetary policy)을 포기하거나, 통화정책의 독립성을 유지하는 대신에 환율변동을 감수하는 방법밖에 없다.[2] 그러나 아르

2) 삼위일체 불가설이란 국제자본의 이동성이 과거에 비해 현저하게 증가된 현재의 상황에서 환율통제(고정환율제), 통화정책의 독립성, 자본이동의 자유 중 어느 2가지 조합만이 장기적으로 지속가능할 뿐 3가지가 동시에 가능하지 않다는 것을 의미한다(no country can simultaneously control its real exchange rate, maintain its monetary independence and be integrated into international financial markets).

헨티나의 사례에서 알 수 있듯이 통화위원회제도(Currency Board System)와 같은 강력한 고정환율제도(fixed exchange rate system)로 복귀하고 통화정책의 독립성을 포기하는 옵션을 선택하기는 어려운 상황이다

결국 변동환율제도(flexible exchange rate system)를 유지할 수밖에 없는 상황이나 이 경우 중남미 통화의 평가절상으로 인해 중남미 기업들은 국제기업과의 경쟁에서 가격경쟁력 약화로 어려움에 직면하게 된다. 즉, 1차산품의 국제가격 상승과 해외근로자 송금유입액 증가로 인한 경상수지 흑자는 실질환율(real exchange rate)의 인하(평가절상)를 야기시켰으나 이는 중남미 국가들의 국제경쟁력 하락을 초래하여 수출이 감소하고 수입이 증가하면서 현재와 같은 상태를 지속하기가 어려워지게 된다. 따라서 명목환율(nominal exchange rate)의 인하(평가절상)로 인한 경상수지 적자로의 전환과 높은 국내수요 증가로 인한 인플레이션이 다시 실질환율의 인상(평가절하)을 초래하게 된다.

향후 중남미 거시경제정책(macroeconomic policy)의 핵심은 인플레이션과 환율변동의 효과적 관리에 두어져야 하며 현재의 양호한 대외경제여건을 최대한 활용하고 장기 안정적 성장궤도 진입을 위해서 국가경쟁력의 제고가 절대적으로 요구된다. 그러나 중장기 국가경쟁력 강화방안은 교역재의 품질향상과 지속적인 혁신(innovation)을 통한 총요소생산성(TFP : Total Factor Productivity)의 증가와 같은 비가격변수(non-price variable)의 강화에 두어져야 한다.

중남미의 생산성(productivity) 증가 가능성은 매우 큰 것으로 판단된다. 그러나 이는 신속한 투자 증가가 선행되어야만 가능하다고 할 수 있다. 중남미 경제가 지속적으로 성장하여 신규고용을 창출하고 소득수준을 제고시킬 수 있는지의 여부는 중남미 각국이 에너지, 교통, 통신 등 국가 기초 인프라와 교육 등 인적자본(human capital)에 대한 투자를 지속하여 자본스톡(capital stock)을 증가시키고 국가경쟁력을 효과적으로 향상시킬 수 있는지의 여부에 좌우된다고 할 수 있다.

제2장

중미공동시장 경제현황 및 전망

제 1 절 경제현황

중미공동시장(CACM : Central American Common Market) 회원국인 과테말라, 엘살바도르, 니카라과, 온두라스, 코스타리카 등 5개국은 2004년에 2001년 이후 가장 양호한 3.7%의 경제성장률을 기록하였다. 그러나 2005년 이후 고유가 지속, 세계경제의 성장둔화, 미국의 금리인상 등 대외경제여건이 악화되어 경제성장세 둔화 조짐이 나타나고 있다. 중미경제통합은행(CABEI : Central American Bank for Economic Integration)의 최근 보고서에 따르면 2005년 중미 경제성장률은 3.2% 수준으로 낮아질 것으로 보인다.[1)]

1) 중미경제통합은행, 중미 경제동향 및 전망, 2005. 5.

〈표 2-1〉 중미 경제성장률 및 소비자물가상승률 추이

(단위 : %)

	2000	2001	2002	2003	2004	2005
경 제 성 장 률	3.7	2.1	2.2	3.2	3.7	3.2
소비자물가상승률	7.9	7.0	6.2	6.3	9.2	7.7

자료 : CABEI(중미경제통합은행)

국가별로는 니카라과와 온두라스가 상대적으로 양호한 경제성장세를 보이고 있는 반면에 엘살바도르가 가장 낮은 성장세를 보이고 있다. 니카라과와 온두라스 경제는 2004년에 각각 5.1%와 5.0%의 높은 성장세를 보였으나 2005년에는 각각 3.8%와 4.3%로 성장세가 둔화될 것으로 보인다. 엘살바도르 경제는 2004년에 1.5%의 낮은 성장세를 보인데 이어 2005년에도 중미 국가 중 가장 낮은 2.5% 성장에 그칠 것으로 보인다.

한편, 2004년에는 중미경제의 주요 현안으로 인플레이션이 대두되었다. 중미의 물가는 2000년 이후 하향 안정화 추세를 보여 왔으나 2004년에는 고유가로 인한 수입물가 상승과 경기회복에 따른 국내수요 증가로 9.2%까지 상승하였다. 2005년에도 중미 각국은 고유가 지속으로 물가상승을 억제하는데 있어 어려움에 직면해 있으나 각국 중앙은행의 긴축통화정책 강화와 경제성장세 둔화로 2005년 물가상승률은 7.7% 수준으로 하락할 것으로 보인다. 국가별로는 코스타리카가 가장 높은 12%, 엘살바도르가 가장 낮은 4% 수준을 보일 것으로 전망된다.

〈표 2-2〉 중미공동시장(CACM) 회원국 주요 경제지표

	인구(백만 명)	GDP(백만 달러)	1인당 GDP(달러)
과 테 말 라	12.1	30,721	2,539
엘 살 바 도 르	6.9	16,432	2,381
온 두 라 스	7.2	7,967	1,107
니 카 라 과	5.8	4,836	834
코 스 타 리 카	4.3	19,402	4,512
합 계	36.3	79,358	2,186

자료 : CABEI(중미경제통합은행)

중미 5개국은 상품수지 적자규모가 확대되는 등 대외 부문의 불균형이 개선되지

못하고 있다. 2004년 중미 국가들의 총수출 규모는 전년 대비 8.5% 증가한 186억 달러, 총수입은 12.8% 증가한 309억 달러를 기록하였다. 수출보다 수입이 더욱 큰 폭으로 증가한 가장 큰 요인으로 국제유가의 상승을 지적할 수 있다. 이로 인해 상품수지 적자규모가 123억 달러로 증가하였으나 미국거주 해외근로자의 송금유입액 증가로 경상수지 적자규모는 GDP의 -7.3%인 58억 달러에 그쳤다. 2005년에도 중미는 총수출 203억 달러, 총수입 336억 달러로 상품수지 적자규모가 133억 달러에 이를 것으로 보인다. 해외근로자 송금증가와 관광수입 증대로 인한 서비스수지 개선 등으로 경상수지는 전년도와 비슷한 수준을 보일 것으로 판단된다.

한편, 중미 6개국[2]과 미국과의 자유무역협정(FTA)인 도미니카공화국-중미자유무역협정(DR-CAFTA : Dominican Republic-Central American Free Trade Agreement)의 발효 문제가 중미경제의 가장 주요한 현안이 되고 있다.[3] 이는 미국경제에 대한 의존도가 매우 높은 중미 국가들의 경제상황에서 보세가공무역산업인 마낄라산업의 부흥과 외국인직접투자(FDI) 유치를 위해서는 DR-CAFTA 발효가 매우 중요하기 때문이다. 실제로 중미 국가들은 2004년말 다자간섬유협정(MFA : Multi-Fiber Agreement)이 종료됨에 따라 미국 섬유시장에서 아시아 국가들과의 치열한 경쟁에 노출되었다. 이후 중미 마낄라산업의 대부분을 차지하고 있는 섬유산업이 침체를 보이면서 중미 경제 전반에 걸쳐 부정적인 영향을 미치고 있다.[4]

DR-CAFTA와 함께 역내 정치·경제통합도 중미경제 활성화를 위한 주요 현안이 되고 있다. 중미공동시장은 2004년에 대외공동관세율 적용, 국경개방 등 실질적

2) 중미 6개국은 중미공동시장 5개 정회원국 및 도미니카공화국을 지칭한다.

3) DR-CAFTA 비준안이 미 의회에서 상당기간 난항을 겪자 2005년 5월 중미 6개국의 대통령 6명은 워싱턴을 합동 방문하여 미국 의원들에게 비준안 통과에 대한 협조를 요청한 바 있다. 한편, 2005년 6월 30일 미 상원이 DR-CAFTA 비준안을 찬성 54, 반대 45표로 승인하여 현재 하원 전체회의 비준 절차만 남겨놓고 있다.

4) 실제로 미국의 의류섬유제품 최대 수출국인 중국은 2004년에 대미의류 수출은 780억 달러를 기록하였으나 중미와 도미니카공화국을 합한 대미 수출액은 62억 달러에 불과하였다. 2005년 들어 MFA 종료로 인한 섬유쿼터 해제로 중국, 베트남 등 아시아 국가들이 큰 수혜를 입고 있는 반면, 중미 국가들은 치열한 국제경쟁에 노출되면서 점차 가격경쟁력을 상실하고 있다. 의류산업에서의 중미 근로자의 임금수준은 시간당 USD 0.92~1.70이고 아시아 근로자의 임금수준은 USD 0.22~0.48이어서 심각한 격차를 보이고 있다. 이로 인해 중미 의류업체에게 의류섬유의 즉각적인 무관세를 규정하고 있는 DR-CAFTA 체결은 최소한의 생존전략으로 간주되고 있다(수출입은행, 수은해외경제, 2005. 8. pp. 57~63 요약·재구성).

인 진전을 보이면서 관세동맹(CU : Customs Union) 단계로 발전하였다. 비록 코스타리카가 아직 참여하지 않고 있고 대외공통관세(CET : Common External Tariff) 제도가 완비되지 않는 등 아직 불완전한 형태를 보이고 있으나 이는 중미의 정치·경제통합을 위한 중대한 진전으로 평가되고 있다. 중미통합이 실현될 경우 중미는 이전에 중미 각국이 갖는 시장규모의 영세성에서 탈피하여 인구 3,630만명, 국내총생산(GDP) 793억 달러 규모로 어느 정도 단일 소비시장으로서의 의미를 가지는 한편, 미국시장 진출을 위한 교두보로서의 역할도 더욱 강화될 것으로 판단된다.

제 2 절 경제전망

1. 과테말라

1.1 경제성장

과테말라 경제는 2004년 1월 경제계와 외국인투자자들에게 우호적인 기업가 출신의 베르쉐(Berger) 정부가 출범한 이후 부패척결과 경제체질 강화를 위한 개혁정책을 지속적으로 추진하는 한편, DR-CAFTA 협상타결, 국제 농산물 가격상승 등 대외여건 개선으로 경제가 지속적인 회복세를 보이면서 2004년에는 2.7%의 비교적 양호한 성장률을 기록하였다. 향후에도 DR-CAFTA 발효 기대에 따른 외국인직접투자 및 대미수출 증가, GDP의 11% 수준에 이르는 해외근로자 송금의 지속적 유입 등으로 3~4%대의 경제성장세를 시현할 것으로 전망된다.

1.2 물가

물가는 2003년 5.9%에서 2004년에는 8.5%로 크게 상승하였다. 주요 물가상승요인은 국제유가 상승으로 인한 수입물가 상승과 해외근로자 송금증가로 인한 시중유동성 증가였다. 이로 인해 과테말라 중앙은행은 2004년 하반기 이후 통화량 축소를 위한 긴축정책을 강화하고 있으나 향후 물가상승률은 중앙은행 물가억제 목표인

4~6%를 소폭 상회하는 7%대를 보일 것으로 전망된다.

1.3 상품수지 · 경상수지

2004년 상품수지는 커피, 설탕 등 주요 수출품목의 국제가격 상승으로 수출이 소폭 증가하고 있으나 고유가로 인한 석유수입 증가 등으로 적자규모가 다소 증대되었다. 그러나 미국 거주 과테말라 노동자의 본국송금이 전년 대비 20% 이상 증가한 25억 달러를 기록한 데 힘입어 2004년 GDP 대비 경상수지 적자비율은 전년보다 다소 하락하였다. 향후 상품수지 적자규모는 37억 달러로 소폭 확대될 것으로 보이나 GDP 대비 경상수지 적자비율은 -3.8% 수준으로 하락할 것으로 예상된다.

〈표 2-3〉 과테말라 주요 경제지표

(단위 : 10억 달러, %)

	2003	2004	2005f	2006f
경제성장률	2.1	2.4	3.2	3.0
소비자물가상승률	5.6	8.5	7.0	5.5
수출	3.0	3.4	3.8	4.1
수입	6.2	6.9	7.5	7.9
경상수지/GDP	-4.2	-4.0	-3.8	-3.8
총외채	5.0	5.2	5.5	5.6

자료 : EIU

2. 엘살바도르

2.1 경제성장

엘살바도르 경제는 2001년 이후 1.8~2.1%대의 저성장 기조가 지속되고 있다. 2004년에도 DR-CAFTA 타결, 국제커피 가격상승 등 대외여건이 다소 개선되었으나 대통령 선거와 국제유가 상승 등으로 인한 경제의 불확실성(economic uncertainty) 증가로 실물경제가 침체를 보이면서 1.5% 성장에 그쳤다. 그러나 향후 정부의 경제회생 노력과 DR-CAFTA 발효 기대, 중미 관세동맹 진전 등 대외여건 개선으로 2~3% 성장이 가능할 것으로 전망된다.

2.2 물가

엘살바도르는 달러공용화(dollarization)제도 시행[5] 이후 미국과 유사한 물가상승률을 보여 왔으나 2004년에는 국제유가 급등과 국내 공공요금 인상 등의 영향으로 물가상승률이 미국의 2배 수준인 5.4%를 기록하였다. 이후 점차 하향 추세를 보이고 있으나 향후 물가상승률은 5%대를 보일 것으로 전망된다.

2.3 상품수지 · 경상수지

2004년 수출과 수입은 각각 33억 달러와 59억 달러로 상품수지 적자규모가 26억 달러로 확대되었다. 특히, 중국의 대미 의류시장 점유율이 확대되면서 총수출의 60% 정도를 차지하고 있는 엘살바도르 주력 수출업종인 의류 마낄라산업이 1992년 이후 처음으로 수출 감소를 기록하였다. 그러나 2004년에 해외근로자 송금유입액이 전년 대비 23% 증가한 26억 달러를 기록하여 경상수지 적자규모는 오히려 GDP의 -4.0%로 축소되었다. 그러나 향후 상품수지 적자규모 확대로 경상수지는 GDP의 -4.0~-4.5% 수준을 보일 것으로 전망된다.

〈표 2-4〉 엘살바도르 주요 경제지표

(단위 : 10억 달러, %)

	2003	2004	2005f	2006f
경제성장률	2.0	1.5	2.5	3.1
소비자물가상승률	2.5	5.4	5.0	4.5
수출	3.2	3.3	3.4	3.6
수입	5.4	5.9	6.3	6.5
경상수지/GDP	-4.9	-4.0	-4.3	-4.0
총외채	7.1	7.7	8.2	8.4

자료 : EIU

5) 엘살바도르는 2001년 1월부터 미 달러를 자국통화(c8.75 : US$1)와 함께 법정통화로 사용하는 달러공용화 제도를 시행하고 있다.

3. 온두라스

3.1 경제성장

온두라스 경제는 2004년에 국제농산물가격 상승 등 대외 경제여건 개선과 수출증가, 마낄라산업 및 관광산업 회복, 해외근로자 송금 증가 등에 힘입어 2000년 이후 최고 수준인 5.0%의 성장률을 기록하였다. 2005년에도 4월에 HIPC[6] 완결시점에 도달하여 9억 달러의 채무를 탕감받으면서 정부의 거시경제운영 부담이 크게 완화되었으나 세계경제 둔화로 인한 해외수요 감소로 경제성장률은 4.3% 수준으로 다소 하락할 것으로 전망된다.

3.2 물가

2004년 이전까지 물가는 하향 안정화 추세를 보여 왔으나 2004년에는 고유가 지속과 경제호조로 인해 정부의 긴축통화정책 강화에도 불구하고 9.2% 상승하였다. 향후에도 고유가의 지속으로 인해 중앙은행의 물가억제목표인 6.5~7.5%를 상회하는 8.0~8.5% 수준을 보일 것으로 전망된다.

3.3 상품수지 · 경상수지

2004년에는 수출이 호조를 보였음에도 불구하고 고유가로 인한 원유수입 증가로 상품수지 적자규모가 21억 달러로 증가하였다. 이로 인해 경상수지 적자규모도 GDP의 -5.2%인 3.9억 달러로 증가하였다. 향후 수출호조에도 불구하고 수입증가로 인해 상품수지 적자규모가 더욱 확대될 것으로 전망되나 HIPC 수혜에 따른 외채이자 감소 등으로 경상수지는 GDP의 -4.3%인 3.7억 달러 수준으로 감소할 것으로 전망된다.

---

6) HIPC는 1996년 세계은행(World Bank)과 IMF 주도로 마련된 과다한 채무를 지닌 세계최빈국 지원계획(Heavily Indebted Poor Countries(HIPC) Initiative)을 의미한다.

〈표 2-5〉 온두라스 주요 경제지표

(단위 : 10억 달러, %)

	2003	2004	2005f	2006f
경 제 성 장 률	3.0	5.0	4.3	3.8
소비자물가상승률	6.8	9.2	8.4	7.5
수 출	1.4	1.6	1.7	1.7
수 입	3.1	3.7	4.0	4.2
경 상 수 지 / G D P	-4.2	-5.2	-4.3	-4.9
총 외 채	5.6	5.8	5.9	5.9

자료 : EIU

4. 니카라과

4.1 경제성장

니카라과 경제는 HIPC 채무탕감[7])과 최근 국제원자재 가격 상승에 따른 농산물 수출 증가, 커피와 사탕수수의 작황 호전, 민간소비 회복 등에 힘입어 회복세를 보이면서 2004년에는 중미 국가들 중 가장 높은 5.1%의 높은 경제성장률을 기록하였다. 향후에도 경제성장세가 지속될 것으로 전망되나 세계경제의 성장둔화, 볼라뇨스 정부와 의회의 대립으로 인한 정국불안 등으로 인해 경제성장률은 3.5~4% 수준으로 하락할 것으로 전망된다.

4.2 물가

고유가 지속, 꼬르도바화 약세 등으로 물가는 그 동안 하향 안정세를 보여 왔으나 2002년 이후 다시 상승세를 보이고 있다. 소비자물가상승률은 2003년 6.5%에서 2004년에는 9.3%로 상승하였으며 2005년에도 2004년과 비슷한 수준을 보일 것으로 전망된다.

7) 니카라과는 2004년 1월에 HIPC 완결시점(Completion Point)에 도달하여 IMF, 세계은행 등 국제기구와 파리클럽 채권국으로부터 45억 달러 상당의 채무를 탕감받은 바 있다.

4.3 상품수지 · 경상수지

상품수지와 경상수지는 대규모 적자가 지속되고 있다. 2004년 상품수지 적자규모는 12억 달러에 이르렀고 경상수지 적자규모는 GDP의 -17.5%인 8억 달러를 기록하였다. 향후 미국과 FTA 발효, 농산물 가격 상승에 따른 수출 증가가 기대되고 있으나 고유가 등으로 인해 상품수지와 경상수지는 2004년과 비슷한 수준을 보일 것으로 전망된다.

〈표 2-6〉 니카라과 주요 경제지표

(단위 : 10억 달러, %)

	2003	2004	2005f	2006f
경제성장률	2.3	5.1	3.8	2.8
소비자물가상승률	6.5	9.3	9.0	6.5
수출	1.0	1.2	1.4	1.5
수입	2.0	2.4	2.6	2.7
경상수지/GDP	-18.8	-17.5	-17.2	-15.1
총외채	6.9	3.4	3.5	3.6

자료 : EIU

5. 코스타리카

5.1 경제성장

코스타리카 경제는 1998년 이후 미국 Intel사의 투자유치를 계기로 고도 성장세를 시현하였다. 2003년에는 미국의 경기회복으로 인한 수출증가와 국영전력통신회사(ICE)의 투자 증가로 6.5%의 고도 성장률을 기록하였다. 그러나 2004년에는 ICE의 투자 종결과 세계 IT 산업 부진 등으로 인해 경제성장률이 4.2%로 하락하였다. 향후 코스타리카 경제는 주요 교역국인 미국을 비롯한 세계경제의 침체와 긴축정책으로 인한 내수부진 등으로 인해 3.5~4%대의 성장에 그칠 것으로 전망된다.

5.2 물가

최근 수년간 10% 내외 수준에서 안정된 모습을 보이던 소비자물가상승률이 2004년에는 고유가 및 공공요금 인상으로 인해 13.1%로 상승하였다. 2005년에도 국제유가 상승, 만성적인 재정적자(fiscal deficit) 및 임금경직성(wage rigidity) 등의 문제로 인해 물가상승 추세는 지속될 것으로 보인다.

5.3 상품수지 · 경상수지

Intel사의 반도체 수출 부진(전년 대비 34.6% 감소)에 따라 2004년 상품수지 적자규모는 15억 달러로 확대되었으나 서비스수지 개선으로 경상수지 적자규모는 GDP의 -5.0%로 소폭 축소되었다. 2005년에도 고유가 및 원자재 수입가격 상승에 따른 상품수지 적자, 외채이자 지급 부담으로 인한 소득수지 적자는 지속될 것으로 판단된다. 최근 호황을 누리고 있는 관광산업의 수입증대에 따른 서비스수지 흑자에 힘입어 경상수지 적자를 상당부분 축소시킬 수 있을 것으로 보인다.

〈표 2-7〉 코스타리카 주요 경제지표

(단위 : 10억 달러, %)

	2003	2004	2005f	2006f
경제성장률	6.5	4.2	2.7	2.7
소비자물가상승률	9.9	13.1	12.8	10.7
수출	6.1	6.3	6.5	6.7
수입	7.3	7.8	8.3	8.6
경상수지/GDP	-5.5	-5.0	-5.2	-6.4
총외채	5.4	5.6	6.0	6.2

자료 : EIU

제2편

중남미 경제현안 I

제3장

중남미 자원국유화의 부상

제1절 개 관

최근 들어 중남미에서 확산되고 있는 자원민족주의(resource nationalism)가 세계 에너지시장의 새로운 불안요인으로 부상하고 있다. 베네수엘라에서 시작된 자원국유화 움직임에 볼리비아, 에쿠아도르가 가세하면서 자원민족주의가 중남미 지역은 물론 전세계로 확산되고 있다.

최근 다른 지역에서보다 중남미지역에서 자원국유화의 확산은 다수의 요인으로 설명될 수 있다. 우선 중남미 주요 국가에서 좌파 성향 정권의 연이은 집권을 들 수 있다. 빈곤층의 강력한 지지 하에 집권한 좌파정권은 특성상 사회정책에 집중하게 된다. 그런데 좌파가 집권한 대부분의 국가에서 전반적인 재정상황은 열악하였다. 이에 따라 좌파정권들은 유일한 방안으로 자연스럽게 고유가로 막대한 수입을 얻고 있는 석유·천연가스 산업의 국유화(nationalization)에 관심을 갖게 되었다. 또한, 베네수엘라 주도의 반미 노선을 기치로 한 남미 국가간 에너지동맹 및 경제동맹체제 구축도 중남미지역에서의 자원국유화 확산에 일조한 것으로 보인다.[1)]

본장에서는 최근 중남미지역에서 확산되고 있는 자원국유화의 배경과 베네수엘라, 볼리비아, 에쿠아도르 등 중남미 주요 자원부국에서의 자원국유화 조치 현황을 분석한 대외경제정책연구원의 보고서를 중심으로 살펴보고자 한다.

제2절 중남미 자원국유화의 배경

1. 좌파 정권의 부상

최근 중남미지역에서 자원국유화의 확산은 2000년대 이후 확실한 정치적 대세로 형성되고 있는 좌파정권의 집권과 밀접한 연관을 가지고 있다. 중남미지역에서 좌파정권의 등장은 1999년 베네수엘라에서 차베스(Hugo Chavez) 대통령 집권이 그 시초였다. 2002년에는 정치・경제적으로 남미지역에서 가장 큰 영향력을 행사해오고 있는 브라질에서 노동자당 출신의 룰라(Luis Inacio Lula da Silva) 후보가 4번 도전 끝에 대통령에 당선되면서 남미에서 좌파정부 출현이 가시화되었다. 이후 아르헨티나애서 키르츠네르(Nestor Kirchner) 정부의 등장(2003), 우루과이에서 바스케스(Tabare Vasquez) 정부의 출현(2005) 등 남미지역을 중심으로 연이어 좌파 성향의 후보가 정권을 장악하게 되었다.

2005년 말부터는 안데스지역에서도 연이어 좌파정권이 등장했다. 2005년 12월 볼리비아에서 농민운동가 출신의 급진적 성향의 모랄레스(Evo Morales) 후보가 당선된데 이어, 2006년 6월에는 페루에서도 온건좌파 출신의 가르시아(Alan Garcia) 후보가 당선되었다.

이 같은 상황은 불과 10년 전 중남미 전역이 신자유주의(neoliberalism) 정책을 신봉해 시장지향 개방정책(market-oriented opening policy)을 추진하고 미주자유무역지대(FTAA) 등 미국 주도의 FTA에 적극적이던 양상과는 대조적인 모습이다.

불과 10년 만에 중남미의 정치지형이 전환된 요인에 대한 1차적인 해답은 1990

1) 향후 중남미지역에서 자원국유화 추세는 더욱 확산될 가능성이 높다는 분석이 제기되고 있다. 이는 국제에너지 가격의 상승세가 지속될 전망인데다 중남미 주요 자원부국에서 빈곤층의 정치적 지지를 받는 좌파성향의 정권이 예상되고 있기 때문이다(대외경제정책연구원, 세계경제, 2006. 6. pp. 63~75 요약・재구성).

년대 이후 중남미의 경제실적에서 찾을 수 있다. 1980년대 '잃어버린 10년'(lost decade)을 힘겹게 보낸 중남미에서는 1990년대 들어 물가안정, 금융자유화(financial liberalization), 무역자유화, 민영화(privatization) 등 거시경제정책(macroeconomic policy)을 축으로 한 워싱턴 컨센서스(Washington Consensus)에 입각한 신자유주의 경제정책의 패러다임을 신봉하는 개혁성향의 정부가 연이어 등장하며 희망의 시기를 맞이하는 듯 했다. 그러나 당초 예상과는 달리 중남미 경제의 실적은 매우 저조하였다. 중남미 경제는 1990년대 중반 일시적 성장세를 보인 것을 제외하고는 지속적인 저성장세를 시현하였다. 1990년대 1인당 국민소득은 불과 1.1% 증가에 그쳤으며 2000년대(2000~2004년) 들어 그 증가율은 0.7%로 더욱 축소되었다.

이 같은 낮은 국민소득 증가세는 소득불평등(income inequality)이 심한 중남미 각국에서 부익부 빈익빈 현상을 더욱 심화시켰다. 〈표 3-1〉에서 알 수 있듯이 1990년대 이후 중남미지역에서 빈곤 상황은 결코 개선되지 않았다. 특히, 최근 좌파정권이 등장한 대부분의 국가에서 빈곤층은 오히려 증가했다. 결과적으로 이 같은 심각한 사회적 불평등은 21세기 들어 자연스럽게 중남미 각국에서 새로운 대안세력으로서 좌파정권이 부상할 수 있는 배경을 제공하게 되었다.

〈표 3-1〉 중남미 빈곤층 추이(전체 인구 대비 빈곤층 인구 비중)

(단위 : %)

	중남미	아르헨티나	볼리비아	브라질	칠레	에쿠아도르	멕시코	페루	베네수엘라
1990년	48.3	21.2	52.6	48.0	38.6	62.1	47.7	-	39.8
1997년	43.5	17.8	62.1	35.8	23.2	56.2	52.9	47.6	48.0
1999년	43.9	23.7	60.6	37.5	-	63.5	-	48.6	49.4
2000년	42.5	-	-	-	20.2	-	41.1	-	-
2001년	43.2	-	-	37.5	-	-	-	54.8	-
2002년	44.0	45.4	62.4	38.7	18.7	49.0	39.4	54.7	48.6

자료: UN 중남미경제위원회(ECLAC)

2. 좌파정부의 재원 필요성 증대와 에너지자원에 대한 경제의존도 심화

1990년대 신자유주의 경제정책에 대한 국민들의 불만을 정치 지지기반으로 삼아 당선된 좌파정권들은 정책의 최우선순위를 빈곤 축소, 사회적 불평등(social inequality) 해소 등 사회정책에 두었다. 그러나 좌파정권이 집권한 대부분의 국가에서 정부의 재정상황은 막대한 재원이 소요되는 사회정책을 추진하기에는 현실적으로 어려운 상황이었다.

특히, 최근 급진적인 좌파 성향의 정권이 등장한 볼리비아의 경우 재정상황은 더욱 심각했다. 모랄레스 정부는 전(前) 정권으로부터 막대한 정부부채와 외채(foreign debt)를 물려받았다. 이에 따라 모랄레스 정부는 그 동안 거부해왔던 국제통화기금(IMF)으로부터 금융지원을 받기 위해 긴축재정정책을 시행해야만 하는 상황에 직면해 있다. 이 같은 상황에서 유일한 해결책은 석유 및 가스수입(收入)의 확대였다.

최근 에너지가격의 상승세는 중남미 좌파 정부의 재정수입 증대에 크게 기여하고 있다. 그러나 문제는 에너지 국제가격이 높아지는 만큼 재정수입이 비례해서 증가하지 않는데 있었다. 그 이유는 다음 2가지 측면으로 설명할 수 있다.

① 대부분의 중남미 국가가 1990년대 민영화로 상당수의 에너지산업에서 통제권을 상실하였음

상대적으로 보수적인 민영화 정책을 추진했던 베네수엘라에서조차 전체 석유생산의 50% 이상을 다국적기업(MNCs)이 차지하고 있는 상황이다.

② 정부와 외국계 석유기업이 체결한 계약 당시 기준 석유가격이 매우 낮았음

이에 따라 국제유가가 크게 상승하였음에도 불구하고 정부의 수입증대는 한계가 있을 수밖에 없었다.[2)]

이에 따라 볼리비아를 비롯한 다수의 중남미 에너지자원 부국에서는 1990년대 대부분 에너지산업 민영화가 국부(national wealth)의 외부 유출만을 초래하고 정작 국민에게는 큰 혜택을 주지 못했다는 인식이 확산되었다. 이 같은 인식을 통한 국민들의 불만은 특히 볼리비아에서 가장 크게 나타났다.

2) 에쿠아도르 정부는 이 같은 문제를 해결하기 위해 계약 당시 석유가격과 현재 석유가격의 차액(excess earnings)의 60%를 세금으로 거두어들이는 석유법 개정을 추진하고 있다.

〈표 3-2〉 중남미 각국의 석유(가스 포함) 의존도

(단위 : %)

	수출의존도(2004년)	정부수입 의존도(2002년)
아르헨티나	17.5	-
콜롬비아	24.5	20
에쿠아도르	59.5	34
멕시코	12.6	33
베네수엘라	83.0	48
볼리비아	28.9	40[1)]

주 : 1) 2005년 기준
자료 : EIU Viewswire and Luisa Palacios, 2002.

3. 반미노선 확산과 베네수엘라의 위상 강화

최근 좌파 정부의 자원국유화 추세는 중남미 지역의 반미 노선과도 밀접한 연관을 갖고 있다. 좌파 성향의 남미국가들은 반미를 표방하면서 에너지산업을 포함한 자체 경제동맹체를 구축하여 미국과 대립하고 있다.

최근 확산되고 있는 남미경제동맹의 핵심은 에너지협력을 축으로 한 에너지동맹이다. 이 같은 남미에너지동맹은 풍부한 석유 및 천연가스를 무기로 한 베네수엘라가 주도하고 있다. 베네수엘라는 에너지자원을 무기로 인근 중남미 국가들의 좌파 정부 등장을 지원하는 한편 기존 좌파정권의 유지를 위한 경제적 지원도 적극적으로 수행하고 있다.[3)]

한편, 에너지 경제동맹과 별도로 베네수엘라는 중남미지역에서 미국 중심의 FTA 움직임에 맞서 대안적 협력체 구축에도 나서고 있다. 베네수엘라는 FTAA에 맞선 대안적 FTA로 '미주를 위한 볼리바르의 대안(Bolivarian Alternative for America, ALBA)'을 주창했다. 또한 쿠바, 볼리비아 등과 인민무역협정(TCP : Trade Agreement of the People)을 체결해 남미 좌파 3각 동맹체제를 구축하기도

3) 베네수엘라 및 볼리비아 국영석유회사(PDVSA-YPFB)간 전략적 제휴 협정 체결의 일환으로 베네수엘라 정부는 볼리비아 석유·천연가스 산업에 15억 달러를 투자할 계획이다. 또한, 베네수엘라 정부는 월 20만 배럴의 디젤을 특혜 가격으로 볼리비아에 제공할 예정이다.

했다.

베네수엘라는 전략적 협력대상국인 브라질, 아르헨티나, 파라과이, 우루과이 등 남미공동시장(MERCOSUR) 회원국과도 결속을 강화하고 미국 주도의 FTAA에 대응해 MERCOSUR를 강화시키기 위해 2005년 말에는 MERCOSUR의 5번째 정회원국 가입을 선언했다.[4)]

한편, 베네수엘라는 미국과 FTA를 체결한 콜롬비아, 페루가 속한 경제통합체에서는 탈퇴를 선언했다. 베네수엘라는 2006년 4월 안데스공동체(CAN) 탈퇴를 공식 선언한데 이어 5월에는 베네수엘라, 콜롬비아, 멕시코 3국으로 구성된 FTA인 G-3에서도 탈퇴의사를 표명했다.[5)]

그러나 남미지역에서 베네수엘라의 이 같은 공격적인 정치 · 경제적 행보가 모든 국가에서 긍정적인 반응을 얻는 것은 아니다. 특히, 그 동안 남미의 패권(hegemony)을 지향해온 브라질 정부는 최근 베네수엘라의 정치 · 경제적 움직임에 대해 견제하는 입장을 보이고 있다.

---

4) 베네수엘라와 MERCOSUR 회원국들은 2006년 5월 23일에 베네수엘라의 MERCOSUR 정회원국 가입 의정서에 공식 서명했다. 이 의정서에 따르면 베네수엘라는 2013년 1월 1일까지 MERCOSUR 회원국들과 자유무역을 달성할 것으로 보인다.

5) 베네수엘라가 안데스공동체(CAN) 탈퇴를 선언한 표면적 이유는 콜롬비아와 페루가 관세동맹단계인 CAN의 원칙을 위반하고 미국과 독자적으로 FTA를 체결했기 때문이다. 그러나 CAN 창설 협정인 카르타헤나협정 135조(Articulo del Acuerdo de Cartagena)에 따르면 회원국이 탈퇴를 선언한다 해도 5년간 무역자유화의 의무를 준수해야 하기 때문에 실제로 베네수엘라가 CAN을 탈퇴했다고 보기는 어렵다.

〈표 3-3〉 베네수엘라 주도의 중남미 에너지동맹 체제 추진 현황

사업 및 협정 명	사업 및 협정 내용
카라카스 에너지협정 (Caracas Energy Accord)	• 중미 · 카리브 10개국과 2000년 체결한 원유특혜제공 협정 • 향후 15년간 연리 2%로 원유공급액의 25% 금융 지원
PetroCaribe	• 카리브지역 13개국과 2005년 6월 체결한 원유특혜 제공 협정 • 카라카스에너지협정 확대 개편: 에너지공급량을 18만 5,700b/d로 확대, 거치기간 확대, 금융지원규모 확대 • 참여자격 : 베네수엘라가 제안한 ALBA 창설 참여
석유 · 식량자원 교환 협정 (Oil for Food Accord)	• 2004년 4월 아르헨티나의 에너지난 해결을 위해 체결 • 베네수엘라(800만 배럴의 원유 + 100만 배럴의 디젤)↔아르헨티나 농산물(연간 2억 6,000만 달러 상당)
Petrosur	• 2005년 7월 베네수엘라와 아르헨티나, Petrosur를 중심으로 한 에너지정책 협력 양해각서 체결 • 현재 베네수엘라 국영석유회사(PDVSA), 아르헨티나 국영석유회사(ENARSA) 참여
Petroandina	• 2006년 6월 베네수엘라석유공사(PDVSA)와 볼리비아석유공사(YPFB), Petroandina 합작회사(볼리비아 51% 지분 보유) 설립 합의 - 볼리비아에서 석유공동 탐사, 생산 및 마케팅 활동 전개 - 베네수엘라 정부, 1억 5,000만 달러 투자 약속
남미가스파이프라인 프로젝트 (일명 가스축, axis of gas)	• 가스파이프라인 총길이 9,283㎞(베네수엘라 동부 Pueto Ordaz-아르헨티나 부에노스아이레스) • 가스 수송량: 1일 최대 1,500억m^2 • 총공사비용: 230억 달러 • 1단계 공사 완료 2010년, 최종 공사 완료 2017년

제 3 절 남미 자원국유화 현황

1. 베네수엘라

베네수엘라는 최근 중남미 전역에 확산되고 있는 자원국유화의 진원지이다. 베네수엘라의 자원국유화 조치는 인접국가에 대한 높은 전염효과 뿐만 아니라 세계 석유생산에서 차지하는 베네수엘라의 위상으로 인해 전세계의 관심의 대상이 되고 있

다.[6)]

차베스 정부는 1999년 출범 이후 대외적으로 이란과 공조 하에 석유수출국기구(OPEC) 생산쿼터를 엄격히 적용해 유가를 상승시키는 데 전력하는 한편 대내적으로는 그 동안 기득권 세력에 의해 장악되어온 베네수엘라석유공사(PDVSA)를 정부의 통제 하에 두는데 주력했다.

PDVSA 장악을 통한 정치적 자신감에다 유가의 상승에 고무된 차베스 정부는 2005년부터 석유산업에 대한 국가통제에 관심을 가지기 시작했다. 이는 석유산업에 대한 국가(PDVSA)의 장악력이 미약해 최근 유가상승에 따른 이익을 충분히 실현하지 못하고 있다는 판단에서였다.

베네수엘라에서는 1990년대 소극적인 석유산업 개방정책에도 불구하고 전체 석유 생산의 약 50%를 외국기업이 차지하고 있다. 1990년대 PDVSA는 한계유전 및 오리노코유전의 석유 탐사 및 개발을 위해 다국적기업과 32개 석유광구의 운영・서비스 계약 및 전략적 협력계약을 체결했다. 다국적기업들은 현재 한계 유전지역에서 1일 60만 배럴, 오리노코 유전에서 1일 50만 배럴 등 총 110만 배럴을 생산하고 있다. 그에 반해 PDVSA의 원유 생산은 1일 160만 배럴 수준을 보이고 있다.

베네수엘라 정부는 2005년 4월 마침내 석유산업에 대한 국가통제를 강화하는 사실상의 국유화 조치를 발표하였다. 국유화 정책의 핵심은 우선 그 동안 PDVSA가 민간기업과 체결한 32건의 원유생산위탁서비스 계약을 무효화하고 새로운 계약을 체결해 정부가 51% 이상의 지분을 갖는 새로운 형태의 합작기업을 설립하는 것이었다. 또 다른 중요한 조치는 민간석유기업에 부과하던 로열티(16.6%→33.3%)와 소득세(34%→50%)의 대폭적인 인상이었다.

국유화 조치는 1년간 시행기간을 거쳐 2006년 4월 1일 성공적으로 종료되었다. 국유화 조치의 대상이 되었던 32개 석유개발 광구 중에서 7개 광구는 정부가 100% 지분을 소유하게 되었으며 25개 광구에 대해서는 정부가 60~75% 지분을 갖게 되

6) 세계 5대 석유수출국인 베네수엘라는 2006년 국제에너지기구(IEA)로부터 오리노코 유전의 경제성을 인정받아 사우디아라비아를 제치고 세계 최대 원유보유국이 되었다. 이에 따라 베네수엘라의 원유매장량은 이전 770억 배럴(세계 6위)에서 3,770억 배럴로 증가했다. 한편, 베네수엘라는 세계 천연가스매장량의 5%에 해당하는 151조 입방피트의 천연가스를 보유하고 있다.

었다.

이번 국유화 조치 완료로 베네수엘라 정부는 원유 생산량, 가격 등의 모든 결정권을 장악하게 되었다. 또한, 이번 조치로 다국적기업(MNCs : Multinational Corporations)은 과거 PDVSA와 사적 계약을 통해 원유를 시추 개발해 왔으나 이제는 광구권마다 지분형태로 참여해야 한다.

당초 국유화 조치에 다국적기업의 강력한 반발이 예상되었으나 실제로는 2개 기업을 제외한 대부분의 기업이 정부의 재계약 요구에 순응하였다. 이는 다국적기업이 베네수엘라 정부의 요구조건을 수용하더라도 여전히 이윤이 발생한다고 판단하였기 때문이다.

1단계 국유화 조치에 자신감을 얻은 베네수엘라 정부는 이제 남아 있는 오리노코 유전에 대한 국가의 통제를 강화할 방침임을 2006년 5월 24일 PDVSA는 표명하였다. PDVSA는 오리노코 유전 4개의 합작투자에서 자사가 갖고 있는 지분율을 현재 30~49.9%에서 60%로 제고시킬 예정이다.

〈표 3-4〉 베네수엘라 석유생산 합작법인화에 따른 다국적기업 비용과 수익

	유가 40달러	유가 50달러	유가 60달러
판매가격	40.00	50.00	60.00
비용	-8.00	-8.00	-8.00
로열티 33%	-13.33	-16.67	-20.00
소득세 50%	-9.33	-12.67	-16.00
다국적기업의 순이익	9.34	12.66	16.00
정부수입	32.00	42.00	52.00

자료: Campbell(2006)

2. 볼리비아

남미 제2위의 천연가스 부국인 볼리비아도 석유·천연가스 산업에 대한 국유화(nationalization)를 단행했다.[7] 모랄레스 대통령은 2006년 5월 1일 석유·천연가스

7) 볼리비아의 천연가스 확인 매장량(2005년 6월말 기준)은 26.7TCF(1TCF=1조 입방피트), 추정매장량은 22TCF(남미에서는 베네수엘라에 이어 2위)에 이르고 있다. 원

산업 국유화에 대한 법률(최고정부령 28701호)에 서명한 바 있다. 이에 따라 현재 볼리비아에 진출한 외국기업들은 180일 이내에 볼리비아 국영석유회사(YPFB)와 새로운 계약을 체결하든 철수하든 양자 간에 결정을 해야 한다.

모랄레스 정부의 국유화 조치는 3가지 목표(① 석유・천연가스 생산의 상류부문에서 하류부문까지를 모두 국가 관리 하에 둠, ② 이제까지 다국적기업에 위탁한 석유・천연가스의 생산, 유통, 판매에 대한 권한을 회복함, ③ 세율 인상을 통한 정부의 세수 확대) 하에 진행되고 있다.

국유화 법의 주요 내용을 살펴보면 다음 4가지로 요약할 수 있다.

① 1990년대 민영화를 통해 민간기업에 양도되었던 생산 등을 비롯한 석유・천연가스 산업의 소유권을 모두 국가에 귀속시켰음

이에 따라 민간기업들은 180일 이내에 추가적인 계약을 통해 지분참여형태로 사업에 참여해야만 한다.

② 석유・천연가스 사업 관련 모든 사업에 대한 국가통제를 강화했음

향후 YPFB 등 정부가 석유・천연가스의 생산, 운송, 정제, 저장, 유통, 판매 등 전분야를 통제 및 관리하게 되었다.

③ 기업에 대한 세금 징수 강화

1일 생산량이 1억 입방피트를 상회하는 대규모 가스전을 운영하고 있는 브라질 국영석유회사(Petrobras)를 비롯한 기업에 대한 세금 징수를 크게 강화했다.

④ 회계감사 실시

이제까지 석유・천연가스부문에 수행된 외국인투자에 대해 회계감사를 실시해 각 기업이 적정한 회계보고를 했는지를 점검하기로 했다.

유 매장량은 많지는 않으나 4억 6,520만 배럴에 달한다. 볼리비아는 국토면적 109만 5천㎡ 중에서 60만㎡가 석유천연가스 매장지로 추정되나 이 중 현재 6%만이 탐사발굴 중이어서 향후 개발잠재력이 매우 높은 것으로 평가되고 있다.

〈표 3-5〉 볼리비아의 계약기업별 천연가스 및 석유자원 매장량 현황

(단위 : TCF, 100만 배럴, %)

기업	종류	천연가스		석유	
		매장량	구성비	매장량	구성비
Petrobras	확인매장량	13.12	47.5	183.4	39.7
	추정매장량	9.49	38.4	132.6	29.7
Maxus-Repsol YPF	확인매장량	6.59	23.9	160.7	34.8
	추정매장량	7.01	28.4	180.2	40.4
Total E&P	확인매장량	3.31	12.0	49.6	10.7
	추정매장량	4.48	18.1	65.0	14.6
Andina	확인매장량	1.83	6.6	27.2	5.9
	추정매장량	0.82	3.3	22.9	5.1
Chaco	확인매장량	1.48	5.3	24.8	5.4
	추정매장량	0.89	3.6	26.2	5.9
Vintage	확인매장량	0.63	2.3	8.4	1.8
	추정매장량	0.45	1.8	8.9	2.0
BG BC	확인매장량	0.31	1.1	5.1	1.1
	추정매장량	0.20	0.8	3.1	0.7
Petrobras Energia	확인매장량	0.18	0.7	1.1	0.2
	추정매장량	0.53	2.1	2.4	0.5
Pluspetrol	확인매장량	0.15	0.5	1.3	0.3
	추정매장량	0.80	3.2	4.2	0.9
Dong Won	확인매장량	0.01	0.0	0.5	0.1
	추정매장량	0.04	0.2	0.8	0.2
Canadian	확인매장량	0.00	0.0	0.0	0.0
	추정매장량	0.01	0.0	0.1	0.0
Matpetrol	확인매장량	0.00	0.0	0.2	0.0
	추정매장량	0.00	0.0	0.1	0.0
Panamerican Energy	확인매장량	0.00	0.0	0.0	0.0
	추정매장량	0.00	0.0	0.0	0.0
총계	확인매장량	27.62	100.0	462.3	100.0
	추정매장량	24.73	100.0	446.5	100.0

주 : 매장량은 2005년 6월말 기준. 1TCF = 1조입방피트

자료 : 볼리비아 광물·석유부(http://www.hidrocarburos.gov.bo/)

볼리비아 정부는 이번 국유화 조치로 세입이 추가적으로 3억 2,000만 달러가 증가해 석유·천연가스 부문에서만 연간 세입이 총 7억 8,000만 달러에 이를 것으로 전망하고 있다.

한편, 볼리비아 정부는 2006년 5월 중순 석유·천연가스 부문에 대한 국유화 이

외에도 토지, 광산, 삼림자원 등에 대해서도 추가적인 국유화를 단행하겠다고 발표했다. 그러나 토지 및 광산 등에 대한 국유화 조치는 유휴 토지나 광산 개발계약 체결에도 불구하고 장기간 투자가 수행되지 않은 광산 등에 국한될 것으로 보인다.

〈표 3-6〉 볼리비아 석유·천연가스산업 국유화 조치의 주요 내용

① 2006년 5월 1일부로 국내 진출한 석유·천연가스기업은 생산 등을 비롯한 전체 석유·천연가스사업의 소유권을 의무적으로 볼리비아국영석유회사(YPFB)에 양도함
② YPFB는 국가를 대표해서 생산되는 석유·천연가스의 판매와 판매조건, 국내시장 및 수출량과 가격을 결정함
③ 이번 국유화법 절차를 준수하는 기업의 경우 국유화법 시행 이후 180일을 초과하지 않는 범위 내에서 사업 지속이 가능함
④ 국유화법 시행 이후 180일 내 2005년 기준으로 천연가스 1일 평균 생산량이 1억 입방피트를 상회하는 기업의 경우 이윤의 82%를 국가에 세금(로열티 18%+석유·천연가스 직접세 32% + YPFB 추가세 32% = 82%)으로 납부함. 1일 생산량이 1억 입방피트 미만인 기업의 경우 이윤은 이전대로 국가와 기업이 50%씩 공유함
⑤ 볼리비아 에너지부는 이제까지 외국기업 투자에 대한 회계감사 실시
⑥ 국가가 석유·천연가스의 생산, 운송, 정제, 저장, 유통, 판매, 산업화를 관리 운영함
⑦ YPFB가 민관합작기업인 Chaco사, Transredes사, 2개의 Petrobras 정유공장의 지분 51%를 보유함

3. 에쿠아도르

중남미 제5위 산유국인 에쿠아도르도 2006년 5월 15일 아마존 유전에 진출한 미국 석유회사 옥시덴탈사(Occidental Petroleum)와의 원유채굴계약을 무효화하고 자산을 압류조치한다고 발표해 중남미 자원국유화 대열에 동참했다.

그러나 이번 에쿠아도르의 조치는 성격상 베네수엘라, 볼리비아 사례와는 상이하다고 할 수 있다. 이번 에쿠아도르의 조치는 에쿠아도르 정부의 일방적인 조치가 아닌 옥시덴탈사가 에쿠아도르 국내법과 사업계약을 위반한데 따른 것이다.[8)]

8) 사건의 발단은 옥시덴탈사가 2000년 10월 자사 소유 석유광구의 지분 40%를 에쿠아도르 정부와 상의없이 캐나다기업 엔카나사(Encana)에 매각하면서 촉발되었다. 엔카나사는 2005년 이를 다시 중국 주도의 컨소시엄에 매각했다. 이에 대해 2004년 8월 에쿠아도르 검찰은 옥시덴탈사가 정부의 허가없이 지분을 매각한 것은 명백한 계약위반 행위로 간주하여 계약무효소송을 제기했다. 2005년 11월 에쿠아도르 에너지·광업부는 석유법에 기초해 정식으로 계약무효절차를 진행하였다고 옥시덴탈사에 통보했다. 옥시덴탈사는 에쿠아도르 정부의 이 같은 조치에 대응해 2,000만 달러의 위약금과 국

미국계 기업인 옥시덴탈사는 1990년대부터 에쿠아도르 아마존(AMAZON) 유전 개발에 참여해온 대표적인 외국기업이다. 옥시덴탈사는 2005년 말까지 에쿠아도르 유전 개발에 9억 달러를 투자했으며 2004년 기준 에쿠아도르 전체 산유량의 14%에 해당하는 연 2,757만 배럴의 원유를 생산·판매해 오고 있다. 주요 수출국은 미국으로 에쿠아도르 전체 원유 수출의 50%를 차지하고 있다.

이 같은 에쿠아도르 조치에 대응해 미국 무역대표부(USTR)는 2006년 5월 16일 긴급 성명을 통해 에쿠아도르 정부의 계약 취소 결정에 실망을 표시하며 현 시점에서 에쿠아도르와 FTA 관련 추가적인 협상은 예정되어 있지 않다고 발표해 사실상 양국간 FTA 협상의 중단을 선언한 바 있다.

〈표 3-7〉 에쿠아도르의 기업별 원유생산량 및 매장량 현황(2004년)

(단위 : 천 배럴, 년)

기업명	생산량		확인가채매장량			가채연수
	2003년	2004년	기개발	미개발	합계	
Petroproducion	99,291	96,188	2,010,941	1,515,791	3,556,732	27.0
Occidental	7,048	27,571	129,398	0	129,398	4.7
Encana, AEC Ecuador	17,806	24,019	92,427	3,903	96,330	4.0
Repsol YPF	11,881	18,601	204,146	0	204,146	11.0
이탈리아석유공사 (ENI/AGIP)	11,099	11,411	136,090	4,000	139,090	12.2
Prenco	1,675	6,680	53,451	0	53,451	8.0
Petrobras Energia	3,812	6,498	13,012	211,152	224,164	-
City Oriente	344	827	13,408	5,725	19,133	23.1
Epcol	533	678	6,891	1,265	8,157	12.0
Canada Grande	44	44	2,142	0	2,142	49.2
중국석유·천연가스 (CNPC)	6	0	10,132	3,788	13,920	-
합계	153,539	192,517	2,671,039	1,775,624	4,446,664	23.1

주 : 매장량은 2004년말 기준, 생산량은 2004년 연간 생산량, 가채연수는 2004년말 기준, 국영기업과 민간기업의 공동개발 광구 등은 국영기업에 합산함

자료 : 에쿠아도르 에너지·광업부(http://www.menergia.gov.ec/)

제유가 상승으로 얻은 이익금의 50% 지분을 제안하였으나 에쿠아도르 정부는 이를 거부하였다.

제4절 전 망

상기한 바와 같이 베네수엘라, 볼리비아, 에쿠아도르 등에서 에너지 자원에 대한 국유화 조치는 고유가로 고수익을 창출하는 에너지 자원에 대한 국가통제를 강화해 정부수입 극대화(maximization of government revenue)를 이루겠다는 의도에서 출발했다.

그러나 최근 중남미지역의 자원국유화 조치는 에너지 자원에 대한 국가통제 강화를 통한 정부수입 극대화라는 궁극적 목표는 일치하나 국가마다 국유화 추진배경, 추진방법 등에서 다수의 차이점을 보이고 있다.

① 베네수엘라

베네수엘라의 경우 자원국유화 조치는 차베스 정부의 대내외적인 정치적 야심을 실현시키기 위해 차베스 정부가 자발적으로 추진한 위로부터의 국유화의 특징을 갖고 있다.

② 볼리비아

볼리비아에서 국유화는 오랜 국민들의 요구를 반영한 아래로부터의 국유화의 특징을 보여주고 있다. 따라서 국유화 방법에서도 베네수엘라식의 국유화 방법을 대부분 차용하고는 있으나 국유화 내용이나 범위 면에서 급진적인 측면이 있다.

③ 에쿠아도르

국유화 대열에 뒤늦게 동참한 에쿠아도르의 경우 전술한 두 국가와 비교해 엄밀한 의미에서의 국유화라기보다는 외국계 다국적기업과의 통상 분쟁에 대한 적법한 조치에서 비롯되었다고 볼 수 있다.

또한, 최근 중남미지역에서 자원국유화 조치는 1970년대 자원국유화와는 방법상에서도 커다란 차이가 있다. 1970년대 국유화가 일방적인 외국기업 배제의 국유화였던데 반해 최근의 국유화 조치는 엄격한 의미에서 국유화라기보다는 에너지산업에 대한 국가통제를 강화하는 측면이 강하다는 점이다. 에너지산업에 대한 국가의 통제는 주로 로열티(royalty), 소득세(income tax) 등 에너지에 부과하는 각종 세금을 대폭 인상하거나 기존 다국적기업들(MNCs)과 체결한 계약을 무효화하고 국가가 50% 이상의 지분을 갖는 형태의 새로운 계약을 체결하는 것이었다. 즉, 에너지산업에 대한 전면적 국유화보다는 부분적 국유화 정책(partial nationalization policy)이라고 평가할 수 있다.

전면적 국유화를 주장하는 일부 국민의 강력한 요구와 비난에도 불구하고 볼리비아 등에서 부분적 국유화를 추진하는 이유는 여전히 에너지산업에서 외국자본과 기술이 필요하다는 판단에서였다. 이에 따라 정부의 국유화 요구조건도 외견상 급진적인 것으로 인식될 수 있으나 실제로는 외국기업이 수용가능한 조건에 머물고 있다.[9]

향후 중남미지역에서 자원국유화 추세가 더욱 확대될 것인지의 여부는 중남미지역을 둘러싼 대내외적 변수를 고찰할 필요가 있다.

① 대내적 변수

대내적 변수로는 국유화 조치를 실시한 3개국에서 나타난 특징을 고려해볼 때 좌파정권의 집권 혹은 집권 가능성, 석유나 천연가스 등 에너지 자원에 대한 국가의 재정 의존도 심화, 사회 불평등 심화에 따른 사회정책 확대 요구 등으로 대별된다.

② 대외적 변수

자원국유화의 향방에 영향을 미칠 대외적 변수로는 국제유가의 향방과 중남미지역에서 베네수엘라의 정치·경제적 역할 증대 가능성을 지적할 수 있다.

전술한 대내외적인 변수를 고려해볼 때 향후 중남미 국가 중 국유화 가능성이 가장 높은 후보국가는 페루이다. 2006년 6월 실시된 결선투표에서 대내외 투자자들이 가장 우려했던 급진적 좌파성향의 우말라(Ollanta Humala) 후보 대신에 중도좌파의 가르시아 후보가 당선됨에 따라 페루에서 급격한 자원국유화 조치가 단행될

9) 이 같은 사실은 '우리는 에너지산업의 소유주가 아니라 파트너를 원한다'는 모랄레스 볼리비아 대통령의 발언에서 잘 확인될 수 있다.

가능성은 크지 않은 편이다. 그러나 가르시아 후보 역시 대선 공약으로 다국적 에너지 기업들과 체결한 계약이나 로열티 등 에너지 자원에 대한 세금을 재고할 의사가 있다고 표명한 바 있어 페루에서도 자원국유화 조치 가능성을 완전히 배제할 수만은 없는 상황이다. 페루 이외에도 일부 중남미 국가에서 좌파정권의 출범 가능성이 커서 자원국유화 가능성이 예상되고 있다.

전체적으로 평가할 때 향후 중남미지역에서 급속한 자원국유화 추세가 지속될 가능성은 크지 않은 것으로 판단된다. 그러나 기존 국유화 조치를 실시했던 베네수엘라와 볼리비아에서 추가적인 자원국유화 조치가 예정되어 있는데다 몇 가지 요인(① 연이은 좌파 정권의 집권 가능성, ② 석유나 천연가스 등 에너지 자원에 대한 재정 의존도 심화, ③ 사회 불평등 심화에 따른 사회정책 요구 확대, ④ 역내에서 베네수엘라의 정치·경제적 역할 확대 가능성)을 고려할 때 중남미지역에서 당분간 자원국유화 논쟁과 관련한 사회적 불안정(social instability)은 지속될 것으로 보인다.

제4장

중미 지역통합 추진

냉전체제(Cold War System)의 붕괴 이후 국경의 의미가 점차 소멸되어 가는 세계화(globalization)가 급속도로 확대되는 한편, 특정 지역의 다수 나라가 하나의 새로운 광역 경제권을 형성하는 지역화(regionalization) 현상이 현저하게 발생하고 있다. 세계무역기구(WTO)가 1995년 출범한 이후에도 지역무역협정[1](RTA : Regional Trade Agreement)의 수가 지속적으로 증가하고 있으며 중미 국가들도 국가발전전략으로 지역통합(regional integration)을 적극적으로 추진하고 있다.[2]

특히, 중미 국가들은 과거 단일국가인 중미연방[3]을 구성했던 역사적 경험 등으로 인해 이미 오래전부터 지역통합을 추진해 왔다. 그러나 1960년대 중미의 지역통합 시도는 역내 정정(政情)불안과 무역분쟁 그리고 수입대체 산업화 정책의 내재적

1) 지역통합의 유형은 자유무역협정, 관세동맹, 공동시장, 경제연합, 정치연합 등으로 구분된다.
2) 2004년 10월말 기준 GATT/WTO에 300개의 지역무역협정이 통보되었다. 이 중 150개의 지역무역협정이 유효한 상태이다. 특히, WTO 출범 이후 지역무역협정 체결이 매년 급속히 확산되어 2005년에는 전세계 교역량의 51.2%가 지역무역협정 내 교역일 것으로 전망되고 있다. 이에 따라 WTO를 중심으로 한 다자주의(multilateralism) 원칙에 충실했던 한국도 2003년 칠레와 자유무역협정(FTA)을 체결한 것을 시작으로 미국 등 세계 주요 교역대상국들과 지역무역협정 체결을 적극적으로 도모하고 있다(수출입은행, 수은해외경제, 2005. 11. pp. 26~40 요약·재구성).
3) 1838년 중미연방은 현재의 중미 5개국(과테말라, 니카라과, 엘살바도르, 온두라스, 코스타리카)으로 분리되었다.

한계로 인해 실효를 거두지 못하였다. 중미 국가들은 제2차 세계대전 이후 적극적으로 추진하였던 과거의 수입대체 산업화정책이 각국의 협소한 경제규모로 인해 성공하지 못하였다고 진단하고 규모의 경제(economies of scale)를 실현하고 국가별로 특정 산업에 특화(specialization)하는 새로운 지역 단위의 수입대체 산업화정책을 추진하였다.

그러나 1960년대 수입대체 산업화정책의 일환으로 추진된 지역통합 시도 또한 기본적으로 보호무역주의(trade protectionism)의 성격을 가지고 있었으며 수입대체 산업화정책의 반(反)수출적(anti-export) 특성으로 인해 상품수지 적자규모가 확대되고 자본집약산업(capital-intensive industry)의 육성 과정에서 수출산업이자 노동집약산업(labor-intensive industry)인 농업이 희생되면서 실업이 증가하는 등 부작용이 심화되었다. 또한, 1960년대 후반 이후 엘살바도르와 온두라스 간의 축구전쟁(1969년) 발발 등 역내 정정이 불안해졌으며 역내무역 확대의 혜택이 과테말라, 엘살바도르와 같이 산업화 수준이 상대적으로 앞선 국가로 집중됨에 따라 역내국 간의 무역 분쟁(trade conflict)이 증대되면서 지역통합을 위해 설립된 중미기구(ODECA : Organizacion de Estados Centroamericanos)와 중미공동시장(CACM : Central American Common Market)의 기능은 사실상 중단되었다.

1970~1980년대에도 중미는 니카라과의 산디니스타 정부 출범과 내전 지속 등으로 인해 분쟁지역화하면서 지역통합은 주요 의제에서 제외되었다. 그러나 1990년대 들어 냉전체제의 붕괴와 더불어 중미 지역에 평화무드가 조성되고 유럽연합(EU), 북미자유무역협정(NAFTA)과 같은 지역블록화의 세계적 확산 추세에 영향을 받아 중미 국가들도 다시 지역통합을 적극적으로 추진하고 있다. 그러나 1990년대의 지역통합은 개방주의적 수출지향 모델을 추구하고 있다는 점에서 과거와는 다른 양상으로 전개되고 있다.

제 1 절 중미 개관

1. 일반 개황

중미(Central America)는 역사적, 지리적, 정치적으로 다양하게 정의되고 있다. 과거 중미연합을 구성했던 중미 5개국(코스타리카, 엘살바도르, 과테말라, 온두라스, 니카라과)을 지칭하나 지리적으로는 벨리즈와 파나마를 포함한 7개국을 의미하기도 한다. 정치적으로는 1990년대 이후 중미 통합의 중추적 역할을 수행하고 있는 중미 통합체제(SICA : Sistema de la Integracion Centroamericana)의 준회원국인 도미니카공화국까지 포함한 8개국을 지칭한다.

중미 8개국의 전체 면적은 한반도의 약 2.5배인 56만 3,000㎢이며 중미 지역은 남북을 길게 산맥이 관통하고 있고 약 250개의 화산 및 긴 해안선으로 구성되어 있다. 기후는 고도에 따라 3개의 기후대로 구성되어 있다. 해발 1,000m 이하의 저지대는 29~32℃로 무더운 편이며 해발 1,000~2,000m 지역은 온대기후로 21~23℃로 쾌적하고 해발 2,000m 이상의 고산지대는 10~12℃로 쌀쌀한 날씨를 보이고 있다. 우기는 4월부터 11월까지이며 건기는 11월부터 4월까지이다.

SICA의 전체 인구수(2004년 기준)는 4,810만명이며 인종은 메스티조(백인과 인디오의 혼혈), 인디오, 백인 및 흑인 등으로 구성되어 있다. 그러나 인종은 국가별로 다소 차이를 보이고 있다. 코스타리카는 전체 국민의 약 95%가 백인이며 나머지 국가들은 메스티조와 인디오가 다수를 차지하고 있다. 언어는 영어를 사용하는 벨리즈를 제외하고는 모두 스페인어가 공용어이며 종교는 스페인 식민지배의 영향으로 가톨릭이 대부분을 차지하고 있다.

〈표 4-1〉 SICA 8개국 개관

국 가	수 도	정부형태	면 적 (천㎢)	인 구 (백만 명)	GDP (억 달러)	1인당 GDP (달러)	한국과의 관계(2004)			
							수출 (백만 달러)	수입 (백만 달러)	해투건수 (건)	해투금액 (백만 달러)
코스타리카	산호세	대통령제 임기 4년	51	4.3	181	4,209	122	29	14	21
엘살바도르	산살바도르	대통령제 임기 5년	21	6.9	157	2,379	69	3	10	18
과테말라	과테말라시티	대통령제 임기 4년	109	12.1	269	2,118	550	62	57	56
온두라스	떼구시갈파	대통령제 임기 4년	113	7.2	75	1,056	144	15	32	66
니카라과	마나구아	대통령제 임기 5년	121	5.8	44	786	117	4	12	16
벨리즈	벨모판	입헌군주제 (영연방)	23	0.3	10	3,557	14	5	1	3
파나마	파나마시티	대통령제 임기 5년	76	2.9	137	4,281	1,264	294	36	139
도미니카(공)	산토 도밍고	대통령제 임기 4년	49	8.6	189	2,077	74	122	5	4
SICA			563	48.1	1,062	2,155	2,354	534	167	323

2. 중미 지역의 특성

2.1 역사와 언어의 공유

SICA 8개국은 벨리즈를 제외하고는 모두 스페인 식민지였다는 동일한 역사를 공유하고 있으며 스페인어를 공용어로 사용하고 있다. 특히, 중미 5개국(코스타리카, 엘살바도르, 과테말라, 온두라스, 니카라과)은 스페인으로부터 독립하여 중미연방이라는 단일국가를 형성했던 역사적 경험으로 인해 국민들의 연대감이 매우 커서 오래전부터 지역통합을 시도해 왔다. 한편, 벨리즈는 1981년 영국으로부터 독립하였으며 파나마는 1903년 콜롬비아로부터 독립하였고 도미니카공화국은 1844년 아이티로부터 독립하였다.

2.2 소규모 경제

SICA 8개국은 전체 인구가 4,810만명, 전체 GDP 규모가 1,062억 달러(한국 GDP의 15.6%)에 불과할 정도로 SICA 개별국가의 경제규모는 작은 편이다. SICA 8개국 평균 인구수는 약 520만명, 1인당 평균 GDP는 약 2,155달러에 불과하다. 특히, 벨리즈는 인구 28만명, GDP 10억 달러에 불과한 영연방 자치국가로서 SICA 역내 경제에서 차지하는 비중은 미미하다.

2.3 경제구조의 취약성

주요 수출품이 1차산업(커피, 설탕, 바나나, 새우 등)으로 구성되어 있는 SICA 8개국은 이들 품목의 국제시세 변동과 기후조건에 크게 영향을 받는 취약한 수출구조를 가지고 있다. 또한, 대체로 제조업 기반이 취약하고 제반 기술수준도 낙후되어 있어 자체 원자재 조달이 어려운 실정이다. 이로 인해 각종 산업용 자본재, 원·부자재 및 소비재를 해외 수입에 의존하고 있다.

2.4 미국의 무역특혜 조치 수혜

CBI, DR-CAFTA 등 미국의 무역특혜조치들[4]이 미국시장 접근에 유리한 위치를 제공하면서 보세가공무역업인 마낄라산업이 발달하였으며 이 분야에 대한 외국인직접투자(FDI) 유입증가로 중미 경제발전에 크게 기여하였다. 중미 국가들도 적극적인 외국인투자 유치정책을 통해 고용창출(job crcation)과 수출 증대 등 자국 경제발전을 도모하고 있으며 이를 위해 수출 공단이나 자유무역지대(free trade area)에 입주하는 외국기업에 대하여 관세 및 소득세 감면 등 각종 세제 혜택을 부여하고 있다.

---

4) 1983년 미국의 카리브해 지원계획(CBI)에 따라 중미와 카리브해 연안의 국가들은 미국시장 진입에 우월적 지위를 차지할 수 있었다. 그러나 1994년 NAFTA 출범으로 멕시코가 북미 시장과의 교역에서 특혜를 부여받게 되면서 중미 국가들도 미국과의 FTA 체결을 통해 멕시코와 동등한 대우(NAFTA Parity)를 요구하였으며 이에 따라 한시법인 카리브해 무역파트너법(CBTPA : The Caribbean Basin Trade Partnership Act)이 제정되었다. 이후 중미 국가들은 CBTPA를 영구화하고 특혜 내용을 더욱 확대하기 위해 2004년에 미국과 미-중미 자유무역협정(DR-CAFTA)을 체결하였으며 2006년 1월 발효되었다.

2.5 지역통합을 위한 노력 강화

1990년대 들어 유럽연합(EU)의 확대·발전과 북미자유무역협정(NAFTA) 출범 등 세계의 지역통합 추세에 영향을 받아 새로운 중미통합 노력의 일환으로써 중미통합체제(SICA)를 설립하고 중미공동시장을 부활시켰다. SICA에는 중미 5개국 이외에도 지리적으로 인접한 파나마와 벨리즈가 추가로 정회원국으로 참여하는 한편, 지리적으로는 카리브 도서국가이나 중미 국가들과 유사성이 높은 도미니카공화국이 준회원국으로 참여하고 있다.

〈표 4-2〉 SICA 연도별 경제성장률 추이

(단위 : %)

	2001	2002	2003	2004	2005
중미통합체제 8개국	2.0	2.6	2.8	3.4	3.2
중미 5개국	2.0	2.3	3.3	3.2	3.0

3. 최근 경제동향

3.1 경제성장

중미(SICA 8개국) 경제는 9·11 테러 발생으로 인한 관광업 침체, 고유가 지속 등으로 인해 2001~2003년 동안 2.0~2.8%의 낮은 성장세를 지속하였다. 2004년에는 세계경제의 회복과 국제 농산물 가격 상승 등에 힘입어 2001년 이후 가장 양호한 3.4%의 경제성장률을 기록하였으나 2005년 들어서는 고유가 지속, 세계경제의 성장둔화, 미국의 금리인상 등 대외경제여건의 악화로 경제성장세가 다소 둔화되었다.

국가별로는 파나마, 니카라과 및 온두라스가 상대적으로 양호한 경제성장세를 보이고 있는 반면에 엘살바도르가 가장 낮은 성장세를 보이고 있다. 파마나는 2004년에 SICA 8개국 중 가장 높은 6.2%의 경제성장률을 기록하였으나 2005년에는 정부의 긴축정책 시행에 따른 공공투자 감소 등으로 경제성장률이 3.9% 수준으로 하락할 것으로 전망된다. 니카라과와 온두라스 경제도 2004년에 각각 5.1%와 5.0%의 높은 성장률을 기록하였으나 2005년에는 각각 3.8%와 4.4% 수준으로 성장세가 둔화될 것으로 보인다. 엘살바도르 경제는 2004년 1.5%의 낮은 성장세를 보인데 이어 2005년에도 중미 국가 중 가장 낮은 2.4% 성장에 그칠 것으로 보인다.

〈표 4-3〉 SICA 국가별 주요 경제지표(2004)

국가	경제성장률	물가상승률	수출 (백만 달러)	수입 (백만 달러)	상품수지 (백만 달러)	경상수지 (백만 달러)	총외채 (백만 달러)
코스타리카	4.2	12.3	6,234	7,813	-1,579	-892	5,424
엘살바도르	1.5	4.5	3,295	5,913	-2,618	-600	7,080
과테말라	2.7	7.5	3,443	6,899	-3,456	-1,100	4,981
온두라스	5.0	8.1	1,581	3,679	-2,098	-391	5,641
니카라과	5.1	8.5	1,245	2,357	-1,112	-795	6,915
중미 5개국	3.2	8.2	15,798	26,661	-10,863	-3,778	30,041
벨리즈	4.0	3.1	346	547	-201	-175	1,058
파나마	6.2	0.3	5,886	7,471	-1,585	-1,104	8,770
도미니카공화국	2.0	51.4	5,693	7,904	-2,211	-1,104	6,291
SICA 8개국	3.4	14.8	27,723	42,583	-14,860	-6,161	46,160

3.2 물가

물가는 2000년 이후 하향 안정화 추세를 보여 왔으나 2004년에는 고유가로 인한 수입물가 상승과 경기회복에 따른 국내수요 증가로 물가 상승폭이 커졌다. 그러나 환율폭등과 금융불안정(financial instability)을 경험했던 도미니카공화국을 제외할 경우 물가상승률은 여전히 한 자리 수준을 보이고 있다. 2005년에도 중미 각국은 고유가 지속으로 물가상승 억제에 어려움을 겪고 있으나 각국 중앙은행의 긴축통화 정책 강화와 경제성장세 둔화로 2005년 물가상승률은 SICA 전체로는 6.8%, 중미 5개국 기준으로는 8.6% 수준으로 하락할 것으로 보인다.

〈표 4-4〉 SICA 연도별 물가상승률 추이

(단위 : %)

	2001	2002	2003	2004	2005
중미통합체제 8개국	7.0	5.7	9.2	14.8	6.8
중미 5개국	7.9	6.7	6.0	8.2	8.6

3.3 경상수지

상품수지 적자규모가 확대되는 등 대외부문의 불균형이 개선되지 못하고 있다. 2004년 SICA 8개국의 총수출 규모는 277억 달러였으나 총수입 규모는 426억 달러(중미 5개국 기준으로는 총수출 158억 달러, 총수입 267억 달러)에 달해 상품수지 적자규모는 149억 달러(중미 5개국 기준으로는 109억 달러)로 증가하였다. 상품수지 악화의 가장 큰 요인은 국제유가 상승으로 인한 수입증가였다. 그러나 미국거주 동포의 송금 유입액 증가로 경상수지 적자규모는 국내총생산(GDP)의 5.8%인 62억 달러(중미 5개국 기준으로는 GDP의 5.2%인 38억 달러)에 그쳤다.

SICA 8개국은 2005년에 총수출 301억 달러, 총수입 470억 달러(중미 5개국 기준으로는 총수출 169억 달러, 총수입 291억 달러)로 상품수지 적자규모가 169억 달러(중미 5개국 기준으로는 122억 달러)에 이를 것으로 보인다. 그러나 해외근로자 송금증가와 관광수입 증대로 인한 서비스수지 개선 등으로 경상수지는 2004년과 비슷한 수준을 보일 것으로 전망된다.

미국거주 중미출신 히스패닉[5]의 모국 송금액이 지속적으로 증가하고 있다. 미국에 거주하는 히스패닉 인구수(2002년 7월 기준)는 3,880만명으로 미국 전체 인구의 13.5%에 이르고 있으며 지난 10년 동안 미국으로 이민해 온 히스패닉 인구수만 약 1,000만명에 이르는 것으로 추산되고 있다.

이로 인해 미국거주 중미출신 히스패닉의 모국 송금액이 지속적으로 증가하여 중미 국가들의 주요 외화가득원이 되고 있다. 전체 송금규모는 중남미 지역에 대한 선진국의 공적개발원조(ODA) 및 중남미 지역으로의 총 외국인직접투자(FDI) 유입액과 비슷한 규모에 이르고 있다. 또한, 히스패닉 인구의 모국 송금이 중남미 국가 가계의 주요 소득원이 되고 있어 송금을 받는 국가의 국내경제에 미치는 영향도 증대되고 있다.

5) 히스패닉은 통상 '중남미 출신으로 스페인어를 사용하는 사람'을 지칭하며 엄밀한 의미에서 인종 구분은 아니다. 미국 인구통계국은 히스패닉을 백인, 흑인, 아시안, 인디언과 같은 인종분류 항목에는 포함시키지 않고 대신 '미국에 사는 라틴아메리카 출신과 그 후손'으로 별도 분류하고 있다.

중미경제의 가장 중요한 현안이었던 중미 6개국(중미공동시장 5개 정회원국 및 도미니카공화국)과 미국과의 자유무역협정(도미니카공화국-중미자유무역협정(DR-CAFTA : Dominican Republic-Central American Free Trade Agreement))이 2006년 1월에 발효되어 향후 외국인직접투자 유입 증가와 마낄라산업의 재활성화가 기대되고 있다.

〈표 4-5〉 미국거주 히스패닉 해외송금액 추이

(단위 : 백만 달러, %)

	2002		2003		2004	
	금액	비중[1)]	금액	비중[1)]	금액	비중[1)]
코스타리카	..	..	179.1	1.0	193.6	1.1
엘살바도르	1,935.2	13.5	2,105.3	14.1	2,547.6	16.2
과테말라	1,579.4	6.8	2,106.5	8.5	2,550.6	9.5
온두라스	968.7	14.7	1,105.9	15.9	1,379.1	18.3
니카라과	462.4	11.5	518.9	12.5	618.8	13.6
도미니카공화국	1,959.6	9.0	2,060.5	12.4	2,200.3	11.8
합계	8,907.3	10.3	8,076.2	9.5	9,490.0	10.4

주 : 1) GDP 대비 송금액 비중
자료 : 중미통화위원회(Consejo Monetario Centroamericano)

제 2 절 중미 지역통합 추진 현황

1. 중미 지역통합 추진 경과

중미 통합의 역사는 중미 5개국(과테말라, 니카라과, 엘살바도르, 온두라스, 코스타리카)이 스페인과 멕시코로부터 독립하여 단일국가인 중미연방을 구성했던 1824년까지 거슬러 올라간다. 1838년에 중미연방이 해체되었으나 이러한 역사적 경험으로 인해 중미 국가들의 지역통합 노력은 지금까지 지속되고 있다.

특히, 세계대전 이후 중미 국가들은 유럽의 통합 움직임[6)]과 CEPAL의 지역통합

6) 유럽은 전후 경제회복과 전쟁예방 등 안전보장을 위해 1952년에 서독 · 프랑스 · 이탈리아 · 벨기에 · 네덜란드 · 룩셈부르크 6개국이 유럽석탄철강공동체(ECSC : European Coal and

권고[7]에 영향을 받아 1951년 10월 14일 엘살바도르의 산살바도르에서 개최된 중미 외무장관회의에서 제1차 중미기구헌장(산살바도르 헌장)에 조인하여 지역기구인 중미기구(ODECA)를 발족시켰다. 유럽경제공동체(EEC)가 출범한 1958년에는 중미자유무역경제통합협정(떼구시갈파 협정)을 체결하여 중미 경제통합의 기반을 마련하였다. 또한, 1960년 12월 13일 떼구시갈파 협정을 개정한 중미경제통합일반협정(마나구아 협정)을 체결하여 관세동맹인 중미공동시장(CACM)을 출범시킨 바 있다.

이에 따라 1961년 이후 중미 역내국간 교역자유화(trade liberalization), 역내 관세 철폐 및 역외공동관세(Common External Tariff)제도를 부분적으로 시행하였으며 중미경제통합사무국(SIECA), 중미경제통합은행(CABEI), 중미결제은행(Central American Clearing House), 중미통화안정기금(Central American Monetary Stabilization Fund) 등이 설립되었다.

중미공동시장 출범 이후 1960년 7%에 불과했던 역내무역 비중이 1968년에는 25%로 증가하는 등 중미공동시장은 출범초기 매우 성공적이었다고 평가할 수 있다. 그러나 역내무역 확대의 혜택이 과테말라, 엘살바도르 등 역내 공업수준이 앞선 국가에 집중됨에 따라 역내국간 무역분쟁이 증가하고 1969년에는 온두라스와 엘살바도르 간에 전쟁(일명 축구전쟁)이 발발하는 등 역내 정정(政情)불안으로 인해 1960년대 후반 이후 중미기구와 중미공동시장의 기능은 사실상 중단되었다.

그러나 1990년대 들어 냉전체제의 붕괴와 더불어 콘트라 반군의 활동 등 지역분쟁과 내전에 시달리던 중미 국가들도 게릴라단체와 연이어 평화협정을 체결하는 등 중미지역에 평화분위기가 조성되었다. 또한 유럽연합(EU), 북미자유무역협정(NAFTA) 등 세계적인 지역통합 추세에 영향을 받아 중미통합을 재추진하게 되었다.

1991년 12월 13일 개최된 '제11차 중미정상회의'에서 중미 6개국(기존 5개국 및 파나마) 정상들은 이미 사문화되었던 중미기구 헌장을 수정한 떼구시갈파 의정서

Steel Community)를 출범시켰으며 1958년에는 관세동맹인 유럽경제공동체(EEC : European Economic Community)로 확대·발전하는 등 활발한 지역통합 움직임을 보이고 있다.

7) UN 중남미경제위원회(CEPAL)는 중미 국가들에게 규모의 경제(economies of scale) 실현과 지역수준의 수입대체 산업화정책의 추진을 통한 개발전략으로 지역통합을 적극적으로 권장하였다.

(Protocolo de Tegucigalpa)에 조인하였으며 기존의 중미기구를 대체한 새로운 중미 통합기구인 SICA를 출범시켰다. 1993년 2월 1일에는 SICA가 정식 발효되었으며 1993년 10월 29일에는 중미경제통합일반협정을 수정한 과테말라 의정서(Protocolo de Guatemala)에 조인하여 관세동맹(CU : Customs Union)인 중미공동시장을 부활시켰다.

2. 중미통합체제

떼구시갈파 의정서와 과테말라 의정서에 의해 중미통합체제(SICA)가 출범하였으며 중미공동시장도 부활하였다. 현재 SICA의 경제부문 통합추진 실무는 SICA의 산하기구로 재편된 기존의 중미경제통합사무국(SIECA)이 담당하고 있으며 경제부문을 제외한 정치, 사회, 문화부문에 대한 통합 추진실무는 중미통합일반사무국(SG-SICA)이 담당하고 있다.

1993년 SICA 출범 당시 파나마가 정회원국으로 참여하였고 2000년 12월에 벨리즈가 SICA 정회원국으로 가입하였다. 2003년 12월에는 도미니카공화국이 SICA 준회원국으로 가입하여 현재 SICA 회원국은 정회원국 7개국(과테말라, 온두라스, 엘살바도르, 코스타리카, 니카라과, 파나마, 벨리즈)과 준회원국 1개국(도미니카공화국)이며 대만(2002년 4월), 스페인(2004년 11월), 멕시코(2004년 12월) 등이 옵서버로 참여하고 있다.

SICA의 설립목적은 정치, 경제, 사회, 문화적 통합을 통한 중미지역의 자유, 평화, 민주주의 및 경제발전을 이룩하는데 있다. SICA는 이외에도 민주주의 강화 및 지역안보(regional security)의 새로운 모델 구체화, 경제통합의 달성과 경제블록(economic bloc)으로서의 지역 역할 강화, 회원국 간의 정치, 경제, 사회, 문화 등 제 분야의 조화 및 발전을 추구하고 있다.

SICA는 중미 통합운동을 총괄적으로 조정·지원하는 구심체로서 중미 통합의 법적 및 제도적 기본 틀을 형성하고 있다. 중미 정상회의를 정점으로 각료회의, 집행위원회, 사무국, 중미의회, 중미사법재판소 등 중앙조직과 중미통화위원회(Consejo Monetario Centroamericano) 등 약 20여개 이상의 각 분야별 지역기구 또는 위원회를 산하조직으로 두고 있다.

2.1 중미정상회의(Reunion de Presidentes)

중미정상회의는 SICA 최고 의사결정기구로서 역내 제반 정치·경제 현안을 다루고 있다. 1986년 5월 25일 '제1차 중미정상회의'를 개최한 이후 떼구시갈파 의정서에 의거하여 매년 2회 개최하고 있으며 필요한 경우 특별회의를 개최하고 있다. 가장 최근에 개최된 중미정상회의는 2005년 6월 30일 온두라스 떼구시갈파에서 열린 '제26차 중미 정상회의'였다. 동 회의에서는 역내 경제협력(regional economic cooperation)을 강화하고 마약밀거래와 중미 조직폭력단에 공동 대처하기 위한 방안 등을 논의한 바 있다.

2.2 외무장관회의(Consejo de Ministros de Relaciones Exteriores)

외무장관회의는 각종 각료회의 중에서 최상위급 회의이다. 매 2개월마다 회원국간 순번에 따라 정기 외무장관회의를 개최하며 정상회의 의제 채택 및 상호 입장 조율 역할을 수행하고 있다. 외무장관회의의 산하에 집행위원회(Comite Ejecutivo)가 있다. 동 집행위원회는 각국 대표 1인으로 구성되며 가장 최근에 정상회의를 개최한 국가의 대표가 의장 역할을 수행하며 매주 1회 회의를 개최하고 있다.

2.3 중미통합일반사무국(SG-SICA : Secretaria General de SICA)

중미통합일반사무국(SG-SICA)은 엘살바도르의 산살바도르에 소재하고 있으며 경제 분야를 제외한 나머지 분야의 중미통합 추진 실무를 담당하고 있다. 중미통합일반사무국은 내부적으로는 정상회의, 각료회의, 집행위원회에서 채택된 정책을 집행·조정하는 기능을 수행하고 대외적으로는 SICA를 대표하여 각종 협정체결, 경제협력 및 외국의 원조 등을 교섭하고 있다. 사무총장은 회원국에서 반기별 순번제로 담당하며 사무국 직원은 25명이다.

2.4 중미경제통합사무국(SIECA : Secretaria de Integracion Economica Centroamericana)

중미경제통합사무국(SIECA)은 과테말라의 과테말라시티에 소재하고 있으며 중미경제통합 추진 실무를 담당하고 있다. 중미경제통합사무국은 중미공동시장(CACM)의 대외공동관세제도 관리, 회원국의 경제통합 관련 합의사항 이행 여부 감독, 역내 경제장관회의 개최 등 중미 경제통합 업무를 관장하고 있다. 경제 이외 분야의 중미통합 문제에 대해서는 중미통합일반사무국(SG-SICA)과 사안별로 협력관계를 유지하고 있다.

2.5 중미의회(PARLACEN : Parlamento Centroamericano)

1987년 10월 2일에 체결된 중미의회 설치 조약에 따라 1991년 제1대 중미의회가 발족하였으며 2001년 10월 28일에 임기 5년의 제3대 중미의회가 출범하였다. 현재 중미의회는 6개국(엘살바도르, 과테말라, 온두라스, 파나마, 니카라과, 도미니카공화국)에서 각각 22명씩 132명의 의원으로 구성되어 있다. 정치, 경제, 사회, 문화 등 중미 공통 관심사항에 대한 계획, 분석, 정책 권고를 주요 업무로 하고 있으나 입법 기능은 없다. 중미의회는 과테말라의 과테말라시티에 소재하고 있다.

2.6 중미사법재판소(CCJ : Corte Centroamericana de Justicia)

중미사법재판소는 1907년 미국 워싱턴에서 체결된 중미 5개국 평화협정에 의거하여 창설되었으나 10년간 한시적으로 운영한 후 1918년 폐쇄되었다. 1951년 중미기구 헌장조인을 계기로 1952년에 중미사법재판소가 재창설되었으나 1991년까지 사실상 활동이 전무하였다. 그러나 1991년 떼구시갈파 의정서에 의거하여 1994년 2월부터 중미사법재판소가 공식 활동을 재개하였으며 2005년 7월까지 70건의 소송사건에 대해 판결하는 등 지역통합관련 최고 사법기구로서 활동하고 있다. 그러나 현재 엘살바도르, 니카라과, 온두라스만 참여하고 있고 코스타리카, 과테말라, 파마나는 아직 국회 비준절차를 마치지 못하고 있다. 중미사법재판소는 니카라과의 마나구아에 소재하고 있다.

2.7 중미통화위원회(CMCA : Consejo Monetario Centroamericano)

중미통화위원회는 1964년 2월 25일 중미 5개국 중앙은행들 간에 체결된 중미통화연합협약(Acuerdo para el Establecimiento de la Unión Monetaria)에 의거하여 발족하였으나 떼구시갈파 의정서와 과테말라 의정서에 따라 SICA 경제통합부문의 산하조직으로 재편되었다. 중미통화위원회 사무국은 코스타리카 산호세에 소재하고 있으며 중미의 통화·금융 부문 통합 추진 실무를 담당하고 있다. 2002년에 도미니카공화국 중앙은행이 정회원으로 가입하였고 파나마와 벨리즈는 현재 미가입 상태이다.

3. 중미공동시장(CACM: Central American Common Market)

중미공동시장에는 중미 5개국이 참여하고 있으며 명칭과는 달리 불완전한 관세동맹 수준에 머무르고 있다. 중미 5개국 간에는 자유무역(커피와 설탕은 자유무역 예외품목(커피는 관세, 설탕은 수입쿼터 부과가 가능함)임)이 이루어지고 있으며 역외공동관세 부과상품 비율도 94%에 이르고 있다.[8] 중미공동시장은 점진적으로 완전한 관세동맹 결성, 공동관세 행정기구 설립, 노동 및 자본의 자유로운 이동, 단일통화(single currency) 도입을 통한 통화동맹(monetary union) 결성 등을 추진하고 있다. 한편, 중미 역내국 국민들의 자유로운 국경 왕래가 시행되고 있으며 2006년부터 코스타리카를 제외한 중미 4개국은 통합여권을 발행할 예정으로 있다. 그러나 코스타리카는 국경 세관업무의 통합, 노동의 자유이동 등 여타 관세동맹 부문에 대해서는 불참하고 있다.

중미공동시장의 부활 이후 중미의 총수출과 역내수출이 차지하는 비중이 모두 증가세를 보이고 있다. 중미 5개국의 총수출 규모는 1990년 39억 달러에서 2004년에는 158억 달러로 3배 이상 증가하였으며 역내수출이 차지하는 비중도 1990년 17.1%에서 2004년에는 27.6%로 증가하였다. 중미 5개국은 역내 자유무역을 저해하

8) 2005년 5월 기준 총 6,198개 품목 중 5,846개 품목(94%)에 대하여 역외공동관세율을 부과하고 있으며 역외공동관세율은 자본재 0%, 원자재 5%, 중간재 10%, 소비재 15%이다.

는 비관세장벽(non-tariff barriers)을 인식하여 이를 제거하기 위해 상호협조하면서 역내 비관세장벽도 크게 축소되고 있다. 이에 따라 역내국들이 지적한 비관세장벽도 2002년 70여개에서 2004년 6월에는 7개로 축소되었다.

역내국간 무역법규, 통관 및 수입절차, 보건위생 규정 등을 일원화하고 상호 연계시키기 위한 조치들을 추진하고 있으며 현재 과테말라, 엘살바도르, 온두라스 3개국은 세관 통합을 완료하였다. 또한, 개방적 지역주의(open regionalism)를 표방하고 있는 중미공동시장은 자유무역협정(FTA) 체결 등을 통해 역외국과의 관계 강화도 적극적으로 추진하고 있다.

〈표 4-6〉 중미공동시장 역내 수출비중 및 증가율 추이

(단위 : %)

	1985	1990	1995	2000	2004
역내수출비중	13.5	17.1	20.9	22.7	27.6
역내수출증가율	-15.5	6.7	18.1	11.1	7.1

4. 중미경제통합은행(CABEI : Central American Bank for Economic Integration)

중미경제통합은행(CABEI)은 중미경제통합일반협정(마나구아 협정)에 의거하여 중미공동시장 역내국의 경제발전과 동 지역의 경제통합 촉진을 목적으로 중미 국가들이 공동으로 설립한 중미의 지역개발금융기관이다. 1961년 6월 8일 업무를 개시하였으며 1992년 1월 20일 역외국 회원가입을 허용한 이후 역외국들의 가입으로 현재 회원국은 역내국 5개국(코스타리카, 엘살바도르, 과테말라, 온두라스, 니카라과)과 역외국 5개국(멕시코, 대만, 콜롬비아, 아르헨티나, 스페인)으로 구성되어 있다. 현재 도미니카공화국이 역외국 및 비창설국 수혜국가 자격으로 가입이 결정되었으며 벨리즈가 가입 의향서에 서명한 상태이고 파나마도 가입을 추진하고 있다. 한편, 한국도 CABEI 가입을 추진하고 있으며 수출입은행은 1992년 1월 최초로 CABEI 앞으로 전대자금 신용한도를 공여한 이후 현재까지 양호한 거래 관계를 유지하고 있다.

CABEI의 최고의사결정기구는 운영위원회(Assembly of Governors)로서 출자국의 재무 또는 경제장관, 중앙은행장 등으로 구성되어 있으며 신규회원국 가입 및 가입조건, 자본금 증감, 총재선출, 규정제정 등을 결정한다. 한편, 신규 회원국 가입은 창설 5개국을 포함한 3/4 이상의 지지가 필요하다. 이사회(Board of Directors)는 총 9명으로 구성되어 있다. 5명은 각국 운영위원이 선출하며 나머지 4명은 역외국 운영위원이 선출한다. 이사의 임기는 역내국 이사 5년, 역외국 이사 2년이다. 총재(Executive President)는 이사회에서 선출되며 임기는 5년이다. CABEI의 수권자본금(2005년 8월 기준)은 20억 달러이며 회원국 출자자본금은 16억 770만 달러, 납입자본금은 3억 8,440만 달러이다. CABEI는 역내국의 경제발전과 지역경제 통합(regional economic integration)을 위해 주로 통신, 에너지, 도로, 사회개발 등 사회간접자본(SOC) 투자에 대한 금융제공 업무를 수행하고 있다. 1991년부터는 역내국 중앙은행에 신용한도(Credit Line)를 설정하거나 상업금융기관과의 협조대출 등을 통하여 농업, 산업구조조정, 수출, 중소기업 지원 등 민간부문에 대한 금융제공 업무를 개시하였다.

〈표 4-7〉 CABEI 자본금 현황

(단위 : 백만 달러)

역내국	출자자본금	납입자본금	역외국	출자자본금[1)]	납입자본금
과테말라	204.0	55.0	멕시코	122.5	30.6
엘살바도르	204.0	55.0	대만	150.0	37.5
온두라스	204.0	55.0	아르헨티나	57.6	14.4
니카라과	204.0	55.0	콜롬비아	57.6	14.4
코스타리카	204.0	55.0	스페인	200.0	12.5
소계	1,020.0	275.0	소계	587.7	109.4
			총계	1,607.7	384.4

주 : 1) 2005년 8월 현재 역외국 추가 출자가능 금액(392.3백만 달러)
자료 : CABEI

CABEI는 설립 이후 2004년 12월까지 대출집행 기준으로 총 90.4억 달러를 지원하였다. 주요 지원부문은 인프라 28%, 무역 25%, 사회서비스 15%, 전기수도 14%, 교통통신 11% 등이다. CABEI는 2004년에도 7.5억 달러를 대출 승인하고 11억 달러를 집행하는 등 중미지역에서 미주개발은행(IDB)과 함께 지역개발 금융기관의 역할을 충실히 수행하고 있다.

〈표 4-8〉 CABEI 주요 재무제표

(단위 : 백만 달러)

항 목	2003년	2004년
총 자 산	3,567.7	3,459.2
대 출 자 산	2,868.1	2,789.4
대 출 승 인 액	680.0	750.1
대 출 집 행 액	1,152.5	1,105.5
영 업 이 익	89.2	92.5
당 기 순 이 익	136.6	56.2
자 본 금	1,321.9	1,379.2
자 본 이 익 률	11.2	4.1

자료 : CABEI

제 3 절 시사점

상기한 바와 같이 중미의 지역통합은 발전적으로 진행되고 있다. 경제통합의 측면에서는 중미공동시장 회원국 간에 무관세 자유무역이 실시되고 있고 수입품목의 94%에 대해 역외공동관세를 부과하고 있으며 역내국간 비관세장벽도 대부분 해소되는 등 많은 진전이 이루어졌다. 중미국가들은 경제통합의 심화를 위해 역내국간 무역법규, 통관 및 수입절차, 보건위생 규정 등을 일원화하고 상호 연계시키기 위한 조치들을 추진하고 있으며 역내국 세관 통합과 통행절차 간소화 및 통합여권 발행 등 여타 분야로 점차 통합의 수준을 확대시키고 있다.

중미 통합의 법적 및 제도적 기본 틀을 이루고 있는 SICA는 외형적으로는 이미 EU와 같은 수준의 지역통합 제도를 갖추고 있는 것으로 평가할 수 있다. 중미 국가들이 역사·언어·정치·경제·사회·문화적 공통점이 많고 역내 국가들의 지역통합 의지도 강하여 향후 EU와 같은 수준의 지역통합체로 발전할 가능성이 크다고 할 수 있다. 그러나 아직까지도 코스타리카가 국경 세관업무의 통합, 노동의 자유이동 등에 대해서 불참하고 있는 등 중미공동시장도 불완전한 형태의 느슨한 지역통합체 수준을 보이고 있어 중미가 정치연합(political union) 수준의 완전한 지역통합을 이루기까지는 상당한 시일이 소요될 것으로 전망된다.

한편, 중미의 지역통합이 가속화됨에 따라 중미지역 전체가 하나의 단일시장(single market)으로 변모하고 있다. 이로 인해 중미지역의 한계로 지적되어 온 내수시장 협소성 문제는 점진적으로 해소될 것으로 전망된다. 또한, 중미국가들은 이미 멕시코, 칠레, 미국 등과 자유무역협정(FTA)을 체결하였으며 EU와도 자유무역협정 체결을 위한 협상이 진행되고 있는 등 역외 지역과의 관계 강화에도 주력하고 있다.

중미의 지역통합 진전과 역외지역과의 관계 강화는 한국기업에게 한편으로는 기회이나 다른 한편으로는 위협요소로 작용하고 있다. 이는 지역무역협정(RTA)이 기본적으로 회원국과 비회원국 간의 차별을 주요한 특징으로 하고 있다는 점에서 인식할 수 있다. 미국의 중미·카리브 지역에 대한 무역특혜제도 수혜와 대미 우회수출을 위해 이 지역에 기 진출한 한국 기업들의 입장에서는 중미의 지역통합 진전과 DR-CAFTA 체결은 새로운 성장활력이 될 것으로 기대되고 있다. 그러나 신규로 중미시장 진출을 추진하고 있는 수출기업들은 상대적으로 높아진 통상장벽으로 인해 양국간 교역에서 난관에 직면하게 될 것으로 예상된다.

따라서 한국 기업의 대중미 시장진출 확대와 경협 강화를 위해서는 한국과 중미간의 FTA 체결도 적극적으로 모색해 볼 필요가 있으며 중미 인프라 개발 프로젝트에 대한 신속하고 정확한 현지정보 입수와 금융협력(financial cooperation) 강화 등을 위해 현재 추진하고 있는 CABEI 가입도 적극적으로 모색할 필요가 있다.

제5장

남미인프라통합구상

남미인프라통합구상(IIRSA : Iniciativa para la Integración de la Infraestructura Regional Suramericana)은 2000년 8월 브라질의 수도 브라질리아에서 개최된 '제1차 남미정상회담'에서 브라질의 까르도주 전(前) 대통령이 주창하여 시작된 남미의 대규모 지역 인프라 개발 사업이다.[1] 남미 12개국은 광활한 남미 대륙을 도로, 철도, 수로, 항로 등 교통망과 초고속 정보통신망 및 송배전망, 천연가스 파이프라인 등 에너지망으로 연결하기 위해 교통, 통신, 에너지 분야의 대규모 지역 인프라 개발 프로젝트를 공동으로 추진하고 있다.

IIRSA는 2000~2004년의 계획단계를 거쳐 2005년부터는 이미 구체적 실행단계에 진입하였다. 2006년 1월 21일에는 IIRSA의 31개 시범 프로젝트 중 하나인 아끄레(Acre)강 교량건설 프로젝트 완공식이 개최되었다. 이 프로젝트는 2004년 11월 제6차 IIRSA 운영위원회(CDE : Comité de Dirección Ejecutive)가 채택한 공동실행계획(AIC: Agenda de Implementacion Consensuada)에 포함된 31개 시범 프로젝트 중 하나이며 IIRSA의 10개 인프라 통합·개발 허브 중 하나인 페루-브라질-볼리비

1) 제1차 남미정상회의에서 남미 12개국 정상들은 2010년까지 남미공동체를 창설한다는 원대한 목표에 따라 우선 2002년까지 역내 경제를 통합해 자유무역지대(free trade area)를 창설키로 합의했으며 남미 대륙의 물리적 통합을 실현하기 위해 인프라 통합 및 개발 계획인 IIRSA를 출범시켰다(수출입은행, 수은해외경제, 2006. 3. pp. 5~24 요약 · 재구성).

아 허브(Peru-Brazil-Bolivia Hub)의 4개 그룹 중 제1그룹에 속한 개별 프로젝트였다.

브라질과 페루를 연결하는 아끄레강 교량건설 프로젝트는 비록 소규모 프로젝트(아끄레강 교량건설 프로젝트는 총 사업비 약 800만 달러(2,400만 헤알)로 전액 브라질의 재정자금으로 충당되었음)이나 이 프로젝트의 완공으로 페루 남부와 브라질의 아끄레주(州)와 혼도니아주의 물적・인적 교류 및 역내 경제발전에 크게 기여할 것으로 기대되고 있다. 또한, IIRSA의 31개 시범 프로젝트 중 가장 먼저 완공된 프로젝트라는 점에서 큰 의미를 부여할 수 있다.

한편, 2004년 12월 페루의 꾸스꼬에서 개최된 제3차 남미정상회담에서 남미 12개국 정상들은 남미공동체(CSN : Comunidad Sudamericano de Naciones) 창설을 위한 기본헌장에 서명한 바 있다. 이로써 남미를 유럽연합(EU)과 같은 정치연합 수준의 지역공동체인 남미공동체로 발전시킨다는 원대한 구상이 구체화되었으며 남미공동체를 물리적으로 통합하기 위한 교통, 통신, 에너지 분야의 지역 인프라 개발사업인 IIRSA의 중요성이 더욱 커지고 있다.[2)]

아끄레강 교량건설 프로젝트의 완공에서 알 수 있듯이 IIRSA가 이미 구체적 실행단계에 있고 남미 12개 국가가 공동으로 추진하고 있는 남미 역사상 최대 규모의 인프라 개발사업임에도 불구하고 그 동안 IIRSA에 대한 국제적 관심은 그리 크지 않았다고 할 수 있다. 이는 IIRSA가 출범한 2000년 이후 2003년까지 남미가 경기침체(recession)를 보이면서 IIRSA 프로젝트 추진이 지연되었으며 남미 경제에 대한 전망도 불투명한 상황이었기 때문이다. 그러나 2004년 이후 남미 경제가 급속히 회복세를 보이면서 다국적기업(MNCs)을 중심으로 IIRSA 프로젝트 참여에 대한 관심이 증대되고 있다.

본장에서는 남미 최대의 인프라 개발사업인 IIRSA의 추진경과, 운영체제, IIRSA

2) 그러나 CSN이 정치연합 수준의 명실상부한 지역통합체로 발전하기 위해서는 다수의 난관이 예상되고 있다. 이는 제3차 남미정상회담이 남미공동체 출범 선언을 위한 회담이었음에도 불구하고 우루과이, 아르헨티나, 파라과이, 에쿠아도르 정상이 불참하는 등 CSN에 대해서 역내 회원국들의 관심이 부족한 실정이며 각국의 입장에 따라 사안별로 첨예하게 대립하고 있기 때문이다. 한편, 기존의 MERCOSUR와 CAN의 운영도 제대로 이루어지지 못하고 있는 상황임을 고려할 때 남미의 CSN 창설 선언은 FTAA 협상에서 유리한 고지를 차지하기 위한 남미 국가들의 정치적 구호에 불과하며 실질적인 지역통합 성과를 이루기에는 어려울 것이라는 비관적 시각도 상존하고 있다.

프로젝트 추진 현황 등을 분석한 수출입은행의 보고서를 중심으로 살펴보고자 한다.

제 1 절 IIRSA 추진 경과

남미의 대규모 지역 인프라 개발사업인 IIRSA는 2000년 브라질리아에서 개최된 '제1차 남미정상회담'에서 브라질의 까르도주 전(前) 대통령이 처음으로 주창하였다. 이 회담에서 남미 12개국 정상들은 2010년까지 남미를 유럽연합(EU)과 같은 정치연합 수준의 완전한 지역통합체인 남미공동체(CSN)로 발전시키겠다는 원대한 목표를 제시하였다. 이를 위한 중간단계로서 우선 2002년까지 남미자유무역지대(SAFTA)를 창설하는 한편 남미 지역의 물리적 통합을 위해 교통, 통신, 에너지 분야의 남미 지역 인프라 통합 및 개발사업인 IIRSA를 추진해 나가기로 합의하였다.[3)]

이에 따라 2000년 이후 IIRSA는 7차례에 걸친 운영위원회(CDE)와 국가조정위원회(Coordinadores Nacionales), 24차례의 기술집행그룹(GTEs) 회의 등을 통해 IIRSA의 전략비전과 공동실행계획을 마련하여 시행해 왔다. 이제 IIRSA는 지역 인프라 프로젝트에 대한 관련 국가의 공동사업 발굴단계(a stage of identification and justification)와 지역 인프라 프로젝트 포트폴리오의 분석과 계획단계(a stage of analysis and planning of the portfolio)를 거쳐서 구체적 인프라 프로젝트 실행단계에 있다고 평가할 수 있다.

2005년에는 제6차 운영위원회 회의의 결의내용에 따라 IIRSA의 전략비전(VESA

3) 남미자유무역지대(SAFTA) 창설에 대한 논의가 시작된 것은 1993년부터 이다. 당시 브라질은 남미공동시장(MERCOSUR), 안데스공동체(CAN), 칠레를 하나로 묶는 남미자유무역지대(SAFTA) 창설을 주장하였다. 이를 위해 MERCOSUR와 CAN 양 블록 간의 FTA 체결을 추진하였다. 그러나 남미 국가들의 경제사정 악화로 양대 블록 간의 FTA 추진이 지체되자 MERCOSUR와 CAN 개별국가와의 FTA 체결을 추진해 왔다. 이에 따라 MERCOSUR는 칠레·볼리비아(1996년), 페루(2003년), 콜롬비아·에쿠아도르·베네수엘라(2004년)와 각각 FTA를 체결하여 2000년 제1차 남미정상회담에서 정한 2003년 시한은 넘겼지만 2004년 10월에 남미자유무역지대(SAFTA)가 출범하게 되었다.

: Visión Estratégica Regional Sudamericana)을 마련하기 위해 수 차례의 워크샵(workshop)이 개최된 바 있다. 또한, 제6차 운영위원회 회의에서 채택된 공동실행계획(AIC)에 따라 IIRSA에 대한 시민사회의 참여 증진과 대외 정보제공활동 강화를 위해 2005년 11월 28일부터 전략적 관리정보시스템(SIGE : Strategic Management Information System)을 운영하기 시작하였다. SIGE를 통해 관련 당사국들은 IIRSA의 31개 시범 프로젝트를 실시간으로 모니터링할 수 있으며 IIRSA 프로젝트에 대한 모든 자료가 SIGE에 축적되고 있다. SIGE는 웹(web) 환경에서 운영되는 정보시스템으로 IDB 산하의 중남미통합연구소(INTAL)가 운영실무를 담당하고 있다. 한편, 2005년 12월에 파라과이의 아순시온에서 개최된 제7차 IIRSA 운영위원회 회의에서 IIRSA의 전략비전(VESA)과 전략목표 그리고 2005년 이행사항 평가 및 2006년 실행계획에 대한 승인이 이루어졌다.

〈표 5-1〉 IIRSA 운영위원회(CDE) 회의 연혁

구 분	일 시	장 소
관계장관회의	2000. 12. 4 ~ 12.5	Montevideo, Uruguay
제1차 회의	2001. 4. 27	Santa Cruz de la Sierra, Bolivia
제2차 회의	2001. 12. 9 ~ 12. 10	Buenos Aires, Argentina
제3차 회의	2002. 5. 27	Brasilia, Brasil
제4차 회의	2003. 7. 1 ~ 7. 3	Caracas, Venezuela
제5차 회의	2003. 12. 3 ~ 12. 5	Santiago, Chile
제6차 회의	2004. 11. 23 ~ 11. 24	Lima, Peru
제7차 회의	2005. 12. 1 ~ 12. 2	Asunción, Paraguay

자료: IIRSA

제 2 절 IIRSA 조직 및 운영체제

1. IIRSA 조직

IIRSA는 남미 12개 국가의 교통, 통신, 에너지관련 인프라의 물리적 통합과 인프

라관련 정책 및 제도의 통합을 추구하고 있다. 그러나 국가 간의 이해관계에 따라서 각 허브(hub)의 우선사업 선정 과정부터 다수의 논란이 예상되는 등 국제개발사업(international development business)으로 추진되면서 당사국들 간의 사업추진을 위한 의사결정이 용이하지 않다는 문제를 지니고 있다. 따라서 IIRSA는 12개 국가의 다양한 이해관계를 통합・조정하여 우선사업을 선정하고 사업을 추진하기 위해 각국 정부가 참여하는 운영위원회(CDE)와 기술조정위원회(CCT), 기술집행그룹(GTEs) 등을 상설기구로 운영하고 있다. 또한, 필요에 따라 수시로 개최되는 국가조정위원회(National Coordination)가 당사국간의 의견 조율 역할을 담당하고 있다.

1.1 운영위원회(CDE)

운영위원회는 IIRSA의 정책수립 및 집행을 위한 최고 의사결정기구로서 각국의 장관급 정부 관료들로 구성되어 있다. 운영위원회는 IIRSA의 전략목표 및 실행계획을 심의하며 인프라관련 각국의 정책 가이드라인을 제시한다. 2000년 이후 7차례 회의가 개최되었으며 제7차 운영위원회 회의는 2005년 12월에 파라과이 아순시온에서 개최된 바 있다.

1.2 기술조정위원회(CCT)

기술조정위원회는 운영위원회의 사무국 역할을 담당하고 있다. 기술위원회는 3개의 다자개발기구(① CAF(안데스개발공사), ② FONPLATA(플라타강 유역개발기금), ③ IDB(미주개발은행))로 구성되어 있다. IIRSA의 실질적 운영과 관련해서는 이들 3개 개발금융기관이 매우 중요한 역할을 수행하고 있다. IDB 등 국제개발금융기관들은 IIRSA 프로젝트에 대한 금융지원 이외에도 IIRSA의 비전, 전략목표, 실행계획, 개별 프로젝트 선정 및 사업성 검토, 조직 운영 및 각종 회의 준비, 민간부문의 참여 증진과 대외 정보제공 등 IIRSA 운영과 관련한 다양한 기술지원 서비스를 제공하고 있다. 기술위원회의 사무국은 아르헨티나의 부에노스아이레스에 소재하고 있는 IDB 산하의 중남미통합연구소(INTAL)에 있다.

1.3 기술집행그룹(GTEs)

기술집행그룹은 IIRSA 프로젝트 실행을 담당하고 있는 실무기구로서 각국 정부가 지정한 공무원과 전문가로 구성되어 있다. 기술집행그룹은 지역별 10개의 인프라 통합·개발 허브(IDH : Integration and Development Hubs)와 각국의 인프라관련 정책공조와 제도개선을 위한 부문별 7개의 통합과정(SIP : Sectoral Integration Processes)으로 구성되어 있다.

1.4 국가조정위원회(National Coordination)

운영위원회, 기술조정위원회, 기술집행그룹과는 별도로 각국의 IIRSA 프로젝트 관련 장관급 고위관료로 구성된 국가조정위원회가 국가간 의견 조율을 위해 비정기적인 회의를 개최하고 있다.

2. IIRSA 운영 체제

IIRSA는 남미 차원의 교통, 에너지, 통신 분야의 인프라 통합 및 개발을 위해 남미 대륙을 10개의 인프라 통합·개발 허브(IDH : Integration and Development Hubs)로 구분하였다. 각 허브별로는 관련 당사국이 공동으로 프로젝트를 선정하여 추진하고 있다. 10개의 허브는 역내 물품교역량과 향후 전망 등을 고려하여 결정되었다. 각각의 허브는 교통, 통신, 에너지 분야의 인프라 서비스의 최소 기준(minimum standard)을 설정하고 이를 충족시키기 위한 프로젝트를 선정하여 실행하고 있다. 각 허브별로 추진하는 프로젝트의 우선순위는 각 프로젝트의 중요성과 허브와의 연관성을 기준으로 평가된다. 10개 허브 중 2개 허브(① 파라과이-파라나 허브, ② 안데스 남부 허브)는 아직 개발계획이 수립되지 못한 상태이다.

IIRSA는 10개 허브별 인프라 개발사업 이외에도 국가간 인프라관련 정책공조 및 공동 제도개선을 위한 노력도 기울이고 있다. 이를 위해 IIRSA는 7개 부문별 통합과정(SIP : Sectoral Integration Processes) 프로그램을 운영하고 있다. 이를 통해 남미 12개국의 인프라관련 정책과 제도를 정비해 나가고 있다. 7개 부문은 해상·

항공·복합운송 운영시스템, 국경통과, 정보통신기술, 에너지시장규제, 인프라금융 등이다.

제 3 절 IIRSA 10개 허브별 프로젝트 추진 현황

1. 개관

IIRSA는 남미 12개국이 공동으로 마련한 전략비전(VESA)과 공동실행계획(AIC)에 따라 남미를 10개의 허브로 구분하여 각 허브별로 인프라 통합개발을 위한 프로젝트 그룹을 편성하였으며 각 그룹별로 세부 프로젝트를 추진하고 있다. 현재 IIRSA가 추진하고 있는 프로젝트는 총 374억 달러 규모로서 8개 허브별(안데스 남부 허브와 파라과이-파라나 허브의 프로젝트 포트폴리오는 아직 미정임)로 40개 프로젝트 그룹으로 분류하고 그 안에는 총 335개의 개별 프로젝트가 추진되고 있다.

〈표 5-2〉 10개 허브별 IIRSA 프로젝트 포트폴리오

허브명	프로젝트 그룹 수	프로젝트 수	비중	투자규모 (백만 달러)	비중(%)
안데스	11	74	22.09	4,975	13.30
남회귀선	4	34	10.15	2,031	5.43
아마존	6	44	13.13	2,011	5.37
기아나	4	32	9.55	366	0.98
남부	2	21	6.27	1,072	2.86
중부대양간	5	44	13.13	3,306	8.83
메르꼬술-칠레	5	68	20.30	12,077	32.37
페루-브라질-볼리비아	3	18	5.37	11,588	30.46
총계	40	335	100.00	37,425	100.00

자료: IIRSA

IIRSA 프로젝트 포트폴리오(project portfolio)를 부문별로 구분하여 살펴보면 교통관련 프로젝트가 289개, 173억 7,569만 달러, 에너지 프로젝트가 40개, 200억 4,447만 달러, 통신프로젝트 6개, 4,500만 달러이다. 프로젝트 숫자로 살펴보면 고속도로

건설 등 교통관련 프로젝트가 압도적으로 많은 편이며 투자 규모로는 에너지관련 프로젝트가 가장 크다. 한편, 통신관련 프로젝트 수가 상대적으로 적은 것은 이 분야에 대한 연구와 사업 선정과정이 진행 중이기 때문이며 향후 광케이블 설치 등과 같은 통신관련 프로젝트가 추가될 예정으로 있다. IIRSA 프로젝트 335개 중 240개 프로젝트(200억 달러 규모)는 단일국가의 영토에서 진행되는 프로젝트이며 나머지 95개 프로젝트(174억 달러 규모)는 복수국가의 영토에서 진행되는 프로젝트이다.

〈표 5-3〉 부문별 IIRSA 프로젝트 포트폴리오

부문		프로젝트수	투자규모(백만 달러)
교통	도로	158	11,972.8
	철도	25	2,691.4
	해상	22	1,104.6
	강	31	525.2
	항공	19	919.1
	국경통과	37	162.7
	소계	289	17,375.7
에너지	전력망 연결	25	5,372.5
	발전	15	14,672.0
	소계	40	20,044.5
통신	통신망 연결	6	4.5
	소계	6	4.5
총계		335	37,421.5

자료 : IIRSA

한편, IIRSA는 인프라 통합을 위해 전략적으로 중요한 프로젝트 31개를 시범 프로젝트로 지정하여 추진하고 있다. 이 31개 프로젝트는 2004년 11월 제6차 운영위원회에서 승인되어 동년 12월에 개최된 '제3차 남미정상회의'에 제출되었다. IIRSA는 31개 시범 프로젝트를 우선 추진하여 가시적 성과를 도출하는 한편, 여타 프로젝트 추진의 시너지 효과(synergy effect)를 도모하고 있다. 현재 31개 시범 프로젝트 중 1개 프로젝트가 완료되었으며 12개 프로젝트가 집행 단계에 있고 나머지 18개 프로젝트는 준비 단계에 있다.

〈표 5-4〉 IIRSA 31개 시범 프로젝트 현황

		프로젝트명	허브명	투자규모	비고
△	1	Duplication of Route 14	MERCOSUR-Chile	370.00	AR (BR)
●	2	Remodeling of the Rio Branco-Montevideo-Colonia corridor	MERCOSUR-Chile	163.00	UY (AR-BR)
△	3	Building of the Jaguarao-Rio Branco international bridge	MERCOSUR-Chile	12.00	BU-UY
●	4	Duplication of the Palhoca-Osorio leg (Rodovia Mercosur)	MERCOSUR-Chile	800.00	BR(AR-UY)
◆	5	Los Andes-Mendoza railway project	MERCOSUR-Chile	251.00	AR-CH
●	6	International Route 60-CH (Valparaiso-Los Andes leg)	MERCOSUR-Chile	286.00	CH(AR)
△	7	Northeast Argentina gas pipeline	MERCOSUR-Chile	1,000.00	AR(BO)
△	8	Building of the Salvador Mazza-Yacuiba binational bridge	Capricom	10.00	AR-BO
△	9	Puerto Presidente Franco-Porto Meira new bridge and border center	Capricom	55.00	PY-BR
●	10	Building of the Pailon-San Jose-puerto Suarez road	Interoceanic	435.00	BO(BR-CH-PE)
△	11	Sao Paulo railway ring (North and South legs)	Interoceanic	300.00	BR
△	12	Infante Rivarola-Canada Oruro border crossing	Interoceanic	1.20	BO-PY
◆	13	Building of the Canada Oruro-Villamontes-Tarija-Estacion Abaroa road (first stage)	Interoceanic	60.00	BO(PY)
●	14	Toledo-Pisiga road	Interoceanic	76.00	BO(CH)
●	15	Rehabilitation of the lquique-Colchane road	Interoceanic	19.00	CH(BO)
△	16	Rehabilitation of the El Sillar leg	Interoceanic	30.00	BO(BR-CH-PE)
◆	17	Desaguadero border center	Andean	7.50	BO-PE
△	18	Cucuta-San Antonio del Tachira border crossing	Andean	2.00	CO-VE
△	19	Recovering of Meta River navigability	Andean	108.00	CO-VE
△	20	Pasto-Mocoa road	Amazon	183.00	CO
◆	21	Paita-Tarapoto-Yurimaguas road, ports and logistic centers	Amazon	285.00	PE(BR)
●	22	Lima-Tingo Maria-Pucallpa road, ports and logistic Centers	Amazon	514.00	PE(BR)
△	23	Francisco de Orellana port	Amazon	40.00	EC
◆	24	Paving of the lnapari-Puerto Maldonado-Inambari, Inambari Juliaca / Inambari Cusco leg	Peru-Brazil-Bolivia	694.00	PE(BR)
●	25	Bridge over the Acre River	Peru-Brazil-Bolivia	10.00	BR-PE
△	26	Boa Vista-Bonfim-Lethem-Georgetown highway (first stage studies)	Guianese Shield	3.30	GY-BR
●	27	Bridge over the Takutu River	Guianese Shield	10.00	GY-BR
△	28	Venezuela(Ciudad Guayana)-Guyana(Georgetown)-Surinam(Paramaribo) road(first stage)	Guianese Shield	80.00	VE-GY-SU
△	29	Improvements in Nieuw Nickerie-Paramaribo-Albina leg and international bridge over the Marowijne River	Guianese Shield	105.00	SU-GY
△	30	Exports through postal services of SMEs	ITCs	1.00	All countries
△	31	Implementation of a roaming agreement in South America	ITCs	1.00	All countries
		합 계		5,832.80	

주 : △ 준비중 ◆ 입찰중 ● 실행중

자료 : IIRSA

2. 10개 허브별 프로젝트 추진 현황

2.1 안데스 허브(Andean Hub)

안데스 허브는 안데스공동체(CAN) 5개 회원국인 베네수엘라, 콜롬비아, 에쿠아도르, 페루, 볼리비아를 포괄하는 남미 북부지역을 담당한다. 이 지역 주요 도시들은 판 아메리카 고속도로와 마지날(외각) 정글소속 도로로 연결되어 있다. 판 아메리카 고속도로는 베네수엘라의 데로스야노스(de los Llanos)지역의 안데스 산맥과 콜롬비아, 에쿠아도르, 페루의 아마존 정글 지역(Amazon Jungle Area)을 통과하여 볼리비아 국경까지 연결되어 있다. 안데스 허브의 총면적은 235만 ㎢로 안데스공동체 전체면적의 50%를 자치하고 있다. 이 허브에 거주하는 총인구는 9,200만명, 인구밀도는 ㎢당 38.15명이며, 이 지역 GDP는 2,000억 달러에 이르고 있다. 주요 산업은 석유 및 천연가스 산업과 광업(석탄, 금, 은, 대리석, 화강암, 백금)이며 향후 발전 가능성이 높은 산업은 농업, 농산품가공업, 목축업, 임업, 수산업, 피혁 및 신발, 금속기계, 철강, 화학, 섬유, 관광업 등이다.

안데스 허브는 총사업비 49억 8,000만 달러 규모의 11개 그룹 74개 프로젝트를 추진하고 있다. 도로건설, 국경센터 건설 등 교통 분야에 26억 2,000만 달러 규모의 59개 프로젝트가 추진되고 있으며 에너지 분야는 23억 6,000만 달러 규모의 13개 프로젝트, 통신 분야에는 2개 프로젝트(투자금액 미정)가 추진되고 있다.

2.2 아마존 허브(Amazon Hub)

아마존 허브는 콜롬비아, 에쿠아도르, 페루 그리고 브라질의 아마존이 포함된 북위 2도~남위 10도 사이의 열대우림지역으로 1,000㎞에 이르는 수로와 육로를 따라 남미대륙 북단을 가로지르고 있다. 아마존 허브 지표면의 15~20%가 강으로 이루어져 있다. 아마존 허브의 개발 목적은 6,000㎞에 이르는 아마존 강들을 연결하여 에쿠아도르의 태평양 연안 에스메라다스 항구에서 브라질의 마나우스 항구에 이르는 아마존 수로를 개설하는 것이다. 아마존 허브의 면적은 450만 ㎢에 이르며 총인구는 520만명이다. 지역별로 인구밀도는 큰 차이를 보이고 있으며 가장 인구밀도가 높은 지역은 페루의 리마로 ㎢당 223명이고 가장 인구밀도가 낮은 지역은 아마존 지역으로 ㎢당 1명 미만이다. 아마존 허브의 GDP는 930억 달러 정도이며 주요 산업은 전력, 석유, 천연가스, 바이오기술, 수산업, 알루미늄, 제지, 목재, 가구, 식료품, 고무, 코코아, 음료, 섬유, 사탕수수, 알코올, 열대과일, 커피, 면화, 생태관광 등이다.

아마존 허브는 당초 20억 1,000만 달러 규모의 6개 그룹 44개 프로젝트를 추진하였으나 2005년에 모로나-마라뇽-아마존 수로를 연결하는 1개 그룹(10개 프로젝트, 3.7억 달러)이 추가되어 현재는 총 23억 8,000만 달러 규모의 7개 그룹 55개 프로젝트가 추진되고 있다. 7그룹을 제외한 6개 그룹 프로젝트는 교통 분야 42개 프로젝트(19.7억 달러)와 에너지 분야 2개 프로젝트(500만 달러)로 구성되어 있다.

2.3 기아나 허브(Guianese Shield Hub)

기아나 허브는 베네수엘라 동부, 브라질 북부, 가이아나와 수리남 전체를 포괄하는 지역으로 총 면적은 269.9만 ㎢이다. 북으로는 대서양과 카리브 해에 접해 있고 남으로는 아마존강이 흐르고 있다. 기아나 허브에는 약 2,100만명의 인구가 거주하고 있으며 인구밀도는 ㎢당 5.3명으로 낮은 편이다. 이 허브의 GDP는 240억 달러이나 GDP의 88%가 브라질의 마나우스 지역과 베네수엘라의 동부 지역에서 창출되고 있다. 브라질 북부와 가이아나, 수리남 지역이 전체 GDP에서 차지하는 비중은 12%에 불과한 실정이다. 이 허브의 주요 산업은 석유 및 천연가스, 광업, 어업, 임업 등 1차 산업이 주류를 이루고 있으나 브라질의 마나우스에는 전기·전자산업 등 제조업도 발전해 있다.

기아나 허브는 4개 그룹의 32개 프로젝트를 추진하고 있다. 총 투자규모는 3억 7,000만 달러로서 교통 분야가 3억 6,000만 달러 규모의 23개 프로젝트를 추진하고 있다. 에너지 분야는 1,750만 달러 규모의 7개 프로젝트, 통신 분야에는 3,330만 달러 규모의 2개 프로젝트가 추진되고 있다.

2.4 남회귀선 허브(Capricorn Hub)

남회귀선 허브는 칠레의 태평양 연안에서 아르헨티나 북부와 볼리비아 남부 그리고 브라질의 남부 대서양 연안까지 이어지는 남회귀선(남위 23도 27분) 인접 남위 20~30도 사이 지역이다. 남회귀선 허브는 다음 4개의 소지역으로 구분이 가능하다.

① 브라질의 히우그란지두술 주와 파라나 주
② 아르헨티나의 북동부(미시오네스, 꼬리엔떼스, 포르모사)와 파라과이 남부 차꼬 지역
③ 아르헨티나 북서부(산티아고 델 에스떼로, 뚜꾸만, 라리오하, 까따마르까, 살따 그리고 후후이)와 볼리비아 남부(따리하)
④ 칠레의 북부(안토파가스따와 아따까마) 지역

남회귀선 허브의 총인구는 약 2,450만명이며 인구밀도는 ㎢당 14명, 도시화 비율은 75%이다. 남회귀선 허브의 GDP는 835억 달러이며 주요 산업은 지역별로 다양하다. 브라질 남부의 주요 산업은 농업, 목축업, 섬유, 화학, 금속공업 등이다. 아르헨티나 북동부와 파라과이 남부 지역의 주요 산업은 수력발전, 농업(담배, 사탕수수, 차, 마떼, 감귤), 목축업, 임업 등이다. 아르헨티나 북서부와 볼리비아 남부의 주요 산업은 석유, 천연가스, 비철금속, 농업(포도, 와인, 대두, 면화, 담배, 사탕수수, 감귤), 목축업 등이며 칠레 북부 지역의 주요 산업은 광업(구리, 비철금속), 해상운송, 물류창고, 임업, 관광업 등이다.

남회귀선 허브는 4개 그룹의 34개 프로젝트를 추진하고 있다. 총투자규모는 20억 3,000만 달러로서 교통 분야에 19억 7,000만 달러 규모의 33개 프로젝트가 추진되고 있고, 에너지 분야에는 250만 달러 규모의 1개 프로젝트가 추진되고 있다.

2.5 중부 대양간 허브(Central Interoceanic Hub)

중부 대양간 허브는 볼리비아, 브라질, 칠레, 파라과이, 페루에 걸쳐 남미 중부를 횡단하고 있는 지역으로 볼리비아의 9개 주 중 8개 주와 브라질의 5개 주, 칠레의 1지역, 파라과이 전체와 페루의 3개 주를 포괄하고 있다. 총면적은 남미 대륙의 19%인 330만 ㎢이다. 중부 대양간 허브는 이 허브를 구성하고 있는 5개 국가 인구

의 36%, 남미 전체 인구의 22%인 약 8,700만명이 거주하고 있으며 인구밀도는 ㎢당 28.6명이다. 이 허브의 GDP는 2,910억 달러로 5개 국가 전체 GDP의 46%, 남미 전체 GDP의 26%를 차지하고 있다. 이 허브에는 다양한 산업이 발전해 있다. 그 중에서도 대두와 사탕수수 생산량이 각각 세계 전체 생산량의 23.8%와 28.3%에 이르는 등 특히 농업이 발전해 있다.

중부 대양간 허브는 5개 그룹의 44개 프로젝트를 추진하고 있다. 총투자규모는 33억 1,000만 달러로서 교통 분야에 31억 4,000만 달러 규모의 41개 프로젝트가 추진되고 있다. 에너지 분야에 250만 달러 규모의 1개 프로젝트, 통신 분야에는 3,330만 달러 규모의 2개 프로젝트가 추진되고 있다.

2.6 페루-브라질-볼리비아 허브(Peru-Brazil-Bolivia Hub)

페루-브라질-볼리비아 허브는 페루의 남동부 7개 주(따끄나, 모께가, 아레끼빠, 아뿌리막, 꾸스꼬, 뿌노, 마드레데디오스)와 볼리비아의 아마존 지역 2개 주(판도, 베니), 브라질 북서부 4개 주(아끄레, 혼도니아, 아마조나스, 마또 그로수)를 포괄하는 지역으로 총면적은 350만 ㎢이다. 이 중 브라질이 차지하는 면적이 82%에 이르고 있다. 이 허브의 인구는 1,230만명이며 인구밀도는 ㎢당 3.5명이다. 이 허브의 GDP는 308억 달러(브라질 209억 달러, 페루 95억 달러, 볼리비아 4억 달러)이며 브라질이 허브 전체 GDP의 68%를 차지하고 있다. 이 지역의 주요 산업은 농업이며 천연가스와 다양한 식물군 등 부존자원이 풍부한 편이다.

페루-브라질-볼리비아 허브는 3개 그룹의 18개 프로젝트를 추진하고 있다. 총투자규모는 115억 9,000만 달러이며 분야별로는 교통분야에 11억 9,000만 달러 규모의 14개 프로젝트, 에너지 분야에 104억 달러 규모의 4개 프로젝트가 추진되고 있다. 한편, 2006년 1월에는 브라질의 룰라(Lula) 대통령이 참석한 가운데 1그룹 프로젝트인 아끄레강 교량건설 프로젝트의 완공식이 개최된 바 있다. 2005년 9월에는 페루의 톨레도, 브라질의 룰라, 볼리비아의 전 로드리게스 대통령이 페루의 아마존 지역인 푸에르토 말도나도에서 3개국을 관통하는 대륙횡단(Inter-Oceanic) 고속도로(페루-브라질-볼리비아 허브의 1그룹 프로젝트) 착공식에 참가했다.[4)]

4) 4년간 약 6억 8,160만 달러가 투입되는 대륙횡단고속도로 프로젝트가 완성되면 각국의 기존

2.7 메르꼬술-칠레 허브(MERCOSUR-Chile Hub)

메르꼬술-칠레 허브는 우루과이 전체와 칠레 중부, 아르헨티나 중부와 북동부, 브라질 남부, 파라과이 남동부를 포괄하는 지역으로 남미 최대의 대도시(산티아고, 부에노스아이레스, 상파울루, 리오데자네이로, 벨로오리존테, 꾸리치바)가 이곳에 모두 있으며 총면적은 310만 ㎢이다.

메르꼬술-칠레 허브의 총인구는 1억 2,600만명으로 남미 인구의 48%를 차지하고 있으며 인구밀도는 남미에서 비교적 높은 ㎢당 41명이다. 인구의 도시화 비율은 10개 허브 중 가장 높은 86%를 나타내고 있다. 이 허브의 GDP는 4,697억 달러로 남미 전체 GDP의 70%, 아르헨티나 GDP의 62%, 브라질 GDP의 63%, 칠레 GDP의 52%, 파라과이 GDP의 50%, 우루과이 GDP의 100%를 차지하고 있다. 이 허브는 남미의 공업 중심지로 항공기, 자동차, 금속기계, 석유화학, 식품산업, 건축자재 등 제조업이 발달해 있으며 세계에서 가장 비옥한 농토를 보유하고 있다. 대서양 항구로의 접근이 용이하여 전(全)세계와 활발히 교역하고 있으며 인접 지역간 도로망이 발달되어 있어 역내 무역량도 증가하고 있다.

메르꼬술-칠레 허브는 5개 그룹의 68개 프로젝트가 추진되고 있다. 총투자규모는 120억 8,000만 달러로서 10개 허브 중 가장 규모가 크다. 분야별로는 교통 분야에 54억 9,000만 달러 규모의 58개 프로젝트와 에너지 분야에 2,500만 달러 규모의 10개 프로젝트가 추진되고 있다.

2.8 남부 허브(Southern Hub)

남부 허브는 대서양 연안 아르헨티나 부에노스아이레스 남부의 바히아 블랑까 항구와 리오네그로 지역의 산 안토니오 에스떼 항구로부터 태평양 연안인 칠레 비오비오 지역의 꼰셉시온 항구와 뿌에르또 몬트 항구를 연결하는 남미의 남부 지역이다. 이 허브는 아르헨티나의 3개 주(부에노스아이레스 일부, 리오네그로 그리고

도로들이 하나로 연결되어 총길이 2,600㎞의 남미 최초의 횡단 도로가 만들어지게 된다. 도로는 태평양쪽 페루의 마르코나 항·마타라니 항·일로 항에서 각각 출발하여 푸에르토 말도나도 인근의 정글과 안데스 산맥을 넘어 볼리비아를 거쳐 다시 브라질의 아시스 지역으로 빠져 나와 대서양에 접한 산토스 항까지 연결된다.

네우껜)와 칠레의 4개 지역(마울레, 비오비오, 아라우까니아 그리고 로스라고스)을 포함하고 있다. 이 허브의 전체 면적은 49만 ㎢이며 아르헨티나와 칠레 국토의 14%를 차지하고 있다. 이 허브의 총인구는 610만명이며 인구밀도는 ㎢당 12.4명이다. 남부 허브의 GDP는 약 250억 달러(칠레 167억 달러, 아르헨티나 91억 달러)이며 수출이 허브 전체 GDP의 24%인 60억 달러 정도를 차지하고 있다. 이 허브를 구성하고 있는 아르헨티나와 칠레의 교역은 육상운송을 통해 이루어지고 있다. 최근 수년간 국경지역인 삐노 아차도(Pino Hachado)를 통과하는 물동량(2003년 기준 약 40만 톤)이 급속히 증가하고 있다.

남부 허브는 2개 그룹의 21개 프로젝트를 추진하고 있다. 총투자규모는 10억 7,000만 달러이며 분야별로는 교통 분야에 8억 1,000만 달러 규모의 19개 프로젝트, 에너지 분야에 500만 달러 규모의 2개 프로젝트가 추진되고 있다.

제 4 절 한국기업의 진출 현황과 전망

1. 한국기업의 진출 현황

상기한 바와 같이 남미 12개국은 IIRSA를 통해 대규모 지역 인프라 개발사업을 공동으로 추진하고 있다. 이에 따라 최근 남미의 인프라관련 대형 플랜트·건설 프로젝트 발주가 증가하고 있으나 한국기업의 남미 플랜트·건설 시장 진출 성과는 아직도 미미한 실정이다. 해외건설협회에 따르면 한국기업의 대중남미 해외건설 수주실적(2006년 2월 21일 기준)은 총 54건, 32억 8,000만 달러로 한국 전체 해외건설 수주실적(5,092건, 2,009억 달러)에서 중남미가 차지하는 비중은 건수로는 1%, 금액으로는 1.6%에 불과하다. 또한, 대중남미 해외건설 수주실적의 대부분이 멕시코 수주실적(27건, 28억 달러)으로 이를 제외한 남미 플랜트·건설시장 수주실적은 더욱 미미한 실정이다.

〈표 5-5〉 한국의 해외건설 계약현황(누계기준)

(단위 : 백만 달러)

중동		아시아		태평양 · 북미		중남미		아프리카		유럽	
건수	금액	건수	금액	건수	금액	건수	금액	건수	금액	건수	금액
2,369	117,430	2,135	63,925	319	4,808	54	3,277	149	6,248	66	5,287

자료 : 해외건설협회

2000년 이후의 대중남미 해외건설 수주실적도 총 6개 국가 16개 업체, 17건 5억 1,000만 달러에 불과하며 이 중 멕시코를 제외한 대남미 해외건설 수주실적은 10건 2억 2,000만 달러에 불과하다

2. 전망

한국기업의 남미 플랜트·건설시장 진출 전망은 비교적 낙관적인 것으로 판단된다. 이는 남미 12개국과 IDB 등 국제개발금융기관이 남미의 대규모 지역 인프라 개발 사업인 IIRSA를 공동으로 추진하고 있으며 한국이 2005년 3월에 IDB의 47번째 정회원국으로 가입함에 따라 IDB의 자금 지원으로 추진되는 IIRSA 프로젝트에 대한 한국기업의 사업 참여 문호가 개방되었기 때문이다.

한국기업은 이미 IIRSA 프로젝트에 참여하고 있다. 벽산 ENG와 삼부토건이 수주하여 시공 중에 있는 볼리비아 교량건설 사업은 IIRSA의 중부 대양간 허브(Central Interoceanic Hub)가 추진하고 있는 인프라 개발사업 중 제3그룹에 속한 빠일론-산호세-뿌에르또 수아레스(Palion-San Jose-Puerto Suarez) 고속도로 건설 사업의 일부이다. 이 프로젝트는 IDB와 세계은행 그리고 한국의 대외경제협력기금(EDCF)의 협조융자로 추진되고 있다. 한국은 공사구간 초입에 있는 볼리비아 제2의 도시인 산타 꾸르스(Santa Cruz)에 인접한 빠일론 지역의 리오 그란데(Rio Grande) 강에 교량 1,400m 및 접근도로 4.42km를 건설하는 3구간을 담당하고 있다. 한편, IDB는 빠일론에서 산호세까지 고속도로 210.6km를 건설하는 1구간을 지원하며, 세계은행은 산호세에서 브라질 접경지역인 뿌에르또 수아레스까지의 고속도로 330km를 건설하는 2구간을 지원하고 있다.

〈표 5-6〉 남미 계약공사 목록(2000년 이후)

(단위: 천 달러)

국가	업체	공사명	발주처	계약액	계약일
페루	엄앤드이종합	파차쿠텍 보건소 건립사업	한국국제협력단	62	2005/9/27
브라질	삼우종건사	삼성SDI 브라질 CPT 공장 증축 및 개보수 설계용역	삼성SDI	65	1999/12/7
	삼우종건사	삼성전자 무선 임대공장 개보수공사 설계 및 감리용역	삼성전자	28	2004/2/28
	성도ENG	SMT 패키지 라인 프로젝트	스마트 모듈 테크	2,463	2005/9/1
	현대ENG (하청)	Porto Velho 340MW 복합화력발전소 공사(설계)	EL Paso Energy + C.S. Oportunidades	6,051	2000/9/28
	현대건설	Porto Velho 340MW 복합화력발전소 공사	EL Paso Energy + C.S. Oportunidades	151,977	2000/9/28
에쿠아도르	둥지건설	교실 신축공사	IC & B	15,000	2005/7/25
콜롬비아	SK건설	까르따헤나 정유공장 증설공사	ECOPETROL	20,446	1997/12/23
볼리비아	벽산ENG	파일라스 교량 건설을 위한 기술, 감리 용역	도로청	2,763	2003/10/30
	삼부토건	파일라스 교량공사	도로청	25,300	2005/8/30
합계		10건		224,155	

제 5 절 시사점

한국기업의 남미 플랜트·건설시장 진출 확대를 위해서는 남미의 대규모 지역 인프라 개발 사업인 IIRSA에 주목할 필요가 있다. 이는 IIRSA의 공동실행계획(AIC)에 따라 2010년까지 총 374억 달러 규모의 8개 허브별 40개 프로젝트 그룹 내 335개의 프로젝트를 추진하고 있어 향후 남미의 인프라관련 플랜트·건설 프로젝트의 발주물량이 풍부할 것으로 전망되기 때문이다.

또한, IIRSA 프로젝트 대부분이 IDB 금융지원을 통해 이루어지고 있어 한국기업의 프로젝트 수주 시 가장 큰 애로사항으로 지적되었던 금융조달 문제도 용이하게 해결될 수 있을 것으로 기대된다. 볼리비아 교량건설사업처럼 IDB, 세계은행 등 국제개발금융기관과 한국의 대외경제협력기금(EDCF) 또는 수출입은행의 수출금융을 이용한 협조융자 등 다양한 방식의 금융조달도 가능할 것으로 판단된다.

이외에도 IIRSA 프로젝트의 경우 남미 12개국과 IDB 등 지역개발금융기관이 공동으로 추진하고 있는 사업이라는 점에서 IDB의 회원국이면 누구나 조달사업에 참여할 수 있는 기회가 균등하게 보장된다. 또한, 일정금액 이상의 건설공사(대부분 500만 달러 이상)나 물품구매사업(35만 달러 이상)은 반드시 국제공개경쟁입찰을 통해 공급자를 결정하므로 사업추진의 투명성(transparency)과 공정성(fairness)이 보장되고 있다.

한편, 한국기업의 해외 플랜트·건설 시장 진출이 중동과 아시아에 지나치게 편중되어 있어 향후 시장상황 변동에 따른 위험 분산을 위해서도 한국기업의 시장 다변화(market diversification) 노력은 긴요하다. 중동과 아시아를 제외한 나머지 지역 중 한국기업의 진출 확대 가능성이 큰 가장 유망한 시장은 중남미로 인식되고 있다.

그러나 한국기업은 중남미 프로젝트 수행경험이 부족하여 현지화한 전문인력, 기술, 협력업체, 발주처 인맥 등이 열악한 실정이다. IIRSA 프로젝트도 교통 분야의 도로건설 프로젝트가 주류를 이루고 있고 국제경쟁력(international competitiveness)을 갖추고 있는 남미 현지기업과 선진국의 다국적기업(MNCs : Multinational Corporations)이 남미 시장을 선점하고 있어 한국기업의 현지진출 확대가 용이하지는 않은 상황이다. 따라서 남미 플랜트·인프라시장 진출 확대를 위한 한국기업의 관심과 노력이 요구되며 이를 지원하기 위한 정부 차원의 정책도 필요하다. 특히, 남미의 IIRSA 프로젝트 추진 현황에 대한 지속적인 모니터링과 현지 주요 발주처와의 협력관계 강화를 통해 남미 플랜트·건설시장 진출을 도모할 필요가 있다. 한국기업의 남미 플랜트·건설시장 진출의 호기로 남미의 지역 인프라 개발사업인 IIRSA를 효과적으로 활용할 필요가 있다.

제6장

중남미에 대한 중국의 영향력 증대

제13차 APEC 정상회담이 2005년 11월 12~19일까지 개최된 바 있다. 칠레와 중국은 2005년 11월 부산에서 양국 정상이 배석한 가운데 자유무역협정(FTA : Free Trade Agreement)에 서명하였다. 이는 중남미 국가와 중국이 체결한 최초의 자유무역협정으로서 이번 협정을 통해 칠레는 대중국 수출품목의 92%에 대해 면세 혜택을 누리게 되었으며 주요 자원의 세계적 수입국인 중국에 대한 동(銅) 수출 증가로 무역흑자(trade surplus)를 더욱 확대시킬 수 있을 것으로 전망된다. 이처럼 칠레, 아르헨티나 등 남미의 주요 자원수출국들에게 있어서 중국은 13억 인구라는 거대한 구매력을 가진 매력적인 시장(attractive market)으로 부상하고 있으나 노동집약적인 경공업 위주의 산업구조를 지닌 중미국가들에 있어서는 중국의 급부상이 미국 등 제3시장 진출의 심각한 위협요소가 되고 있다.

제 1 절 중국의 급속한 경제성장

1978년 개혁·개방정책 도입 이후 중국 경제는 연평균 9%를 넘는 초고속 성장을 하였다. 세계 총 GDP의 4%를 차지하고 있는 중국은 이제 세계 6위의 경제대국으로 부상하였으며 구매력평가(PPP : Purchasing Power Parity) 기준으로는 미국에 이어 세계 2위 수준으로 평가되고 있다. 급속한 경제성장과 함께 외국인직접투자(FDI) 유입 규모도 지속적으로 확대되었다. 거대한 내수시장, 풍부한 저임 노동력, 안정적인 거시경제 운영 및 지속적인 시장개방(market opening) 등은 외국인투자자들을 유인하는 주요 요인이 되고 있다.[1)]

중국은 2001년말 세계무역기구(WTO) 가입 및 이에 따른 시장개방규모 확대에 힘입어 세계경제에 대한 영향력도 점차 증대시키고 있다. 1980년대에 연평균 5.7% 수준이었던 수출증가율이 1990년대에 12.4%를 기록하였으며 2000년 이후로는 20%를 초과하고 있다. 1984년 중국의 총 수출규모는 세계 총 수출액의 1.5%에 불과했으나 20년이 지난 2004년에는 동 수치가 약 6.5%를 기록하면서 세계 3대 수출국으로 부상하였으며 경제성장세가 지속될 경우 수년 내에 세계 최대의 수출대국이 될 것으로 전망되고 있다.

한편, 제2차 세계대전 이후 일방적인 무역흑자를 기록하였던 일본의 교역구조와는 달리 중국은 수입 또한 급속도로 증가하여 2004년 기준 수입 규모로도 세계 3위를 차지하고 있다. 〈표 6-1〉은 전세계의 주요 광물 및 농산물 교역에 있어서 중국의 위상을 보여주고 있다. 중국은 원자재 및 농산물의 주요 소비국으로 석탄, 철광석, 알루미늄, 주석 등 〈표 6-1〉에 제시된 16개 품목 중 약 50%에 대해 전세계 소비량의 20% 이상을 차지하고 있으며 설탕을 제외한 15개 품목에 대해서는 세계 3대 소비국에 포함되는 것으로 나타났다.

중국의 거대한 소비인구를 고려할 때 경제성장세가 지속되고 국민소득이 증가할수록 주요 수입품목이 국제시세에 미치는 파급효과도 증대될 것으로 보인다. 유엔중남미경제위원회(CEPAL)[2)]는 중국의 경제 규모가 확대되고 이에 따라 주요 제품의 수입량도 증가하면서 대두, 니켈, 석유 등 주요 원자재의 2004년 국제상품가격이 2000년에 비해 약 32% 상승하였다고 지적하였다.

1) 1990년 중국의 FDI 유입액은 전세계 FDI 총량의 2%에 불과하였으나 2004년에는 약 10%를 초과하여 620억 달러 규모의 외국인 투자자금을 유치하면서 FDI 유입 기준으로 개도국 내 1위를 기록하고 있다(수출입은행, 수은해외경제, 2005. 12. pp. 84~91 요약·재구성).
2) CEPAL, Latin America and the Caribbean in the World Economy 2005 Trends, 2005.

〈표 6-1〉 세계 상품 교역시장에서 중국이 차지하는 위상

(단위 : %)

상품	생산	소비	수입	수출	소비/생산	소비등수
석 탄	41.1	28.6	‥	13.7	93.8	1
철광석	22.8	36.2	27.6	‥	158.6	1
강 철	37.1	27.6	‥	13.5	40.4	1
납	27.2	27.1	3.1	3.5	99.8	1
아 연	23.6	25.9	6.8	13.0	56.1	1
알루미늄	25.8	22.4	2.6	13.5	86.7	1
주 석	22.8	21.0	5.6	‥	90.5	2
구 리	25.0	19.6	2.6	29.9	77.2	2
니 켈	12.9	19.6	25.3	‥	157.3	1
대 두	18.3	18.8	7.1	2.7	102.5	1
곡 물	8.6	16.8	34.3	0.4	165.6	2
육 류	7.6	10.6	21.7	3.9	144.4	3
바나나	9.0	9.7	3.0	0.4	106.0	3
천연가스	4.3	8.3	7.1	0.8	191.5	2
석 유	7.4	8.1	2.1	1.0	107.8	2
설 탕	1.5	1.5	‥	‥	95.6	14

자료 : CEPAL, 2005.

제 2 절 남미지역에의 영향

중남미의 교역에서 중국이 차지하는 비중은 지난 10여 년 동안 크게 증가하였다. 〈표 6-2〉는 1990~2004년 사이에 중남미 주요 국가의 총수출에서 중국이 차지하는 비중이 어느 정도 증가하였는지를 보여주고 있다. 1990년 중남미의 대중국 수출액은 약 15억 달러로 중남미 총 수출액의 0.9%에 불과했으나 2004년에는 대중국 수출액이 217억 달러 수준을 기록하면서 전체 수출에서 차지하는 비중도 평균 4.0%로 상승하였다.

중남미 국가들의 대중국 수출이 확대되면서 중남미 국가들에 대한 중국의 수출대상국 순위 또한 급격히 상승하였다. 〈표 6-2〉에서 알 수 있듯이 중국은 2004년에 칠레, 페루, 아르헨티나, 브라질 등 남미의 주요 천연자원 수출국에 대해서 5대 수출대상국으로 급부상하였다. 이 같은 현상은 2005년에 더욱 분명하게 나타났다.

2005년 상반기 중국은 칠레, 페루에 있어서 수출 2위 국가로 부상하였으며 브라질에 대해서도 전년에 비해 한 단계 상승한 수출대상국 3위 국가가 되었다.

중남미 지역의 대중국 수출이 급속히 증가하면서 중국 내에서도 중남미 상품이 차지하는 비중이 점차 확대되고 있다. 2000~2004년에는 중국의 중남미산 상품 수입증가율(42%)이 중국의 평균 수입증가율(26%)을 크게 상회하였다. 품목별로는 중남미산 어분이 중국의 총 어분 수입량의 81.4%를 차지하였다. 또한 대두(60.7%), 포도(60.2%), 설탕(49.3%), 구리(39.4%), 니켈(35.4%), 철(20.6%), 그리고 목재 및 펄프(21.2%) 등 주요 원자재에 대해서 중남미 국가들이 주요 공급자로서의 지위를 확고히 하고 있는 것으로 나타났다.

원자재 및 농산물 등 남미의 주요 수출품목에 대한 중국의 소비량은 전세계 소비량의 약 20%를 차지하고 있기 때문에 중국의 경제성장에 따른 수요급증은 이들 품목을 생산하는 아르헨티나, 브라질, 칠레 및 페루 등 중남미국가들의 수출량 및 수출가격을 모두 개선시킬 것으로 판단된다. 이미 석유의 경우에는 중국의 석유수요 증가에 따른 국제원유가격 상승이 콜롬비아, 에쿠아도르, 멕시코, 베네수엘라 등 중남미 석유순수출국들의 상품수지 개선에 기여하고 있는 것으로 나타났다.

또한, 중국이 지속적인 경제성장을 위해 자원확보 노력을 배가하면서 중남미산 천연자원의 수입뿐만 아니라 동 부문에 대한 투자도 증가할 것으로 보인다. 중국의 중남미 지역에 대한 투자는 2004년에 에너지, 광업 및 인프라부문을 중심으로 약 9억 달러를 기록한 것으로 나타났다. 한편, 2004년 11월 후진타오 중국 국가주석의 중남미 4개국(아르헨티나, 브라질, 칠레, 쿠바) 순방 당시 중국은 철도 건설, 석유탐사, 니켈 및 구리광산 개발, 제철소 건설 등을 유력투자분야로 지적하면서 향후 10년간 중남미에 총 1,000억 달러를 투자하겠다는 의사를 표명한 바 있다.

〈표 6-2〉 중남미 주요 국가의 대중국 수출비중 현황(1990년/2004년)

국 가	수출 순위		대중국 수출/총수출 (%)	
	1990	2004	1990	2004
칠 레	30	3	0.4	10.4
페 루	16	2	1.7	10.2
아 르 헨 티 나	14	4	2.0	7.7
쿠 바	5	4	4.3	8.2
브 라 질	18	4	1.2	5.6
우 루 과 이	8	6	3.9	3.8
코 스 타 리 카	32[1)]	10	0.2[1)]	2.6
파 라 과 이	46	7	0.0	2.7
베 네 수 엘 라	51	14	0.0	0.8
에 쿠 아 도 르	81	19	0.0	0.7
볼 리 비 아	52	15	0.0	1.0
콜 롬 비 아	60	21	0.0	0.8
멕 시 코	27	15	0.3	0.3

주 : 1) 1991년 수치
자료 : CEPAL, 2005.

제 3 절 중미 지역에의 영향

중국의 급부상이 남미의 자원수출국에게는 성장 기회를 제공할 것으로 기대되는 반면에 노동집약적 경공업 위주의 산업구조를 지닌 중미 및 카리브해 연안 국가들에게는 수출 및 외국인투자 유치에 있어서 중대한 위협요소로 부상하고 있다. 잡화, 특히 섬유 및 의류산업이 주종을 이루고 있는 이들 국가의 대미 수출품목은 중국의 수출품목과 상당부분 중복되는 것으로 나타났다. 이 중 멕시코는 중남미 내에서 중국과 가장 유사한 수출구조를 지니고 있는 것으로 나타났다. 저임노동력이 풍부한 중국과 비교하여 중미 및 카리브해 연안의 섬유·의류업체들은 미국과의 지리적 인접성 및 북미자유무역협정(NAFTA), 미-중미 자유무역협정(DR-CAFTA) 및 카리브해무역파트너법(CBTPA) 등 미국과 체결한 각종 무역협정을 기반으로 한 면세

혜택을 통해 비용 측면의 불리함을 상당부분 극복할 수 있는 것으로 판단된다. 실제로 중국 광동(廣東)에서 미국 LA까지 거리는 11,700㎞에 이르는 반면에 중남미 최남단에서부터 마이애미까지는 8,800㎞에 불과해 중미 지역은 운송비 측면에서도 중국보다 우위에 있는 것으로 나타났다.

그러나 임금을 포함한 의류 제조비용과 전기 사용료 등 인프라 투입비용 측면에서는 중국이 최대 3배 이상의 가격경쟁력(price competitiveness)을 확보하고 있는 것으로 나타났다. 중미 국가들의 불충분한 항만 인프라로 인한 비효율적인 선적 관리로 인해 중미의 상대적인 운송비 절감 효과는 제조비용이나 인프라 사용비 등에서 중국이 보유한 경쟁력의 10~33%밖에 충당하지 못하는 것으로 나타났다. 따라서는 CAFTA나 NAFTA 등으로 인한 면세혜택을 고려해도 비용 측면에서는 중국에 뒤처질 수밖에 없다고 볼 수 있다. 예를 들면, IDB는 중국이 가격 및 제조 속도 측면에서 엘살바도르 의류 제품의 80% 이상을 능가한다는 조사결과를 발표한 바 있다. 더욱이 멕시코 등 중미국가들은 원산지 규정으로 인해 원료 조달에 제약을 받는 반면 중국은 주변 국가들로부터 저렴하고 질 좋은 원료를 용이하게 습득할 수 있으며 전기 등 인프라 투입비용이 상대적으로 저렴하기 때문에 중미 의류제조업체들에게 더욱 큰 위협이 될 것으로 전망된다.

〈표 6-3〉 국가별 의류 제조비용 비교

(단위 : 달러)

국가	총제조비용	전기료 (U$ Cent/KWh)	미국까지의 운송비용[1)]
중국	1.12	5.07	4,300
니카라과	1.50	11.7	2,050
도미니카(공)	1.70	9.74	1,600
온두라스	1.70	11.72	1,400
과테말라	1.80	14.21	1,950
엘살바도르	1.85	8.04	2,100
코스타리카	2.00	8.11	1,450
멕시코	2.20	17.14	1,750

주 : 1) 40피트 컨테이너로 운반할 경우의 운송비용
자료 : IDB, 2005.

중남미 지역에서 중국의 급부상으로 인해 멕시코가 가장 큰 타격을 입을 것으로 전망된다. 특히, 섬유 및 의류 부문의 경우 2004년말 다자간섬유협정(MFA :

Multi-Fiber Agreement) 종료에 따른 섬유쿼터제 폐지로 인해 중국의 대미 섬유 및 의류 수출이 급속히 증가하면서 멕시코의 동 부문 산업이 큰 타격을 입을 것으로 전망된다. 2005년 첫 4개월 동안 전세계 직물 교역시장에서 중국의 수출량은 전년동기 대비 18.4% 증가하였다. 특히, 미국 시장에서는 71%의 증가율을 기록한 것으로 나타났다. 미국 의류시장에서 중국과 멕시코가 차지하는 비율(2004년말 기준)은 각각 16%, 10%로 나타났다. CEPAL은 MFA 종료 이후 동 비율이 각각 50%, 3%로 급변할 것이라는 전망치를 제시한 바 있다. 이미 개도국 중 FDI 유치부문에서 선두의 위치를 차지한 중국에 대한 FDI 유입액은 〈표 6-4〉에서 알 수 있듯이 중남미 전체의 FDI 유입액과 비슷한 수준에 도달하였다. 1990년대 말에 브라질, 멕시코 등 중남미 주요 FDI 유치국의 실적을 추월한 중국은 2001년말 세계무역기구(WTO) 가입으로 시장개방수준이 확대되면서 더 많은 외국인투자자들에게 저렴하고도 풍부한 노동력과 거대한 내수시장에 접근할 기회를 제공하고 있으며 시장개혁(market reform)이 지속될 경우 FDI 유치는 더욱 증가할 것으로 전망된다. 더욱이 1990년대 후반에 이미 국영기업 민영화(privatization)를 상당부분 진행시켰던 중남미와 달리 중국은 아직도 국영기업의 비중이 상당히 높기 때문에 향후 민영화가 진행될 경우 동국에 대한 FDI 유입이 더욱 대규모로 증가할 것으로 전망된다.

중국의 FDI 유치 증가 전망은 중남미의 FDI 유입감소 가능성을 증대시키고 있다. 이는 석유, 가스 및 광업 등 천연자원에 대한 외국인투자가 주를 이루는 남미 국가들보다는 저임금 노동 등 생산비용 절감(reduction of production cost)을 목적으로 투자가 이루어진 중미 및 카리브해 연안 국가들에 더욱 큰 영향을 미칠 것으로 보인다. 특히, 멕시코는 교역과 투자의 상관관계를 고려할 때 FDI 측면에서도 중남미 내에서 중국과 가장 큰 유사성을 보이고 있어 향후 저임노동력을 확보하기 위한 FDI 유치에 있어서 중국과 직접적인 경쟁을 전개할 것으로 보인다.

〈표 6-4〉 외국인직접투자(FDI) 유입액 비교(1990~2004)

(단위 : 억 달러)

	1990~1997	1998	1999	2000	2001	2002	2003	2004e
전 세 계	2,747	7,131	11,129	15,303	7,996	7,205	5,367	6,120
중 국	251	438	388	384	442	493	471	620
중 남 미	318	825	1,074	975	881	514	497	690

자료 : CEPAL, 2005(1990~1997년은 연평균 수치임).

제 4 절 중남미의 도전과 과제

중국의 급부상으로 인해 중남미 국가들은 향후 경제발전에 있어서의 기회와 도전을 동시에 경험하게 될 것으로 전망된다. 13억 인구라는 거대한 내수시장은 천연자원(natural resources) 및 농산물을 주요 수출품목으로 하는 남미국가들에게 있어서 성장기회(growth opportunity)를 제공하고 있다. 특히, 농산물의 경우에는 중국의 소득증가에 따른 소비자 기호(consumer tastes)의 변화로 포도주, 커피, 육류, 과일 등 수출품목도 다양화될 것으로 전망된다. 이와 함께 중국의 생활수준 향상에 따른 여가활동 증대로 중남미 국가들의 관광산업에 대한 수요도 늘어날 것으로 보인다. 세계관광기구(World Tourism Organization)는 중국의 해외여행 인구가 2020년까지 1억명에 이를 것으로 예측한 바 있다.

반면에 중국은 6억 4,000만명의 노동력을 기반으로 노동집약적 산업(labor-intensive industry)에서 상대적인 우위(relative advantage)를 점하고 있어 섬유, 직물 등 노동집약적 경공업 위주의 산업구조를 보이고 있는 중미 및 카리브해 연안국가들과 미국시장에서 경쟁하고 있다. 또한, 미숙련노동인력이 풍부한 서부지역과 달리 동부지역에는 선진자본 및 기술이 유입되고 있어 향후 중국이 노동집약적 선업뿐만 아니라 농산물 및 광물 가공산업 등 기술 및 자본집약적인 산업(technology and capital-intensive industry)에 있어 중남미 국가들과 경쟁할 수 있는 가능성도 제기되고 있다. 더욱이 중국 정부의 활발한 인프라투자, 과학기술부문 투자 강화 등은 동국의 장기적인 경쟁력(long-run competitiveness)을 뒷받침하여 중남미 전체에 지속적인 도전을 야기시킬 것으로 판단된다.

중남미 국가들이 중국의 급부상으로 인한 국제시장 변화에 대응하기 위해서는 기업혁신(corporate innovation)과 투자를 장려하여 수출품목 다변화를 이루어야 한다. 이를 위해 투자제도, 세제 및 치안 등 전반적인 투자환경을 개선하는 한편 기업들이 신규 수출품목이나 새로운 시장을 개척할 수 있도록 다양한 인센티브를 제공해야 한다. 또한, 중남미 성장의 장애요인으로 지적되고 있는 소득불평등(income inequality)을 해소하고 장기성장의 원동력을 확보하기 위해 교육부문, 특히 과학기술 교육에 대한 정부 투자를 증대시켜야 한다.

한편, 중남미 국가들의 역내 통합은 신흥경제(emerging economy)의 도전에 대항하기 위한 중요한 자산으로 기능하게 된다. 역내 통합은 상대적인 규모의 불리함을 극복할 수 있게 해줄 뿐만 아니라 상이한 특성을 지닌 국가들 간의 협력관계 구축을 통해 상호간 장단점을 보완할 수 있게 된다. 역내 자유무역협정(FTA) 체결은 거대한 내수시장을 확보하고 투자와 교역분야를 다양화하여 중남미 전체의 국제경쟁력도 강화시키게 된다. IDB는 중남미 지역이 각기 다른 특성을 지닌 북-중-남미 간의 거대통합체인 미주자유무역지대(FTAA) 형성을 통해 중국, 인도 등의 부상으로 인해 경쟁이 한층 격화되고 있는 글로벌시장(global market)에 대비할 기회를 제공할 것이라고 지적한 바 있다.

중국경제의 급부상은 중남미 국가들에게 경제발전의 기회나 도전뿐만 아니라 국제무대에서의 협력자라는 또 다른 의의를 지니고 있다. 주지하는 바와 같이 중국은 거대한 경제규모를 기반으로 국제사회에 대한 영향력을 증대시키고 있다. 따라서 중남미 국가들은 개도국의 입장을 대변하기 위해 중국과 공조체제를 구축해야만 한다. 중국과 중남미 국가들 간의 협력관계 구축은 농업 및 서비스, 지적재산권(intellectual property rights) 및 정부조달 등 시장 개방문제와 관련하여 국제사회에서 개도국의 입장을 강화시키는데 기여하게 된다. 이러한 측면에서 브라질과 중국 등 주요 개도국들이 WTO의 도하개발아젠다(Doha Development Agenda) 협상에서 농업분야에 대한 입장을 공동대변하기 위해 G-20 그룹을 결성한 것은 향후 양 지역 간의 협력체제가 확대될 수 있음을 의미한다고 할 수 있다.

제7장

미국 · 중미 FTA 추진

미국과 중미 6개국(코스타리카, 엘살바도르 과테말라, 온두라스, 니카라과 및 도미니카공화국) 간의 자유무역협정인 DR-CAFTA(The Dominican Republic-Central American Free Trade Agreement)의 비준안이 2005년 6월 30일 미국 상원을 통과한 데 이어, 7월 28일에는 미국 하원에서도 217 대 215의 근소한 표차로 통과된 바 있다. 미국의 DR-CAFTA 비준절차가 완료됨에 따라 협정체결 이후 1년 만에 비준국 간에 동 협정이 발효되었다. 향후 양 지역간 역내 무역통상 증진과 중미지역으로의 외국인직접투자(FDI) 증대 등 중미 경제발전의 새로운 전기가 될 것으로 기대되고 있다.

중미 국가들은 장기간의 내전과 경제위기(economic crisis)로 인해 1980년대 소위 '잃어버린 10년'(lost decade)을 보낸 바 있다. 그러나 1990년대 들어서는 평화협정 체결을 통해 정치적 안정(political stability)을 되찾았으며 미국의 무역특혜정책(CBI : Caribbean Basin Initiative) 수혜 등으로 경제도 안정성장 기조를 회복할 수 있었다.[1] 특히, 미국의 무역특혜제도로 인해 한국기업을 포함한 다수의 외국기업들이

1) CBI는 미 의회에서 중미 및 카리브 연안 국가들의 경제발전 및 체제안정을 도모하기 위해 수립한 특혜무역정책으로 미국으로 수출되는 상당수 제품들에 대한 면세혜택을 핵심 내용으로 하고 있다. 1986년 미국산 원단으로 가공된 제품에 면세혜택을 부여하는 등 특혜범위를 의류부문으로 확대하면서 중미 지역에 마낄라산업이 유치되는 계기가 되었다. 2000년 동

미국으로의 우회수출을 목적으로 중미지역에 진출하면서 중미 국가들은 신규 일자리를 창출2)하는 한편, 과거 커피, 설탕, 바나나 등 1차 산품 위주였던 수출산업구조의 다양화(diversification of export industrial structure)를 이룰 수 있었다.

그러나 중미 경제는 2000년대 들어 점차 성장활력도(growth vitality)를 상실하고 있다. 이는 미국의 무역특혜에 힘입어 발전했던 중미의 섬유 · 의류산업은 북미자유무역협정(NAFTA) 출범과 중국의 저가제품 범람으로 미국시장에서 점차 경쟁력을 상실하고 있기 때문이다. 특히, 2004년말 다자간섬유협정(MFA : Multi-Fiber Agreement) 종료로 섬유쿼터제가 폐지되면서 중국, 베트남 등 아시아 국가들의 대미 수출이 큰 폭으로 증가하고 있는 반면에 중미 국가들은 아시아 국가들과의 경쟁에서 밀려 기업 도산이 증가하는 등 큰 어려움에 직면해 있다.3)

이 같이 악화된 교역환경 속에서 중미 국가들은 역내 지역통합(regional economic integration)을 추진하는 한편 최대 수출시장인 미국과 자유무역협정 체결을 추진하였다. 이제 DR-CAFTA 비준안이 미국 의회를 통과하여 사실상 효력을 발휘하게 됨에 따라 중미 경제에는 새로운 도약의 시기가 될 것으로 전망된다.

본장에서는 DR-CAFTA의 주요 내용 및 추진경과, 기대효과 및 향후 전망 그리고 이 지역에 활발히 진출해 있는 한국 섬유 · 의류업체의 DR-CAFTA 활용방안 등을 분석한 수출입은행의 보고서를 중심으로 살펴보고자 한다.

정책의 후속조치로 제정된 카리브해무역파트너법(CBTPA : The Caribbean Basic Trade Partnership Act)에서는 섬유·의류 부문의 원산지규정을 완화시키는 등 관세혜택을 더욱 확대하였다. CBTPA의 수혜국은 현재 중미 및 카리브 24개국이며 동 조치는 2008년 9월 30일 또는 FTAA 발효 시 종료될 예정으로 있다(수출입은행, 수은해외경제, 2005. 9. pp. 39~50 요약 · 재구성).

2) 일례로 엘살바도르의 총수출에서 마낄라산업이 차지하는 비중은 1993년 28.1%에서 2004년에는 55.3%로 증가하였으며 도미니카공화국의 마낄라산업 총고용인구수는 1980년 16,400명에서 2002년에는 170,883명으로 10배 이상 증가하였다.

3) 실제로 2005년 1~2월 중에만 중미 봉제공장 18개가 조업을 중단하였으며 약 10,000명이 일자리를 상실한 것으로 알려지고 있다.

제1절 DR-CAFTA 추진 경과

1983년 이후 미국의 CBI조치에 따라 중미와 카리브해 연안 국가들은 미국시장 진입에 우월적 지위를 누릴 수 있었다. 그러나 1994년 NAFTA 출범으로 멕시코가 북미시장과의 교역에서 특혜를 부여받게 되자 중미국가들도 멕시코와 동등한 대우(NAFTA Parity)를 요구하게 되었다. 이러한 가운데 한시법인 CBTPA가 제정되어 중미 국가들의 미국시장 진입조건이 보다 완화되었으나 CBTPA를 영구화하고 특혜 내용을 더욱 확대하기 위해서는 자유무역협정(FTA)을 체결하는 것만이 근본적인 해결책으로 인식되었다.

한편, 미국도 미주자유무역지대(FTAA) 추진을 도모하기 위해 중미지역과의 협력관계 강화가 필요하게 되었다. 이에 따라 부시(George W. Bush) 대통령은 2002년 1월 미주기구(OAS)에서 행한 연설을 통해 중미자유무역협정(CAFTA : Central American Free Trade Agreement) 체결 추진을 공식 발표하였다. 동년 8월 미 행정부는 의회로부터 무역협상권한(TPA : Trade Promotion Authority)을 획득하였다. 2003년 1월 8일에는 워싱턴에서 미 무역대표부(USTR) 대표 및 중미 5개국 경제부 장관들이 참석한 가운데 CAFTA 협상이 공식적으로 개시되었다.

CAFTA 협상은 연내 타결을 목표로 2003년 1월부터 총 9회 개최된 공식회의를 통해 코스타리카를 제외한 중미 4개국이 FTA 체결에 동의하였다. 국영전력통신회사 및 보험회사의 민영화 문제로 갈등을 빚었던 코스타리카와는 2004년 1월 추가협상을 통해 협정 체결을 완료하였다. 한편, 도미니카공화국이 뒤늦게 동 협정에 참여할 의사를 표명함에 따라 2004년 1월부터 3차례의 협상을 거쳐 3월 15일 FTA 체결이 종료되었다. 2004년 5월 28일에는 미국과 중미 5개국이 협정 서명식을 가졌으며, 8월 도미니카공화국의 서명이 완료되면서 DR-CAFTA는 각국 의회의 비준절차만을 남겨 놓게 되었다.

〈표 7-1〉 DR-CAFTA 추진 경과

일 자	주 요 내 용
2002. 1	부시대통령 중미 5개국과의 자유무역협정(FTA) 제안
2002. 8	미 행정부 의회로부터 무역협상권한(TPA) 획득
2003. 1	미 무역대표부(USTR)와 중미 5개국 경제장관 FTA 협상 개시
2003. 12	9차례의 협상을 통해 코스타리카를 제외한 4개국과의 협상 타결
2004. 1	코스타리카와의 협상 타결, 도미니카공화국과의 협상 개시
2004. 3	도미니카공화국과의 협상 타결
2004. 5	미-중미 5개국 FTA 서명
2004. 8	미-도미니카공화국 FTA 서명
2004. 12	엘살바도르 의회 비준안 통과
2005. 3	온두라스 및 과테말라 의회 비준안 통과
2005. 6~7	미국 상원 및 하원 비준안 통과

제 2 절 협정의 주요 내용

1. 상품 시장접근(market access for goods)

1.1 공산품

DR-CAFTA 발효에 따라 공산품의 경우 미국의 대중미 수출품 중 약 80%가 출범 즉시 무관세로 진입이 가능하다. 나머지 20%는 5년(85%) 및 10년(100%) 기간에 걸쳐 점진적으로 시장이 개방되어 무관세품목에 진입하게 된다. IT제품, 농기계, 건설장비, 종이, 약품, 의료기기, 과학장비 등 미국의 주요 수출품목이 출범 즉시 관세철폐 대상으로 분류되었으며 차량 및 부품에 대한 관세는 발효 후 5년 내에 폐지토록 합의하였다. 중미의 대미 공산품 수출품목은 99.7%가 발효 즉시 무관세의 적용을 받게 되며 섬유 및 의류제품은 CBI의 무역특혜를 연장 · 확대하는 효과를 발생시킬 수 있도록 조치하였다. 한편, 동 협정 발효로 중미국가들이 받게 되는 충격을 완화하기 위하여 필요한 경우 긴급수입제한조치(safeguard)를 적용하여 취약산업을 보호할 수 있도록 규정하였다.

1.2 농산물

농산물의 경우에는 가공식품을 포함한 옥수수, 면화, 밀, 콩, 과일, 채소 등 미국의 대중미 수출품 중 50% 이상이 협정 발효 즉시 면세 혜택을 받게 된다. 쇠고기, 돼지고기, 닭고기, 쌀, 유제품 등 주요 민감 품목은 쿼터를 부여하고 15~20년에 걸쳐 관세를 감축시키기로 합의하였다. 중미의 대미 농산물 수출품목도 대부분 무관세로 진입이 가능하다. 설탕은 미국의 반대로 인해 무관세 대상에서는 제외되었으나 TRQ 적용을 통해 면세 한도를 증대시키기로 하였다.[4)]

1.3 섬유 및 의류제품

섬유 및 의류제품의 경우에는 CBI보다 원산지 규정을 완화하여 대미 수출품의 상당부분이 무관세 수출의 혜택을 받을 수 있게 되었다. 즉, 일반적으로 미국에서 생산된 원사 또는 원단을 사용해야 특혜관세가 적용되는 기존의 규정과 달리 DR-CAFTA에서는 협정 참가국 내에서 생산된 원재료를 사용하거나 NAFTA 회원국(멕시코 및 캐나다)에서 생산된 원단을 일정량 사용할 경우에는 무관세 수출이 가능하도록 규정하였다. 이외에도 미국과 중미지역에 공급량이 부족한 경우나 중미지역에서 재단 및 봉제 과정을 거친 잠옷, 속옷 등은 제3국 원단을 사용해도 무관세 혜택이 적용된다. 또한, 최소한도(De Minimis) 조항도 CBI의 7%보다 높은 10%로 설정하였다.[5)] CAFTA 발효 후 섬유·의류제품에 관한 규정은 2004년 1월 1일자로 소급 적용됨에 따라 납부한 관세액을 환급받을 수 있게 되었다.

---

4) 관세할당제도(TQS : Tariff Quota System, 동 제도에 의한 할당비율을 TRQs(Tariff Rate Quotas)라고 함)는 특정상품의 일정수입량까지는 무관세 또는 낮은 세율을 적용하나 그 범위를 초과하는 수입분에 대해서는 고율의 관세를 부과하는 이중세제로 대표적인 비관세장벽(non-tariff barriers)이다. CAFTA에서는 협정 발효 첫 해에 총 99,000 톤까지 무관세진입이 가능하도록 규정하였으며 동 한도를 15년 내로 14만 톤까지 확대할 수 있도록 조치하였다. 또한, 중미지역으로부터의 설탕 수입이 미국의 설탕제조 산업을 위협한다고 판단될 경우 설탕 수입을 일시 제한하는 대신 수출국에 잠재적인 손실을 보상해 주는 제도도 마련하였다.

5) 최소한의 조항에 따라 CAFTA 참여국 내에서 전적으로 생산되지 않은 원사나 섬유원료의 총중량이 제품 총중량의 10%를 초과하지 않을 경우에는 관세특혜가 적용된다.

2. 서비스

DR-CAFTA는 금융, 통신, 운송, 전문서비스, 유통, 관광 등 광범위한 분야에 대한 시장개방규정을 포함하고 있다. 그러나 중미 국가들이 이미 자국 서비스시장에 대한 외국기업의 접근과 내국인대우(NT : National Treatment) 원칙을 도입하고 있어 CAFTA 규정 중 서비스와 관련된 내용은 기존의 서비스시장 관련 개혁정책을 고착(lock-in)하는 정도의 효과를 발생시킬 뿐이다. 다만 코스타리카의 경우는 통신 및 보험산업 개방의무를 이행하기 위해 국내법을 개정해야 하는 부담을 안고 있다.

3. 노동 및 환경

DR-CAFTA에서는 이러한 상품 및 서비스시장과 관련된 규정뿐만 아니라 노동 및 환경문제와 관련된 규정을 추가하여 협정참가국들의 노동권 및 환경보호 수준이 국제기준(international standard)에 부합할 수 있도록 개선할 것을 명문화하고 있다.

(1) 노동

노동관련 규정은 기존 노동법의 개선 및 강화를 위한 ILO와의 협의, 노동권 개선을 위한 내내외직 능력 배양 등을 주요 핵심 내용으로 하고 있다.

(2) 환경

환경관련 조항은 환경보호능력 배양을 위한 국내법 개정, 시민사회 견해 수용장치 마련, 국제적인 협력활동과의 연계 등 비정부기구(NGO)의 참여를 촉구하고 있다.

또한, 동 규정을 위반할 경우에는 벌금을 부과하거나 무역특혜를 일시 삭감하는 등 상품교역과 연계된 징계조치를 적용하여 노동 · 환경 개선 노력을 효율적으로 장려할 계획이다.

제3절 협정 발효의 기대효과

1. 미국의 기대효과

중미 5개국 및 도미니카공화국에 대한 미국의 연간 수출 규모는 150억 달러를 기록하여 미국의 수출시장 중 중남미 지역에서 2위, 전세계에서 10위를 차지하고 있다. DR-CAFTA 발효 시 중미지역에 대한 접근성이 더욱 증대되어 미국의 대중미 농산물 수출은 매년 15억 달러에 이를 것으로 전망된다. IT제품, 의약품, 과학장비 등 주요 공산품도 발효 즉시 무관세 품목으로 분류되어 중미지역에 대한 수출이 더욱 증가할 것으로 보인다. 또한, 동 협정에서는 외국인 투자자들의 권익을 보장할 수 있는 법적 절차가 보완·강화된다. 공개입찰 등 정부 조달절차의 투명성(transparency) 강화와 관련된 규정도 마련되어 미국의 중미지역에 대한 투자활동도 더욱 활성화될 것으로 판단된다.

그러나 CAFTA 체결에 따라 미국이 누리게 되는 혜택에는 상기의 경제적인 측면 뿐만 아니라 정치적인 측면도 간과할 수 없다. 2002년 부시 대통령이 동 협정 체결을 공식발표할 때부터 미국은 중미지역과의 FTA 우선 타결을 통해 브라질을 압박함으로써 미주자유무역지대(FTAA) 추진을 가속화시키려는 의도를 노출시킨 바 있다. 이와 함께 중미 지역의 민주주의 진전 및 중미통합 촉진을 통해 역내 정치적 안정성(political stability)을 강화하는 한편 마약거래 통제 강화, 돈세탁 및 테러 예방, 불법이민 유입 감소 등의 효과도 함께 추구하고자 한다.

〈표 7-2〉 국가별 제조업 제품 수출입에서 미국이 차지하는 비중

(단위 : %)

	수 출	수 입
도미니카공화국	84.4	49.0
엘살바도르	65.4	46.3
과테말라	55.3	33.1
온두라스	41.5	34.6
니카라과	34.9	22.2
코스타리카	25.1	45.9

자료 : EIU

2. 중미 국가들의 기대효과

중미 국가들의 미국시장 진입을 용이하게 해 주었던 CBI가 2008년 9월 종료됨에 따라 동 제도에 따른 무역특혜를 영구히 보장해 줄 수 있는 DR-CAFTA의 발효는 중미지역의 수출경쟁력(export competitiveness) 증진에 필수적인 요소로 인식되고 있다. 특히, WTO 협정에 따라 2005년 1월 1일 MFA가 종료되면서 섬유쿼터의 적용이 완전히 폐지되어 미국시장에서 치열하게 전개되고 있는 중국산 저가의류와 경쟁하기 위해서는 DR-CAFTA의 원산지 규정에 따른 면세혜택이 필수적이라고 할 수 있다.

그러나 중미국가들의 대미 수출관세는 CBI를 비롯한 각종 특혜조치로 인하여 DR-CAFTA 체결 이전에도 이미 10% 이하의 매우 낮은 수준을 보였다. 미 무역대표부(USTR)의 보고서에 따르면 2004년 기준으로 중미 수출품의 약 80% 정도가 미국시장에 무관세로 진입하고 있는 실정이다. 따라서 DR-CAFTA 발효에 따른 중미지역의 혜택은 역내 무역통상 증진보다는 중미지역의 통합 강화 및 외국인투자 촉진 측면이 더욱 강조된다고 볼 수 있다. 특히, 동 협정으로 인해 지적재산권 보호(protection of intellectual property rights), 노동권 강화 및 환경 개선이 이루어 질 경우 중미지역에 대한 FDI 유입이 대폭 증가할 것으로 전망된다.

한편, 세계은행은 최근 보고서(World Bank, DR-CAFTA: Challenges and

Opportunities for Central America, 2005. 6)에서 DR-CAFTA가 발효될 경우 중미 국가들이 무역 및 투자 증가, 경제성장, 빈곤 감소 등의 효과를 볼 수 있을 것으로 전망한 바 있다. 동 보고서에서는 DR-CAFTA 발효 직후 5년간 중미 국가들의 경제성장률은 연간 0.6% 상승하고 2010년경에 약 50만명의 빈곤인구가 감소할 것으로 추정하고 있다. 그러나 세계은행은 CAFTA의 효과를 극대화시키기 위해서는 중미 국가들이 무역 인프라(trade infrastructure), 교육, 행정서비스 등에 대한 투자와 개혁을 병행해야 한다고 권고하고 있다.

제 4 절 각국의 반응 및 비준절차 추진현황

1. 미국(DR-CAFTA 비준안 통과)

협정참여국들은 2004년 말까지 각국 의회의 비준절차를 종료한 후 2005년 1월부터 협정을 발효할 계획이었다. 그러나 일부 국가에서 국내 반대 여론으로 인해 협정체결 이후 1년이 넘도록 비준이 지연되었다. 미국의 경우 저임금 국가들로부터의 수입증가에 따른 고용 악화를 우려하는 노조의 반발이 빈번하게 발생하였다. 환경단체들은 DR-CAFTA 협정이 중미지역의 열악한 노동환경 개선과 환경보호(environmental protection)를 지원하기에는 미흡하다는 이유를 들어 비준에 반대하였다. 더욱이 설탕, 섬유·의류 제조업체와 이들의 이해관계를 대변하는 일부 정치권까지 점증하는 무역적자(trade deficit)를 이유로 DR-CAFTA에 대해 회의적인 입장을 보였다.

반면에 재미 상공회의소와 IT산업, 제약산업 등의 제조업체들은 동 협정이 미국 공산품 수출시장을 확대시킬 것으로 기대하여 의회의 조속한 비준을 촉구하였다. 이와 더불어 부시 대통령은 2005년 5월 백악관 기자회견에서 중미 6개국의 대미 수출상품의 약 80%가 면세로 반입되는 반면에 미국의 동 지역에 대한 수출상품에는 상당액의 관세가 부과되고 있음을 지적하고 DR-CAFTA 발효는 미국의 근로자, 영농업자들에게 유익할 뿐만 아니라 중미 지역의 안정과 안보에도 기여할 것이라면서 협정 비준의 필요성을 역설한 바 있다.

2005년 6월 23일 부시 행정부가 의회에 제출한 FTA 비준안은 대부분의 민주당 의원들과 일부 공화당 의원들의 반발에도 불구하고 부시 대통령의 강력한 추진력에 힘입어 6월 30일 하원 세출(세입)위원회에서 25 대 16의 비교적 무난한 표차로 가결되었다. 또한, 상원에서도 54 대 45로 통과되었다. 부시 대통령은 동 협정 추진이 미주자유무역지대(FTAA) 협상 및 안데안(Andean) 국가들과의 자유무역 협상에 박차를 가할 수 있을 것이라는 점과 역내 정치적 안정성 강화, 마약거래 통제 및 불법이민유입 감소 등의 정치적 효과도 발생시킬 것임을 강조하여 협정에 반대하는 의원들을 회유하였다.

또한, 가장 거센 논란이 제기되었던 중미산 설탕 수입 문제 해결을 위해 2007년까지 설탕 수입을 제한하자는 제안에 동의하는 한편 섬유제품 등 중국산 수입물품에 대해 27.5%의 상계관세를 부과하는 법안을 통과시키려는 등의 방법으로 설탕 및 섬유생산지역 출신 공화당 의원들의 표를 확보하기 위해 노력하였다.[6] 또한, 민주당 의원들의 반론을 무마시키기 위해 중미지역의 노동권 강화 및 환경개선 지원책을 마련하였다.[7] 이외에도 중미 의류 제조업체들의 미국산 원재료에 대한 수요를 증대시킬 수 있는 부속협정(중미 의류제조업체들이 바지를 봉제 · 수출할 경우에는 미국산 주머니와 안감을 사용하도록 규정을 강화하는 방식으로 미국 섬유제조업체들의 입지를 강화하였음)을 체결함에 따라 섬유산업 중심지역 출신 공화당 의원들의 찬성을 이끌어 내었다. 이에 힘입어 7월 28일 미 하원에서도 217 대 215의 근소한 표차로 DR-CAFTA 비준안이 통과되었다.

---

6) 2005년 1분기 중국산 섬유·의류제품의 대미 수출은 전년동기 대비 62% 증가한 것으로 나타났다. 2005년 5월 미국은 중국산 면바지와 셔츠 등 7개 의류품목에 대해 수입제한조치를 발동하였으며 중국이 위안(Yuan)화 환율을 평가절상시키지 않을 경우에는 중국산 수입물품에 27.5%의 상계관세를 부과하는 법안을 통과시키겠다고 발표한 바 있다. 한편, 부시 행정부는 중국과 달리 중미지역은 CAFTA 원산지 규정에 따라 섬유 등 원재료를 미국에서 구입할 가능성이 크다는 점을 강조하면서 CAFTA 비준을 강력히 촉구하였다.

7) 미 행정부는 중미국가들의 노동권 강화를 위해 연 4,000만 달러를 지원하기로 약속하였다. 한편, 이글레시아스 전 IDB 총재는 IDB, World Bank 등 국제기구들이 중미지역의 노동·환경 개선을 위해 적극적으로 협조하겠다고 언급하면서 이미 중미와 도미니카 등 6개국의 경제개혁(economic reform)을 위해 16억 달러를 지원하였으며, 코스타리카 중소기업의 신기술 도입 지원자금 등 1억 1,600만 달러를 추가 지원할 계획이라고 밝힌 바 있다.

2. 엘살바도르 · 온두라스 · 과테말라(의회 비준절차 완료)

2.1 엘살바도르

엘살바도르는 2004년 12월 17일 야당의 거센 반발에도 불구하고 의회의 강행처리로 협정 참여국 중 가장 먼저 비준안을 통과시켰다. CAFTA 발효 시 동국의 공산품 97%, 농산물 89%가 수혜대상에 포함되어 동 협정은 엘살바도르의 수출증대 및 다양화, 투자유치 확대, 고용증대 등의 효과를 발생시켜 경제발전에 기여할 것으로 판단된다. 그러나 이와 동시에 농업 등 특정 부문의 피해도 발생하기 때문에 동국의 언론과 경제계는 정부와 기업에게 취약부문 지원, 외국인투자 유인책 마련, 상품의 품질과 생산성(productivity) 등 국제경쟁력 제고, 미국거주 엘살바도르인을 겨냥한 동포시장(전통식품) 개척 등 CAFTA 발효에 대비한 대책 수립을 촉구하고 있다.

2.2 온두라스

온두라스에서는 2005년 3월 3일 거의 만장일치로 비준안이 통과되었다. CAFTA 발효 시 농산물 97%, 공산품 100%가 즉시 무관세 수출이 가능해지며 옥수수, 쌀, 육류, 유제품 등은 20년에 걸쳐 점진적으로 관세를 인하하는 등 자국의 농가를 보호할 수 있는 조치도 다수 포함되어 있기 때문에 동 협정은 온두라스 경제성장에 기여할 것으로 전망된다. 그러나 DR-CAFTA 발효로 인해 미국에 대한 경제적 의존(economic dependence)이 심화되고 국내 경제가 미국의 상품 유입으로 피해를 입을 것이라는 우려도 지속적으로 제기되고 있다.

2.3 과테말라

과테말라는 노조 및 농민, 학생들의 반대에도 불구하고 의회는 2005년 3월 10일 DR-CAFTA 비준안을 압도적인 표차로 통과시켰다. 이는 농업, 의료 등의 부문에서 과테말라의 경쟁력이 약화되고 중소기업들이 타격을 입을 것이라는 반론에도 불구하고 세계경제의 추세에 순응해야 한다는 인식이 다수 의원들의 동의를 이끌어낸 것으로 판단된다. 과테말라 의회는 상기 비준안과 함께 농민들에 대한 보조금 지급, 중소기업 보호대책 마련, 의약품 관련 규정의 개정[8] 등을 주요 내용으로 하는 12개 관련 법안도 함께 통과시키는 등 후속조치 마련에도 주력하고 있다.

3. 니카라과 · 코스타리카 · 도미니카공화국(의회 비준절차 진행중)

3.1 니카라과

니카라과 의회는 미국의 비준이 완료되기 전까지는 비준안을 통과시키지 않겠다는 입장을 표명하면서 CAFTA 비준을 지연시켜 왔다. 그러나 니카라과는 섬유 및 농산물 부문에서 협정체결국 중 가장 유리한 조건을 획득한 국가로 지적된다. 농산물의 경우 현행 수출물량보다도 높은 쿼터를 부여받았다. 특히, 섬유 · 의류 부문의 원산지 규정과 관련해서는 중미 국가 중 유일하게 발효 후 5년간 일정분량[9]에 대해서는 제3국 원단을 사용하여도 무관세 수출이 가능하기 때문에 최근 격화된 중국과의 수출경쟁에도 불구하고 니카라과의 섬유 · 의류 생산은 연 40% 이상 증가할 것으로 보인다. 볼라뇨스 대통령과 의회의 갈등으로 인해 각종 정책 추진이 난항을 겪고 있으나 2005년 7월 미국의 비준절차가 완료되어 니카라과 의회도 조만간 비준안을 통과시킬 것으로 전망된다.

3.2 코스타리카

코스타리카는 국가독점산업인 통신 및 보험서비스시장 개방에 반대하면서

---

8) 미국 무역대표부(USTR)는 2004년 12월 28일 과테말라의 의약품 관련법으로 인해 미국 등 외국제약회사의 이익이 침해받을 수 있다고 지적하면서 이와 관련된 규정이 조속히 개정되지 않을 경우 DR-CAFTA에서 과테말라를 제외시킬 수도 있다고 경고하였다. 미국은 12월 과테말라 의회를 통과한 의약품관련 규정이 특허권을 제대로 보장하지 못할 뿐더러 공공보건 등을 이유로 과테말라 정부가 무단 복제된 저가 의약품의 시장유통을 사실상 묵인하고 있다고 지적하였다.

9) 니카라과는 협정 발효 후 5년간 1억㎡ 한도 내에서 제3국 원재료를 사용한 의류제품도 무관세 수출이 가능해진다. 동 한도는 니카라과가 현재 파키스탄 등 제3국에서 조달하는 원재료의 75%에 육박하는 수치이다. 동국의 의류생산 산업이 초기단계에 있다는 점과 경제수준이 타 협정참여국에 비해 상대적으로 낮다는 점 등을 고려하여 이와 같은 특혜를 부여받은 것으로 판단된다.

CAFTA 체결을 지연시켰으나 무선 · 개인네트워크 · 인터넷서비스 등 주요 3대 통신부문을 점진적으로 개방하는 한편 2011년까지 보험시장의 민영화(privatization of insurance market)도 이루기로 하였다. 협정발효로 국영전력통신회사(ICE)의 민영화가 추진될 경우 상대적으로 낙후되었던 통신 · 전력 인프라 부문에 FDI 유입이 확대되어 코스타리카의 경제성장 기반을 확고히 할 것으로 전망된다. 그러나 파체코(Pacheco) 대통령은 조세개혁(tax reform) 이전에 DR-CAFTA를 비준할 경우 빈부격차가 심화될 것이라고 언급하면서 재정개혁안 통과 이전에는 비준안을 의회에 상정하지 않겠다는 입장을 표명함에 따라 현 정권 하에서는 비준안 통과가 다소 어려울 것으로 전망된다.

3.3 도미니카공화국

도미니카공화국은 CBI 등 다수의 무역특혜제도를 통해 수출품의 90%가 이미 무관세 혜택을 받고 있었으나 다른 중미 국가들과의 경쟁에서 뒤처질 것을 우려하여 동 협정에 뒤늦게 합류하였다. 이에 따라 99.5%의 수출품이 면세품목에 포함될 것으로 보인다. 현재 거대 야당으로 군림하고 있는 도미니카혁명당(PRD)이 DR-CAFTA 체결 당시 집권당이었기 때문에 협정 비준 과정에는 큰 어려움이 없을 것으로 예상되며 CAFTA 발효에 따른 관세수입 감소분을 충당하기 위한 조세개혁안 입안을 동시에 추진하는 등 후속조치를 마련하기 위해 주력하고 있다.

제5절 전 망

DR-CAFTA는 코스타리카, 니카라과 그리고 도미니카공화국의 비준만을 남겨놓고 있다. 미국의 비준 완료를 선행조건으로 내세웠던 니카라과의 경우에는 정치적 갈등에도 불구하고 단시일 내에 비준안이 통과될 것으로 전망된다. 도미니카공화국도 2006년 1월 1일 발효를 목표로 조만간 비준절차를 마무리지을 것으로 보인다. 코스타리카의 경우 파체코 대통령이 조세개혁 이전에 동 협정을 비준할 경우 빈부격차가 심화될 것이라면서 재정개혁안 통과 이전에는 비준안을 의회에 상정하지 않겠다는 입장을 표명하고 있으나 향후 자국 경제의 발전을 위해서는 필요불가결한 동 협정 발효를 지속적으로 반대하기는 어려울 것으로 분석된다.

DR-CAFTA 발효로 중미 국가들의 수출 증진, FDI 유입 증대는 물론 역내 통합(regional integration)이 강화되어 정치적 안정성도 제고될 것으로 보이나 협정시행에 따른 취약부문 지원책 등 후속조치 마련도 시급한 실정이다. DR-CAFTA 도입에 따른 원산지규정 완화로 미국 섬유시장에의 접근성은 증대된다. 그러나 MFA 종료 이후 격화되고 있는 중국산 섬유 · 의류제품과의 경쟁에 대응하기 위해서는 중국이 높은 관세를 부담하는 품목에 특화하거나 미국시장과의 지리적 인접성을 활용하여 패션 · 유행상품에 주력하는 등 틈새시장(niche market)을 발굴할 필요가 있다.

한편, 농산물시장 개방으로 피해를 입게 되는 농가에 대한 지원프로그램 마련 문제도 현안으로 부상하고 있다. 세계은행(World Bank)은 이들 피해농가에 대한 지원방식으로 기술지원, 조건부 현금 보조, 금융 지원, 선별적인 교육투자 등을 제시하고 있다. 이와 함께 항만 · 도로 · 세관 등 교역활성화(trade vitalization)를 위한 인프라 확충, 관료주의(bureaucratism) 타파 및 부정부패 척결을 위한 제도 개혁, 교육에 대한 투자 강화 등 DR-CAFTA의 효과를 보다 강화하기 위한 기반확립도 필요한 상황이다.

제 6 절 한국기업의 중미진출 현황과 전략

1. 한국기업의 중미진출 현황

한국 중소 섬유 · 의류업체들은 1980년대 후반 이후 국내 임금수준 상승에 따른 가격경쟁력(price competitiveness) 저하를 극복하는 한편 미국의 중미 · 카리브 지역에 대한 무역특혜 수혜를 기반으로 대미 우회수출을 도모하기 위해 중미지역으로 생산기지를 이전하기 시작하였다. 이에 따라 1990년대 초반까지 한국기업의 중미투자가 급격히 증가하게 되었다.

그러나 1990년대 중반부터 대중미 투자증가세가 둔화되어 2000년 이후로는 평균 투자금액은 이전보다 증가하였으나 순투자건수는 다소 감소하는 추세를 보이고 있다. 이는 중미지역의 임금수준 상승으로 중국, 베트남 등의 저가제품 공세에 대한 대응력이 약화되었을 뿐만 아니라 2005년 1월 MFA 종료로 섬유쿼터가 폐지되면서 중미 지역이 생산기지로서의 비교우위(comparative advantage)를 상실하고 있기 때문이다. 이에 따라 최근에는 기 투자한 자본을 회수하는 사례까지 발생하고 있다.

〈표 7-3〉 한국의 대중미 해외직접투자 현황

(단위 : 천 달러)

	연도	~1980	1980~1985	1986~1990	1991~1995	1996~2000	2001	2002	2003	2004	누계
코스타리카	금액	0	300	12.623	-1,702	3,350	0	-110	271	5,800	20,532
	건수	0	1	8	0	2	0	1	1	1	14
엘살바도르	금액	410	-410	0	7,430	3,492	493	4,547	200	1,700	17,862
	건수	1	-1	0	7	2	0	1	0	0	10
과테말라	금액	0	0	18,245	2,560	18,886	1,543	2,673	8,527	3,425	55,859
	건수	0	0	22	8	20	3	2	2	0	57
온두라스	금액	450	0	11,020	9,889	5,601	8,353	15,440	10,200	5,044	65,997
	건수	1	0	3	21	1	2	1	0	3	32
니카라과	금액	0	0	0	3,300	1,806	-18	500	2,680	7,757	16,025
	건수	0	0	0	2	4	-1	1	1	5	12
도미니카 공화국	금액	0	344	90	3,207	280	67	0	31	0	4,019
	건수	0	1	1	1	1	0	0	1	0	5
합계	금액	860	234	41,978	24,684	33,415	10,438	23,050	21,909	23,726	180,294
	건수	2	1	34	39	30	4	6	5	9	130

한편, 중미 진출 한국기업의 대부분이 섬유·의류업체로서 투자규모는 순투자액 기준으로 1억 8,000만 달러, 현지 고용인원은 14만 6,000명 정도인 것으로 집계되었다. 중미 국가들 중에서도 임금수준이 비교적 낮은 과테말라와 온두라스에 집중 분포되어 있으며 중미지역의 총투자 중 제조업 투자 비중이 평균 90% 수준으로서 이들 대부분은 의류 및 봉제산업으로 조사되고 있다.

〈표 7-4〉 한국기업의 중미 진출 현황(2004년말 기준)[1)]

(단위 : 천 달러, %)

국 가	업체수	투자건수	순투자액	현지 고용인원	제조업 비중
과테말라	145	57	55,859	100,000	98.3
온두라스	40	32	65,997	17,000	87.5
니카라과	22	12	16,025	12,000	75.0
엘살바도르	17	10	17,862	11,000	100.0
코스타리카	2	14	20,532	320	71.4
도미니카공화국	24	5	4,019	6,000	80.0
합 계	250	130	180,294	146,320	90.0

주 : 1) 업체수 및 현지 고용인원은 외교통상부 자료(중미통합체제 회원국 개황 자료) 중 재외공관보고자료 인용. 투자건수와 투자금액은 순투자액 기준임. 현지업체의 경우 국내에 해외투자 신고가 되어 있지 않은 기업도 다수 존재하여 업체수와 투자건수가 상이한 수치를 보임. 제조업 비중은 제조업 투자건수/총투자건수(순투자 기준) 방식으로 도출함

2. 한국기업의 중미진출전략

DR-CAFTA 발효로 중미 수출품의 미국시장 진입이 더욱 용이해질 것으로 보인다. 특히, 섬유 · 의류 수출품목의 원산지규정 완화에 힘입어 중미지역은 향후에도 북미의 주요 섬유 · 의류 공급지의 역할을 지속할 것으로 기대되고 있다. 이러한 추세를 고려하여 중미 마낄라지역에 진출한 한국기업들은 유행상품과 고부가가치 상품 등 아시아 국가의 저가제품과는 차별화되는 제품으로 미국시장을 공략하는 한편, 기존의 임가공 방식과는 달리 원료 생산, 제직, 염색, 가공 등 제반 생산공정을 모두 처리할 수 있는 생산라인의 수직계열화를 통해 원산지규정의 혜택을 보다 광범위하게 얻을 수 있도록 생산방식을 개선하는 전략도 고려할 필요가 있다. 또한, CAFTA의 무역 특혜가 상대적으로 확대되는 상품을 목표로 제조업 진출을 다각화할 필요도 있다.

한편, DR-CAFTA는 금융, 통신, 운송, 관광 등 광범위한 분야에 대한 시장개방 규정을 포함하고 있어 기존의 섬유산업을 위주로 한 제조업 투자뿐만 아니라 서비스 분야에 대한 투자도 모색해 볼 필요가 있다. 특히, 동 협정에 따라 외국인 투자자들의 권익을 보호할 수 있는 법적 절차가 강화되어 한국기업들이 보다 안정적인

투자를 할 수 있게 되었다. 따라서 관광업 등 중미 정부들이 외국인투자 활성화를 위해 각종 인센티브를 제공하고 있는 부문부터 우선 접근하는 방식으로 투자를 확대할 필요가 있다.

중미 국가들은 미주개발은행(IDB), 중미경제통합은행(CABEI) 등의 국제금융기관(international financial institution)이나 외국 정부의 지원 하에 도로 보수, 통신망 사업을 지속적으로 전개하고 있다. 그러나 동 지역은 정부 조달사업에 대한 정보를 얻기가 힘들 뿐만 아니라 불투명한 조달절차, 입찰 지연 등으로 인해 현실적으로 한국기업의 참여가 어려운 실정이다. 이러한 측면에서 공개입찰 등 정부 조달절차의 투명성 강화를 규정하고 있는 CAFTA 발효는 중미 각국 중앙정부 및 지방자치단체가 실시하는 인프라 구축사업 참여를 촉진시킬 수 있을 것으로 보인다. 최근 중미지역의 경기회복에 힘입어 주택, 병원, 학교, 도로 및 항만시설 확충 사업이 활발히 진행되고 있어서 건설업 부문의 진출을 적극적으로 도모하는 것도 바람직하다. 또한, 통신망이나 컴퓨터 보급 등 IT관련 조달사업에 참여하는 것도 고려해 볼 필요가 있다.

DR-CAFTA 및 중미 관세동맹의 진전 등으로 중미지역 통합이 가속화되면서 중미국가들은 이제 단일시장(single market)으로 변화하고 있다. EU와의 FTA 체결 및 FTAA가 현실화될 경우 대외교역시장도 보다 확대될 것으로 보인다.[10] 이는 평균인구 748만명, 1인당 평균 GDP 2,038달러(2004년 기준)에 불과한 중미의 협소한 내수시장의 한계를 극복할 수 있게 하여 한국기업의 수출 및 현지 진출을 활성화시킬 것으로 기대된다. 또한, 관세동맹(CU : Customs Union)의 일환으로 추진되고 있는 인적, 물적 통행절차 간소화로 인해 역내 노동 및 자본이동이 점차 자유화되고 있어 니카라과의 저임노동과 온두라스의 항만시설을 접목하는 등 중미 각국의 특징을 적절하게 활용하는 새로운 현지경영전략을 수립할 필요가 있다.

10) 중미와 EU는 2003년 12월 멕시코에서 향후 양 지역간 연합협정 추진 등에 합의한 바 있다. 2006년 5월 중남미-EU 정상회의 시 FTA 협상을 본격적으로 추진할 계획이다. DR-CAFTA가 발효될 경우 EU측이 FTA 협상 개시의 선행조건으로 요구해온 중미경제통합이 더욱 가속화될 것으로 보이며 EU와의 FTA 추진도 탄력을 받을 것으로 기대된다.

제3편

중남미 경제현안 Ⅱ

제8장

멕시코의 FTA 추진 동향

멕시코는 1990년대 초반부터 무역확대를 통한 경제성장(economic growth through trade expansion)을 도모하고자 역내지역뿐만 아니라 역외 국가들과도 활발히 자유무역협정(FTA : Free Trade Agreement) 체결을 추진해 왔다. 그러나 2003년 11월 이후 일본을 제외한 여타 국가와의 협상 추진은 중단된 상태이다.

멕시코는 미주자유무역지대(FTAA : Free Trade Area of the Americas) 협상에 집중하고, 주요 교역국인 미국, EU 등과의 FTA 체결이 완료된 점 등을 협상 중단의 표면적 이유로 지적하였다 그러나 실제는 농민 및 제조업체의 강력한 반발 때문인 것으로 분석된다. 다만 일본과는 돼지고기 수출시장 확대 등을 목표로 FTA 협상을 지속적으로 추진하여 2005년에 발효된 바 있다.

한국은 일본이 멕시코와 FTA를 체결할 경우 우리의 대멕시코 주요 수출품인 전기·전자, 자동차 등에 대한 수출 타격을 우려하여 멕시코와 FTA 체결을 추진해 왔다. 그러나 수차에 걸친 양국간 경제공동위원회 개최 등 다각적인 노력에도 불구하고 양국간 협상타결 전망은 다소 불투명한 상황이다.

제1절 멕시코의 FTA 추진 경과

국내시장 규모가 상대적으로 작고 수출지향적 산업구조(export-oriented industrial structure)를 가지고 있는 멕시코는 무역확대를 위하여 1990년대 초부터 역내국가뿐만 아니라 역외국가와도 FTA를 활발하게 추진해 왔다. 이 결과 멕시코는 전세계적으로 가장 많은 FTA를 체결한 국가 중의 하나가 되었다. 2004년말 기준 멕시코의 대외교역 중 86%가 FTA 체결 대상국가들과 이루어지고 있다. 특히, 수출의 94%가 FTA 체결 대상국을 향해 이루어지는 등 FTA는 멕시코 경제의 성장과 발전에 크게 기여하고 있다.

이 같은 중요성에도 불구하고 멕시코는 2003년말 이후 일본을 제외한 여타 국가와의 FTA 협상 추진을 중단하고 있다. 이에 대해 다수의 경제전문가들은 FTA 협상 중단 발표 시 내세운 표면적 이유[1]보다는 내부 정치적인 이유에 기인하고 있다는 지적을 하고 있다. 당시 멕시코 국내에서는 다수의 FTA 체결에도 불구하고 NAFTA를 제외하고는 기 체결한 FTA를 제대로 활용하지 못한다는 비판 및 미국, EU 등과의 FTA 타결 이후 농업부문 개방 확대에 불만을 가진 농민들의 시위가 지속되고 있었다. 또한 일본, 한국 등 아시아 국가들과의 FTA 협상 추진에 대한 제조업계의 극심한 반발로 추가적인 FTA 논의가 정부의 정치적 부담으로 작용하고 있었다.

다만 기존 FTA 협상 중단에도 불구하고 일본과의 FTA는 지속적으로 추진되었다. 이는 일본 공산품에 대한 관세인하의 반대급부로서 자국 농산물 중 돼지고기 등의 일본 판매 확대를 목표로 하였기 때문이다.

일·멕시코간 FTA는 2004년 상반기에 사실상 타결되어 2005년 4월부터 발효되었다. 일본은 2005년부터 특수강의 무관세 수출과 첨단 전자제품, 기계류 등의 대멕

1) 2003년 11월 멕시코 경제부 장관은 '일본을 제외한 모든 국가와의 FTA 협상 중단' 방침을 발표하면서 3가지 이유(① 미주자유무역지대(FTAA) 협상에 집중, ② 다자간 협상무대인 WTO의 적극 활용, ③ 주요 교역국인 미국, EU 등과의 FTA 체결 완료)를 지적하였다(수출입은행, 수은해외경제, 2005. 4. pp. 85~88 요약·재구성).

시코 수출에서 양허관세를 적용받게 되었다. 이에 따라 멕시코 시장에서 일본과 경합관계에 있는 한국 제품의 수출경쟁력(export competitiveness) 약화가 우려되고 있다.2)

〈표 8-1〉 멕시코의 FTA 체결 현황

연 도	체결 내용
1992	칠레
1994	미국, 캐나다(NAFTA)
1995	베네수엘라, 콜롬비아
1995	코스타리카, 볼리비아
1998	니카라과
2000	EU
2001	엘살바도르, 과테말라, 온두라스
2001	EFTA(스위스, 노르웨이, 리히텐슈타인, 아이슬란드)
2001	이스라엘
2003	우루과이
2004	EU 신규 10개 회원국(2004. 5. 1 가입)
2005	일본(2005. 4. 1 발효)

제 2 절 한・멕시코 FTA 추진 경과

한국은 칠레와의 FTA를 추진하면서 중미 지역에서의 거점 확보와 수출증대를 위한 방안으로 멕시코와의 FTA 체결도 적극적으로 추진하여 왔다. 특히, 2004년 3월 일본과 멕시코의 FTA 협상이 진전을 보이면서 한국기업의 대멕시코 철강, 자동차, 전자제품의 수출경쟁력이 약화될 것을 우려한 한국정부는 멕시코에 대해 FTA 체결을 적극적으로 요구하였다. 그러나 멕시코가 아시아 국가 중 일본과의 FTA 체결로 경제협력 다변화라는 소기의 목적을 달성했다는 자체 판단과 제조업체의 반

2) 경쟁력 저하가 예상되는 품목은 자동차 및 관련 부품, 전기・전자기기, 기계류, 수송기계, 플라스틱, 철강, 고무 타이어 등이며, FTA 미체결국으로서 각종 정부조달시장 참여도 제한받을 것으로 전망된다.

발, 한국 농수산물 시장 개방의 불투명성 등의 요인이 복합적으로 작용하면서 2003년 11월 멕시코의 FTA 협상 전면 중단 이후 양국간 FTA 협상은 진전되지 못하고 있다.

이후 2004년 5월 경제협력개발기구(OECD) 총회 당시 한국통상교섭본부장과 멕시코 경제부 장관이 양국 교역증진과 산업협력, 상호투자보호 및 증진에 대한 양해각서를 체결하였다. 2004년 10월 한·멕시코 경제관계 강화를 위한 전문가 회의가 서울에서 개최되면서 양국간 FTA 체결 논의가 다시 진행되고 있다.

〈표 8-2〉 한국의 대중남미 국가별·지역별 직접투자 추이

(단위 : 백만 달러)

구 분	멕시코	아르헨티나	브라질	Mercosur	칠레	역내 총계
1980~1987	0.2	3.6	1.5	5.2	2.5	17.8
1998~1994	25.5	41.9	1.4	45.6	36.9	308.2
1995~1999	169.2	79.7	220.2	300.0	15.8	1,139.1
2000~2003	88.8	11.2	54.7	67.3	6.5	630.5
총 계	283.7	136.4	277.8	418.1	61.8	2,095.6

자료 : 수출입은행 해외투자통계

양국간 합의로 수 차례 개최된 경제공동위원회에서 한국은 멕시코에 대해 FTA의 조속한 체결을 요구한 반면에 멕시코는 한국에 대해 FTA 체결의 선결 조건으로 무역역조 시정 및 해외투자 확대를 위해 기존의 양국 교역 및 경제협력 관계의 강화를 희망하는 것으로 나타났다.[3] 2005년 3월 7~8일 서울에서 개최된 '한·멕시코 3차 경제공동위원회'는 양국이 경제·기술 협력 방안을 주제로 무역 및 투자 촉진, IT, 인적자원(human resources) 개발분야의 협력을 강화하고 타국과의 FTA 체결 사례를 비교·공유하고 한·멕시코간 최적의 경제·기술협력 모델 개발에 합의하는 등 다소의 진전을 보였다.

그러나 보다 성과있는 합의도출을 위해서는 멕시코가 주장하고 있는 무역역조 시정 및 해외투자 확대 요구에 대한 논리적 대응이 필요하다.

3) 한국은 멕시코에 대해 매년 20억 달러 이상의 상품수지 흑자를 유지하고 있다(멕시코 통계에 따르면 흑자 규모는 이보다 훨씬 큰 것으로 조사됨).

1. 멕시코의 시각

1.1 해외투자 확대

멕시코는 1999~2004년 중 멕시코로 유입된 총 873억 5,800만 달러의 외국인직접투자(FDI) 중 한국의 비중이 0.2% 수준에 불과하다며 투자확대를 요구하고 있다. 그러나 멕시코의 불만에도 불구하고 멕시코에는 한국의 중남미 투자 중 가장 많은 금액이 투자되고 있다. 1995~1999년보다 2000~2003년에 투자규모가 감소한 것은 중남미 전체의 국가위험도(country risk) 증가 이외에도 임금 상승, 높은 세금 등 멕시코의 내부요인에서 비롯되었다고 볼 수 있다.

1.2 무역역조 시정

무역역조 심화 주장과 관련해서는 양국간 무역불균형(trade imbalance)은 대부분 현지 투자한 한국 기업들에 대한 부품 및 반제품의 수출증가에 기인한 측면이 크다. 최근 수년간 대멕시코로 수입이 10%대의 증가율을 보이고 있으며 수입품목도 원부자재로부터 첨단제품까지 다양화되고 있다.

〈표 8-3〉 한국의 대중남미 국가별·지역별 직접투자 비중

(단위 : %)

구 분	멕시코	아르헨티나	브라질	Mercosur	칠레
1980~1987	0.9	20.3	8.6	29.3	14.1
1998~1994	8.3	13.6	0.5	14.8	12.0
1995~1999	14.9	7.0	19.3	26.3	1.4
2000~2003	14.1	1.8	8.7	10.7	1.0
총 계	13.5	6.5	13.3	19.9	2.9

자 료 : 수출입은행 해외투자통계

따라서 한·멕시코 FTA의 성공을 위해서는 양국간 경제현안에 대한 인식차이를 해소할 필요가 있다.

2. 한국의 시각

2.1 해외투자 확대

해외투자 확대에 대해서는 한국기업의 대멕시코 투자비중이 중남미 지역에서 가장 높다는 점과 멕시코 투자환경의 개선 필요성 등을 설명할 필요가 있다.

2.2 무역역조

무역역조 시정 요구에 대해서는 대멕시코 수입이 급격히 증가하는 점을 강조할 필요가 있다. 그리고 FTA 체결 시 칠레에 편중되어 있는 구리 수입의 멕시코로의 전환, IT부문의 산업간 협력, 멕시코산 농수산물의 수입 확대 등 다양한 이점을 제시할 필요가 있다.

제9장

NAFTA가 멕시코 농업부문에 미친 영향 분석

멕시코는 미국, 캐나다와 북미자유무역협정(NAFTA)을 체결하였다. 1994년 1월 발효된 NAFTA는 미국·캐나다·멕시코 3국간 무역 및 투자 장벽(trade and investment barriers)을 2008년까지 14년 간에 걸쳐 점진적으로 철폐하도록 하였다.

농산물 수출국인 미국과 캐나다와는 달리 멕시코는 농산물 수입국으로서 이들 국가와 FTA를 체결하게 되면 농업부문에 상당한 피해를 입을 것으로 전망되었다. 이 같은 전망대로 NAFTA가 멕시코 농업에 부정적인 영향을 미쳤는지 NAFTA 이후 멕시코 농업부문의 변화를 살펴볼 필요가 있다. 특히, 무역자유화(trade liberalization)가 멕시코 농업의 구조전환을 촉진시키는 데 기여하였는지, 또한 이 같은 정책개혁(policy reform)이 멕시코 농민들에게 어떤 영향을 미쳤는지 파악할 필요가 있다. 이는 미국과의 FTA를 추진하고 있는 우리 농업에 시사점을 제공해 주게 된다.

본장에서는 NAFTA 이후 멕시코 농업부문의 변화를 교역, 가격, 생산, 투자, 농업정책 등을 위주로 분석한 대외경제정책연구원의 보고서를 중심으로 살펴본다.

제 1 절 NAFTA 이후 멕시코 농업의 변화

1. 농산물 교역

1.1 농산물 교역량

멕시코는 NAFTA 이후 북미와의 농산물 교역이 증가하였다. 특히, 멕시코와 미국 간의 교역은 더욱 증가하였다. 미국・멕시코 양국간 농산물 교역은 NAFTA 이행기간 동안 2배 이상 증가하였다. NAFTA가 발효되기 이전인 1991~1993년의 기간 동안 미국과 멕시코간 농산물 교역량은 60억 달러를 기록하였으나 NAFTA 발효 이후인 2001~2003년의 기간 동안은 132억 달러로 119.5%의 증가율을 보였다.

〈표 9-1〉 미국・멕시코 농산물 교역량

(단위 : 백만 달러, %)

	1991~1993년	2001~2003년	증가율(%)
미국・멕시코 농산물 교역량	6,018	13,211	119.5

자료 : USDA/ERS, 2004. 12.

1.2 농산물 수출

NAFTA 이후 멕시코는 채소류와 과일류의 수출이 현저히 증가하였다. NAFTA 이전(1991~1993년)에 비해 NAFTA 이후(2001~2003년) 대미 채소류 수출은 약 134% 증가하였으며 과일류 수출은 약 153% 증가하였다. 이들 품목은 NAFTA 이후 생산도 증가추세에 있는 품목이다. NAFTA 전후 멕시코 주요 농산물의 수출변화를 품목별로 살펴보면 당근과 순무, 후추, 아보카도, 딸기 등이 NAFTA 이후 100% 이상의 수출증가율을 보였다.

〈표 9-2〉 NAFTA 전후 멕시코 주요 작물의 수출 변화

(단위 : 천 톤, %)

	1991~1993년 (NAFTA이전)	1994~2001년 (NAFTA 이후)	증가율
아스파라거스	19.21	35.47	84.6
콜리플라워와브로콜리	26.17	48.21	84.2
당근과 순무	14.21	50.26	253.7
오이	207.96	347.41	67.1
마늘	13.06	17.26	32.2
양파	193.87	241.52	24.6
후추	153.14	309.47	102.1
토마토	367.45	733.05	99.5
아보카도	16.27	66.71	310.0
레몬과 라임	94.52	119.77	26.7
망고	96.19	185.11	92.4
메론	171.34	222.49	29.9
오렌지	11.34	16.54	45.9
딸기(신선, 냉동)	11.04	30.18	173.4
수박	126.97	231.78	82.5
총계	1,522.74	2,655.23	74.4

자료 : FAO

1.3 농산물 수입

NAFTA 이후 멕시코 농산물의 수출이 증가한 반면 수입도 증가하였다. 주로 보리, 콩, 옥수수, 대두, 밀 등 곡물류의 수입이 증가하였다. NAFTA 이전(1991~1993년)에 비해 NAFTA 이후(2001~2003년) 대미 곡물류 및 사료 수입은 약 135% 증가하였다. 이들 품목 중 보리, 대두, 밀 등은 NAFTA 이후 생산이 감소추세를 보이고 있는 품목이다. NAFTA 전후 멕시코 주요 농산물의 수입변화를 품목별로 살펴보면 보리와 수수를 제외한 콩, 옥수수, 밀, 대두 등이 NAFTA 이후 100% 이상의 수입증가율을 보였다.

〈표 9-3〉 NAFTA 전후 멕시코 주요 작물의 수입 변화

(단위 : 천 톤, %)

	1991~1993년 (NAFTA 이전)	1994~2001년 (NAFTA 이후)	증가율
보리	105.59	129.27	22.4
콩	13.52	114.94	750.1
옥수수	979.34	5,222.79	433.3
수수	3,890.75	4,137.07	6.3
대두	1,920.59	3,863.37	101.2
밀	1,119.64	2,717.48	142.7
총계	8,029.43	16,184.92	101.6

자료 : FAO

2. 농산물가격

NAFTA 이후 멕시코 농산물의 국내가격은 국제가격 또는 미국 농산물가격과 연동되어 밀접하게 움직이고 있다.[4] 특히, 채소나 과일의 멕시코 국내가격은 국제가격과 더욱 연계되어 움직이고 있다. 또한, 멕시코 주요 수입 작물의 멕시코 국내가격이 점차 하락하고 있으며 NAFTA로 인한 제조업부문의 보호조치가 철폐됨에 따라 농산물의 투입재가격도 하락하였다.

3. 생산 및 재배면적

NAFTA 이후 멕시코 농산물 대부분의 생산과 재배면적이 증가하였다. 채소류와 과일류의 생산은 NAFTA 이전(1991~1993년)과 비교하여 NAFTA 이후(1994

4) 기본적인 경제논리로 자유화 정책(liberalization policy)은 가격에 영향을 주고 이는 자원할당에 변화를 주게 된다. 자유화 정도가 높으면 가격에서의 주요 변화가 기대되고 이는 교역 및 국내 공급에서 구조전환을 수반하게 된다(대외경제정책연구원, 세계경제, 2005. 11. pp. 44~51 요약 · 재구성).

년~2001년) 채소류는 39.3%, 과일류는 19.4% 증가하였다. 주로 수출품목인 채소나 과일의 국내 생산과 재배면적이 증가한 것으로 나타났다. 한편, 생산이 감소한 품목은 주로 보리, 대두, 밀 등 수입품목으로 조사되었다.

〈표 9-4〉 NAFTA 전후 멕시코 주요 작물의 생산 및 재배면적 변화

(단위 : 천톤, 천ha, %)

	생산			재배면적		
	1991~1993 (NAFTA 이전)	1994~2001 (NAFTA 이후)	증가율	1991~1993 (NAFTA 이전)	1994~2001 (NAFTA 이후)	증가율
아스파라거스	33.15	52.29	57.7	11.76	14.39	22.4
콜리플라워와 브로콜리	212.82	260.58	22.4	19.17	20.30	5.9
당근과 순무	239.20	319.24	33.5	9.57	13.54	41.5
오이	257.40	417.24	62.1	15.88	17.73	11.6
마늘	55.37	58.05	4.8	7.70	7.28	-5.5
양파	715.50	932.56	30.3	40.19	42.40	5.5
후추	834.93	1,656.21	98.4	98.84	121.48	22.9
토마토	1,655.43	1,882.21	13.7	84.36	71.30	-15.5
아보카도	738.07	869.27	17.8	92.48	93.78	1.4
레몬과 라임	772.21	1,358.40	75.9	89.98	103.68	15.2
망고	1,115.00	1,412.64	26.7	138.13	138.25	0.1
메론	511.73	565.25	10.5	46.79	30.27	-35.3
오렌지	2,608.22	2,751.98	5.5	274.87	257.66	-6.3
파인애플	258.36	430.98	66.8	8.95	13.54	51.3
딸기(신선, 냉동)	86.47	121.96	41.0	7.13	6.76	-5.2
수박	426.43	761.00	78.5	39.59	40.66	2.7
보리	536.15	523.75	-2.3	295.87	282.08	-4.7
콩	1,128.22	1,147.97	1.8	2,070.25	2,258.36	9.1
옥수수	16,435.37	17,699.01	7.7	7,993.44	8,717.77	9.1
수수	4,080.70	5,624.51	37.8	1,313.81	2,027.90	54.4
대두	605.36	182.51	-69.9	305.51	126.51	-58.6
밀	3,754.56	3,207.30	-14.6	953.49	789.01	-17.3
총계	37,060.65	42,234.91	14.0	13,917.76	15,194.65	9.2

자료 : FAO, Mexican Ministry of Agriculture

4. 외국인직접투자(FDI)

멕시코 식품산업에 대한 미국의 직접투자는 NAFTA 이후 2배 이상으로 증가하였다. 1994년 약 27억 달러였던 멕시코 식품산업에 대한 직접투자는 1999년 약 53

억 달러로 증가하였다. 투자의 대부분은 파스타, 과자류, 캔 및 냉동육류 등과 같은 가공식품에 집중되었다.

〈표 9-5〉 미국의 멕시코 식품산업에 대한 직접투자

(단위 : 백만 달러)

	1994년	1995년	1996년	1997년	1998년	1999년
직접투자	2,660	2,929	3,579	4,484	4,723	5,300

자료 : USDC/BEA, 2004. 12.

5. 멕시코 농업정책

멕시코 정부는 농산물 무역자유화에 대응하기 위해 NAFTA가 체결되기 이전부터 새로운 농업정책(agricultural policy)을 수립하고 NAFTA 이후에도 지속적으로 정책을 보완하였다. 대표적인 정책으로 3가지(① PROCAMPO(Program of Direct Payment to the Countryside), ② Alliance, ③ Agricultural Armour)를 지적할 수 있다. 이들 정책은 외국과의 경쟁에 직면한 농민들, 즉 기초작물을 생산하는 국내생산자나 무역자유화에 직면한 경쟁작물을 재배하는 생산자의 소득을 지지하고 멕시코의 농업생산구조(agricultural production structure)를 변화시키기 위한 것이다.

5.1 PROCAMPO

멕시코 정부는 NAFTA가 발효되기 이전인 1993년 겨울 PROCAMPO를 시행하였다. PROCAMPO는 보리, 콩, 옥수수, 면화, 쌀, 밀 등 기초작물을 생산하는 농민들에게 직접 소득을 이전시키는 직접지불제도이다. PROCAMPO의 목적은 보조금을 통해 비교우위(comparative advantage)가 있는 작목으로 생산전환을 유도하고 농산물 시장개방으로 피해가 예상되는 농가의 피해를 완화하기 위해 수립되었다. PROCAMPO는 보조금을 현재 생산량이 아닌 과거의 작목별 단위면적을 기준으로 지불하였으며 PROCAMPO의 도입으로 국내가격을 국제가격 수준으로 하락시킬 수 있게 되었다. PROCAMPO를 통해 낮은 가격에 대한 농민의 손실을 보장해주었으며 기초작물을 생산하는 영세농은 PROCAMPO의 혜택을 받게 되었다. 이 같은 직접소득지불은 멕시코로 수입된 주요 작물의 국내 생산을 촉진시켰으며 이러한 정부의 지지가 국내 생산기반의 붕괴를 방지하였다. 즉, PROCAMPO는 멕시코의 농산물 공급구조를 유지하는 데 중요한 역할을 담당하였다.

5.2 Alliance

1995년에는 농촌지역을 위한 Alliance 제도가 시행되었다. Alliance는 개방경제에 직면하여 효율성 있는 작물을 생산하고 농업 생산성을 증대시키고자 하는 목적을 가지고 있다. 즉, 잠재적 비교우위를 가진 농민들을 위해 기초 작물에서 채소나 과일로의 작물대체를 통한 농가의 효율성을 촉진하기 위한 제도이다.

5.3 Agricultural Armour

멕시코는 2002년 미국의 농업법(Farm Bill)에 대응하여 'Agricultural Armour'를 발표하였다. 이는 미국의 농업법과 같이 주요 곡물류나 유지종자의 생산자를 위한 소득안전망(income safety net)의 목적(멕시코 농민들을 위한 저금리, 신용접근 증대 등)과 불공정한 경쟁(unfair competition)에 대비하고자 하는 목적에서 수립되었다.

제 2 절 시사점

미국, 캐나다와 같은 농산물 수출국과의 FTA로 인해 농산물 수입국인 멕시코는 농업부문에 많은 피해를 입을 것으로 예상되었다. 즉, 수입이 증가하고 국내 생산기반이 붕괴될 것이라는 우려가 증대되었다. 그러나 NAFTA가 체결된 이후 교역, 생산 및 재배면적 등에서 그렇게 우려할 만한 현상은 나타나지 않았다. 오히려 NAFTA로 인해 국내 농업정책이 가격지지에서 직접소득지불로 전환하여 농업 생산성과 효율성(agriculture productivity and efficiency)을 증대시키는 방향으로 변화하였다.

NAFTA가 체결된 이후 멕시코 농업의 변화를 살펴보면 다음 5가지로 정리할 수 있다.

① NAFTA 이후 북미국가와의 농산물 교역이 증가하였고 수출이 증대되었다. 수출품목인 채소류와 과일류의 수출이 더욱 확대되었다. 그러나 콩, 옥수수, 밀, 대두 등 기초작물의 수입도 증가하였다.

② 멕시코의 국내 농산물가격은 국제가격 수준으로 하락하는 등 국제가격과 밀접하게 연계되어 움직이고 있으며 이는 소비자 후생(consumer welfare)을 향상시켰다.

③ NAFTA 이후 국내 생산기반이 붕괴될 것이라는 우려가 있었으나 대부분의 멕시코 농산물 생산과 재배면적이 NAFTA 이전보다 증가하였다. 이러한 증가는 수출품목인 채소류와 과일류를 중심으로 확대되었다.

④ NAFTA는 멕시코 식품산업에 대한 미국의 투자를 이끌어냈다. NAFTA 이전에 비해 2배 이상 증가한 미국의 투자로 멕시코는 선진기술, 고용증대, 소득증가 등의 효과를 얻게 되었다.

⑤ NAFTA에 대비한 새로운 농업정책을 마련하여 농업부문의 피해를 최소화하고자 주력하였다. 기초작물의 생산이 감소하고 수입이 증가하여 생산기반이 붕괴될 것이라는 우려가 있었으나 이들 작물의 생산기반은 붕괴되지 않았으며 이는 멕시코 정부의 새로운 농업정책에 기인하였다. 즉, NAFTA 체결에 대비하여 옥수수, 콩 등 주요 기초작물에 대해서 직접지불제인 PROCAMPO를 실시하여 농업부문의 피해를 완화시켰으며 멕시코 농업예산 중 PROCAMPO의 예산이 1/3 이상을 차지하고 있을 만큼 이 정책에 중점을 두었다.[5)]

상기한 바와 같이 멕시코 농업은 NAFTA 이후 막대한 피해를 입을 것으로 예상되었으나 시의적절한 농업정책을 통해 취약품목의 피해를 완화하고 수출품목을 중심으로 농업생산구조가 변화하였다. 이는 멕시코 농민들이 캐나다나 미국의 농민들과 경쟁하게 됨에 따라 생산성을 증가시키는 결과를 야기시켰다. 멕시코 농업은

5) PROCAMPO는 생산에 직접 영향을 주지 않는 직접지불제 형태이며 지불기준도 과거 일정 시점의 경작면적으로 책정하고 있어 시장왜곡효과(market distortion effect)를 최소화하는 제도라고 할 수 있다. 1996년 PROCAMPO가 멕시코 총농업예산에서 차지하는 비중은 36.4%로 멕시코 농업정책에 있어 직접지불제의 비중이 매우 높다는 것을 알 수 있다.

NAFTA로 인해 생산구조의 변화가 발생하였는데 경쟁우위(competitive advantage)에 있는 품목 위주로 수출이 증가한 것을 알 수 있다. 즉, 기초작물의 생산이 감소하고 수입이 증가하였으나 채소류 및 과일류의 생산과 수출이 증가하는 방향으로 나타났다.

멕시코 정부가 NAFTA 체결 이전에 미리 취약품목에 대비한 농업정책을 시행했다는 점을 주목할 필요가 있다. 대부분의 주요 수출품목인 채소류나 과일류의 국내 생산과 수출은 NAFTA 이전보다 현저히 증가한 것에 반해 보리, 대두, 밀 등 곡물류의 생산은 감소하였으며 수입도 증가하였다. 그러나 이들 주요 기초작물의 생산 기반은 붕괴되지 않았다. 이는 취약품목의 경우 FTA가 체결되기 전에 이미 이에 대응하기 위한 정책을 수립하고 시행한 결과로 해석할 수 있다. 또한, 멕시코의 농업정책은 정부의 직접적인 가격 개입에서 직접소득지불로 변화하였으며 점차 직접직불제가 확대되고 있다.

멕시코의 사례에서 알 수 있듯이 농산물 수출국과의 FTA에 앞서 농가의 피해를 최소화하기 위해 미리 취약품목에 대한 대응정책을 마련하고 농업 생산구조의 조정을 통한 수출전략방안을 마련하는 것이 급선무이다.

제10장

아르헨티나 · 브라질경제의 회복

제 1 절 아르헨티나 경제의 회복

아르헨티나 국가통계원(National Statistics Institute)은 2006년 8월 16일 수출호조 및 국내소비의 강한 증가세 등으로 2006년 상반기 중 전년동기 대비 8.0%의 경제성장률을 달성하였다고 발표한 바 있다. 그러나 2005년에 9.2%의 높은 경제성장률을 기록했던 것에 비해 2006년 1분기 중에는 전년동기 대비 8.6%, 상반기 중에는 전년동기 대비 8.0%로 아르헨티나의 성장률이 상당히 높은 수준이긴 하나 2005년보다는 다소 하락하는 추세를 보이고 있다.

1. 경제성장의 배경

아르헨티나 경제가 높은 성장세를 유지하고 있는 배경으로 최근 높은 수출증가세가 지속되는 가운데 지난 3년 동안 연 8% 이상의 경제성장과 공무원 임금인상 등의 결과 국내소비가 크게 활성화되고 있는 것을 지적할 수 있다. 산업별로는 자동차, 철강, 건설 등이 경제성장을 주도하고 있다.

〈표 10-1〉 월별 경제성장률 추이(2006년)

시기	전월 대비	전년동월 대비
2006. 1	0.0%	9.1%
2006. 2	0.3%	8.4%
2006. 3	1.0%	8.3%
2006. 4	0.6%	6.3%
2006. 5	1.1%	8.1%
2006. 6	0.4%	8.2%

자료 : 아르헨티나 통계원(INDEC)

한편, 아르헨티나 중앙은행이 55명의 경제전문가들을 대상으로 조사한 바에 의하면 2006년 경제성장률은 7.6%를 기록할 것으로 예상되어 지난 3년간 8% 이상의 고도성장세가 다소 둔화될 것이란 전망이 우세한 편이다. 2007년에도 2006년보다는 다소 하락할 것으로 보이나 재정수지 및 무역수지의 흑자기조, 내수확대, 은행대출 증가 등에 힘입어 아르헨티나의 경제성장률은 여전히 중남미 지역 평균보다는 높은 수준을 유지할 수 있을 것으로 기대된다.

2. 경제성장률

2006년 6월 중 경제성장률은 전년동월 대비 8.2%를 기록하여 4월의 6.3%를 저점으로 다시 회복되는 모습을 보였다.[1] 이는 6월 중 산업생산증가율이 전년동월 대비 8.7%로 최근 4개월 중 가장 높았으며 자동차 제조 및 건설프로젝트 부문에 대한 투자가 증가했기 때문으로 풀이할 수 있다. 현재 아르헨티나는 칠레, 브라질 등 인근 남미국가의 경제성장 호조에 힘입어 자동차, 트럭 등의 생산이 활성화되고 있다.

1) 일부 제철공장에서의 기계설비 유지보수로 생산이 중단됨에 따라 2006년 6월 중 경제성장률은 경제전문가들의 예상치(블룸버그가 조사한 예상치는 8.5%였음)보다 낮은 수준을 보였다(수출입은행, 수은해외경제, 2006. 9. pp. 69~72 요약 · 재구성).

〈표 10-2〉 아르헨티나 수출입 현황 및 증가율

(단위 : 백만 달러)

연도별	수출		수입		상품수지
	금액	증가율(%)	금액	증가율(%)	
2003	29,939	16.7	13,851	54.1	16,088
2004	34,550	15.4	22,445	62.0	12,105
2005	40,106	16.1	28,689	27.8	11,417
2006 상반기	21,541	13.0	15,606	15.2	5,935

자료 : 아르헨티나 통계원

3. 수출입

3.1 수출

펠리사 미셀리(Felisa Miceli) 재무장관은 아르헨티나의 2006년 예상 수출규모는 대두, 팜유 등 농산품 및 철강제품의 수출호조로 2005년의 401억 달러보다 13% 증가한 450억 달러로 연속 최고기록을 보일 것이며 상품수지 흑자도 110억 달러를 초과할 것으로 발표한 바 있다. 미셀리 재무장관은 호조를 보이고 있는 수출은 현 키르치네르 정부의 경제정책 실현을 위한 핵심요소로서 지난 3년 동안 8% 이상의 고도성장에 중추적인 역할을 했으며 수출이 경제성장에서 차지하는 비중도 10년 전 34%에서 현재는 50%로 제고되었다고 지적하였다.

2006년 상반기 아르헨티나의 수출은 2005년 상반기 대비 13.0% 증가한 것으로 나타났다. 특히, 남미공동시장(MERCOSUR) 수출(23.1%)과 EU 수출(15.7%)은 평균 이상의 높은 증가세를 나타냈다.

3.2 수입

수입은 전체적으로 15.2%가 증가한 가운데 아세안(ASEAN) 지역은 32.6%로 가장 높았으며, MERCOSUR는 상대적으로 낮은 12.8%의 증가율을 나타내었다.

〈표 10-3〉 아르헨티나의 지역별 수출입 현황

(단위 : 백만 달러, %)

지역별	수출		증가율[1]	수입		증가율[1]	상품수지	
	2005	2006 상반기		2005	2006 상반기		2005	2006 상반기
MERCOSUR	7,699	4,386	23.1	11,020	5,887	12.8	-3,321	-1,501
NAFTA	6,023	2,947	9.4	5,000	2,538	3.3	1,023	409
EU	6,764	3,869	15.7	4,833	2,637	9.1	1,931	1,232
ASEAN	6,252	3,453	8.3	4,540	2,545	32.6	1,712	908
기타	13,368	6,886	9.8	3,296	1,999	30.6	10,072	4,887
합계	40,106	21,541	13.0	28,689	15,606	15.2	11,417	5,935

주 : 1) 2005년 상반기 대비 2006년 상반기 중의 증가율
자료 : 아르헨티나 통계원

4. 달러표시 채권 발행

아르헨티나 재무부는 2006년 7월 26일 만기도래하는 채무 상환을 위해 2006년 들어 3번째로 5년 만기(만기 2011년)의 달러표시채권 5억 달러(표면금리 7%)를 동일만기의 미국채 수익률보다 3.36%포인트 높은 8.34%의 수익률로 판매하였다고 발표하였다.[2] 동 채권은 2006년 3월 20일 발표했던 15억 달러 채권발행계획의 일부분으로 이번이 최종 판매된 것이다. 아르헨티나는 2006년 3월에는 5억 달러를 표면금리 7%, 수익률 8.36%로, 5월에는 8.09%의 수익률로 판매한 바 있다. 아르헨티나 재무부 발표에 따르면 동 채권매입을 위한 총 응찰액은 2006년 5월의 24억 달러와 비슷한 25억 4,000만 달러였다.

경제전문가들은 아르헨티나 경제가 안정 성장세를 보이고 있고 국가신용도도 다소 개선되어 아르헨티나 정부의 채권매각이 순조롭게 진행되고 있는 것으로 분석하

2) 아르헨티나는 2005년 12월 외환보유고의 약 1/3을 사용하여 IMF 차입금 전액인 91억 달러를 조기 상환한 바 있으며 베네수엘라에 현재까지 약 28억 달러의 채권을 판매하여 해외자본을 조달해왔다.

고 있다.[3] 한편, 경제전문가들은 베네수엘라가 아르헨티나 채권을 매입해 주고 있는데다 아르헨티나 정부가 2006년 초 발표한 15억 달러규모의 채권매각이 성공함으로써 2006년 중 아르헨티나 정부의 외화차입 소요액(아르헨티나의 2006년 중 원리금상환부담은 약 30억 달러 수준인 것으로 알려지고 있음)은 모두 충당될 수 있을 것으로 전망하고 있다.

〈표 10-4〉 아르헨티나 외환보유고 현황

(단위 : 백만 달러)

	2002	2003	2004	2005	2006[1]
외환보유고	10,500	14,119	19,646	28,077	27,028

주 : 1) 8월 16일 기준
자료 : 아르헨티나 통계원

제 2 절 브라질경제의 회복

브라질의 경제 펀더멘털(economic fundamentals)이 변화하고 있다. 최근 S&P, Moody's 등 국제신용평가기관들은 이 같은 변화를 반영하여 브라질의 국가신용등급을 연이어 상향조정하였다.[4] 브라질은 UNCTAD가 글로벌 기업체(global corporations) 등을 대상으로 실시한 설문조사에서 중국, 미국, 인도, 러시아에 이어 세계 5위의 투자선호대상국으로 나타났다.

브릭스(BRICs) 국가 중 하나인 브라질은 풍부한 부존자원과 인구 1억 8,000만명의 거대한 내수시장 그리고 정치·경제적 안정을 토대로 21세기의 새로운 경제대국

3) S&P는 2006년 3월에 아르헨티나의 대외채무 감소 및 외국인투자 증가 등을 근거로 아르헨티나 장기외화표시 신용등급을 B-에서 B로 상향 조정한 바 있다. 이는 우루과이와 같은 등급이며 볼리비아보다 한 단계 위의 등급이다.

4) 2003년 1월 룰라 정부 출범 이후 브라질 거시경제 상황의 개선을 반영하여 세계 3대 국제신용평가기관들(S&P, Moody's, Fitch)은 2004년 9월에 일제히 브라질의 국가신용등급을 상향조정하였다. 또한, 2005년 10월 Moody's는 지속적인 수출증대에 힘입어 외채상환능력이 개선되고 최근의 정치 불안에도 불구하고 룰라 정부가 건전한 거시경제정책 기조를 유지하는 점 등을 반영하여 등급을 B1에서 Ba3로 다시 한 단계 상향조정한 바 있다(수출입은행, 수은해외경제, 2006. 1. pp. 47~61 요약 · 재구성).

으로 부상하고 있다.[5] 국내에서도 대표적 신흥 경제대국들인 BRICs 국가들에 대한 관심이 증대되면서 이들 국가에 대한 한국기업의 시장진출 강화 움직임이 고조되고 있다. 그러나 한국기업의 브라질 시장진출은 중국 등 여타 BRICs 국가에 대한 진출과 비교하면 아직은 크게 미흡한 실정이다.

규모나 증가율 면에서 한국기업의 대브라질 시장진출이 상대적으로 부진한 것은 무엇보다도 브라질 경제에 대한 부정적 선입견이 크게 작용하고 있는 것으로 판단된다. 이는 주로 1980년대의 중남미 외채위기(foreign exchange crisis)에서 비롯된 것으로서 브라질이 과거 수차례 외채위기를 경험할 때마다 대브라질 투자진출업체와 수출업체들이 큰 피해를 입은 사례가 있기 때문이다. 이외에도 외환위기, 만성적인 재정적자(fiscal deficit), 고물가, 고금리, 1차 산업위주의 취약한 경제구조, 심각한 빈부격차, 정치불안정(political instability) 등 브라질에 대한 부정적 시각이 만연해 있는 것이 사실이다.

1. 주요 펀더멘털의 변화

1.1 외채상황 개선

브라질은 세계 최대 외채국가로서 과거 3번의 모라토리엄(moratorium, 대외채무지불유예) 선언과 9번의 리스케줄링(rescheduling)을 경험한 국가로서 외채위기가 발생힐 때마다 현지에 진출한 업체들과 대브라질 수출업체들은 막대한 피해를 입은 바 있다. 그러나 최근 들어 대폭적인 상품수지와 경상수지의 흑자와 외국인직접투자(FDI)의 유입증가로 외환사정이 호전되고 외채구조가 개선되고 있다. 2004년에 500억 달러 수준이었던 브라질의 외환보유고(foreign exchange reserves)는 수출 호조, 중앙은행의 달러화 매입, FDI 유입 지속 등으로 인해 1년 만에 670억 달러까지 증가하였다. 이 같은 외환보유고의 증대로 브라질 정부는 IMF의 신규차관 도입 중

5) 브릭스(BRICs)는 미국의 투자은행인 골드만삭스(Goldman Sachs)가 2003년 10월 발표한 투자전략보고서인 'BRICs와 함께 꿈을 : 2050년으로 가는 길(Dreaming with BRICs : The Path to 2005)'에서 처음 사용된 용어로 신흥경제대국인 브라질, 러시아, 인도, 중국 등 4개국을 지칭한다.

단은 물론 기존 IMF차관도 전액 조기상환하기로 결정하면서 2006년에는 1984년 이후 최초로 IMF차관이 없는 상황을 맞이하게 되었다.6)

〈표 10-5〉 브라질의 주요 대외경제 지표

(단위 : 백만 달러)

구 분	2000	2001	2002	2003	2004	2005. 3.	2005. 6.
총 외 채	216,921	209,934	210,711	214,930	201,374	201,922	191,309
외 환 보 유 고	33,011	35,866	37,823	49,296	52,935	61,690	59,885
대 외 자 산	12,829	11,363	7,888	14,641	12,737	12,174	10,201
순 외 채	171,082	162,704	164,999	150,993	135,702	127,788	121,223
수 출	55,086	58,223	60,362	73,084	96,475	24,451	53,677
상 품 수 지	-753	2,650	13,125	24,793	33,666	8,314	19,659
경 상 수 지	-24,225	-23,215	-7,367	4,177	11,738	2,704	5,277
외국인직접투자	32,779	22,457	16,590	10,144	18,166	3,489	8,566

자료 : 브라질 중앙은행. 2005. 12.

(1) 외채규모 감소

외채규모도 지속적으로 감소하고 있다. 브라질의 총 외채규모는 2000년 2,169억 달러였으나 2004년에는 2,014억 달러, 2005년 6월 1,913억 달러 등 현저한 감소추세를 보이고 있다. 특히, 외채총액에서 외환보유고, 대외자산 및 상업은행의 외화자산을 공제한 순외채 규모도 2000년 1,711억 달러에서 2004년 1,357억 달러 그리고 2005년 6월에는 1,212억 달러로 크게 감소하였다.

한편, 외채규모의 감소와 더불어 헤알(Real)화 강세로 인해 달러표시 GDP가 증가하면서 GDP 대비 총외채 비율도 2002년 45.9%에서 2004년 33.3%, 그리고 2005년 6월에는 28.2%로 크게 하락하고 있다.7) 특히, 2005년에는 최근의 급속한 헤알화 평가절상(appreciation)으로 달러화 표시 GDP가 크게 상승할 것으로 보여 동 비율

6) 2002년 9월 차입한 IMF 자금 중 2006년 3월말 만료되는 155억 달러는 기간연장 대신 상환을 선택했으며 2005년 9월부터 2006년 3월에 기일 도래할 51억 달러의 IMF 차관도 지난 7월말 조기 상환한 바 있다. 2005년 12월 브라질 정부는 당초 2006~2007년 기일이 도래하는 IMF 차관 155억 달러도 연말까지 모두 조기 상환할 계획임을 표명한 바 있다.

7) 총외채 감소에도 불구하고 총외채/GDP 비율이 일시적으로 높아진 것은 대통령선거가 있었던 2002년에 브라질 헤알화 환율이 크게 변동(평가절하 후 서서히 평가절상)하였기 때문이다.

은 더욱 하락할 것으로 전망된다. GDP에 대한 순외채 비중도 2002년 35.9%까지 상승하였다가 2004년 22.5%, 2005년 6월에는 17.9%로 하락하였다.

외채상환능력을 측정하는 지표인 D.S.R.[8]도 헤알화 위기가 발생하여 외채상환이 집중되고 수출이 부진했던 1999년에 112.8%까지 상승하였으나 이후 수출이 급증하면서 2004년에는 45.0%, 2005년 3월에는 39.2%로 개선되었다.[9] 또한, 총외채 대비 외환보유고 비율도 2000년 15.2%에서 2004년 26.3%, 2005년 6월에는 31.1%를 기록하여 외채상환능력이 급속히 개선되고 있음을 보여주고 있다.

(2) 상품수지 흑자 급증 등으로 외화유입 가속

최근 수출이 급증하면서 브라질의 외환보유고도 크게 증가하였다. 브라질의 상품수출액은 시장개빙(market opening) 이전인 1993년 386억 달러에서 1997년에는 530억 달러로 증가한 이후 2000년 551억 달러, 2002년 604억 달러 등으로 미미한 증가세를 보여 왔다. 그러나 현 룰라(Lula) 정부가 출범한 이후 2003년 731억 달러(21.1% 증가), 2004년 965억 달러(32.0% 증가)로 급속히 증가한 데 이어, 2005년에도 11월말 기준 1,074억 달러를 달성하여 2005년 전체로는 목표치 1,120억 달러를 상회하는 1,179억 달러(22.2% 증가)에 이를 것으로 보인다.

수출액의 급속한 증가에 힘입어 2001년 소폭 흑자로 전환된 이후 매년 규모가 크게 늘고 있는 상품수지 흑자는 2004년 351억 달러에 이르렀고 2005년에도 11월말 기준 404억 달러, 연간으로는 420억 달러를 초과할 것으로 보인다. 경상수지도 2003년 소폭(42억 달러) 흑자로 전환된 이후 2004년 117억 달러, 2005년에는 10월 기준 120억 달러로 흑자 폭이 확대되고 있다.

2000년 328억 달러로 최고치를 기록한 이후 지속적으로 감소세를 보이던 외국인직접투자(FDI) 유입규모도 2004년에는 경제여건 호전에 힘입어 상당폭 증가한 182억 달러를 기록하였다. 2005년 10월말 기준 126억 1,000만 달러로 2004년보다 다시 감소함으로써 외국인투자 유입이 확실하게 증가세로 전환되었다고 단언할 수는 없으나 브라질의 고금리(2005년 12월 기준 콜금리인 중앙은행 기준금리(Selic)는

8) D.S.R(Debt Service Ratio)는 원리금상환액/경상외환수입 비율로 통상 20% 미만이면 외채 원리금 상환부담이 크지 않은 것으로 판단된다.

9) 수출은 1998년 511억 달러에서 1999년에는 480억 달러로 하락하였으나 2000년에는 551억 달러로 급증하였다.

18.0%임) 및 헤알화의 지속적 평가절상(2005년 11월말 기준 헤알화 평가절상 폭은 룰라 정권 출범 이후 37.5%, 지난 12개월간 19.2%에 이르고 있음), 브라질 증권시장 호황(2005년 11월말 기준 누적상승률은 룰라 정권 출범 이후 약 370%, 과거 1년간 33.7%에 이르고 있음) 등을 고려하면 외국인투자가 크게 감소할 가능성은 크지 않은 것으로 판단된다.

1.2 환율 안정

브라질 경제의 가장 큰 특징의 하나로 과거 빈번한 외환위기(foreign exchange crisis) 등으로 인해 환율이 극히 불안정한 모습을 보인 것을 지적할 수 있다. 그러나 1999년 1월 헤알화 위기 이후 정부의 강력한 환율 및 물가 안정정책 시행으로 2002년 대통령선거 당시를 제외하고는 환율이 점진적이고 안정적으로 변화하는 모습을 보이고 있으며 최근에는 오히려 대미달러 환율이 평가절상되고 있다. 최근 1년 중 헤알화 평가절상 비율은 블룸버그(Bloomberg)가 조사하는 60개국 통화 중에서 가장 높게 나타났다.[10] 헤알화의 환율은 2004년 10월까지 달러당 월평균 3.0헤알 수준에서 안정세를 보였으나 이후 지속적으로 평가절상되기 시작하여 2005년 6월 평균환율은 2.4127로 8개월 만에 19.6%가 평가절상되었으며 2005년 11월 30일 기준 환율은 2.2070을 나타내고 있다.

〈표 10-6〉 헤알화 환율 변동 추이

(단위 : 헤알/달러)

1994. 7	1995. 12	1997. 12	1999. 12	2001. 12	2002. 12	2003. 12	2005. 11
1.0000	0.9725	1.1164	1.7890	2.3204	3.5333	2.8892	2.2070

헤알화 강세는 상품수지 및 경상수지 흑자(current account surplus) 지속에 따른 외화유입, 고금리 및 주식시장 호황 등을 목표로 한 막대한 외국인투자 증가, 브라질 경제의 펀더멘털 강화에 따른 외국인직접투자(FDI) 증가 등에 기인하고 있다.

한편, 향후 중앙은행의 기준금리 인하, 세계경제의 성장 둔화로 인한 상품수지

10) 2005년 4월말 한국 원화의 대미달러 환율이 1,002.50일 때 브라질 헤알화 환율은 2.5313R$/U$ 이었다. 그러나 2005년 11월 30일 기준 원화 환율은 1,036.30으로 약 3.4% 평가절하된 반면에 헤알화는 2.2070으로 12.8% 평가절상되었다.

흑자의 축소 가능성 등에도 불구하고 다수의 경제전문가들은 브라질의 헤알화가 장기적으로 2.20~2.60 범위에서 안정될 것으로 전망하고 있다. 1999년 자유변동환율제도(flexible exchange rate system) 도입에 따라 브라질 정부의 정책변경으로 인한 급격한 평가절하(depeciation) 가능성은 거의 없는 것으로 평가할 수 있다.

〈표 10-7〉 브라질의 환율 변천사

기 간	화폐 이름	환율 변동 폭
~1942. 11. 1	Reis	-
1942. 11. 1~	Cruzeiro(Cr$)	-
1967. 2. 13~	Cruzeiro Novo(NCr$)	-
1970. 5. 15~	Cruzeiro(Cr$)	1983. 1월초 257.26Cr$/U$(이하 '매도율' 기준)에서 1986. 2월말 13,840.000Cr$/U$로 3년 2개월만에 53.8배 상승
1986. 2 28~	Cruzado(Cz$)	1986. 3월초 13.84Cz$/U$에서 1989. 1월 15일 859.25Cz$/U$로 2년 10개월 반 만에 62.1배 상승
1989. 1. 16~	Cruzado Novo(NCz$)	
1990. 3. 16~	Cruzeiro(Cr$)	1989. 1월 16일 1.000NCz$/U$에서 1990. 3월 16일 Cruzeiro(Cr$)로 명칭이 변했으나 1993. 7월말에는 71,153.000Cr$/U$로 4년 7개월 만에 71,153배 상승
1993. 8. 2~	Cruzeiro Real(CR$)	1993. 8월 2일 종전 Cruzeiro(Cr$)를 1,000 대 1로 화폐개혁을 하였으나 환율은 1993. 8월 2일 72.069CR$/U$에서 1994. 6월말 2,750.000CR$/U$로 11개월 만에 38.6배 상승
1994. 7. 1~	Real(R$)	1994년 7월 1일 헤알플랜을 실시. 새로운 환율을 1.00R$/U$로 하고 강력한 환율 및 물가안정 정책을 시행함

1.3 물가 안정

(1) 초인플레이션 극복

브라질의 인플레이션은 1980년대 최대의 경제 난제 중 하나였다. 특히, 1993년에는 2,472%의 물가상승률을 기록하였고 1980년대 중반부터 1990년대 초반까지 3~4 자릿수의 초인플레이션(hyperinflation)이 지속되는 등 브라질은 전통적으로 극심한 물가불안이 경제불안의 가장 큰 원인이 되어 왔다. 그러나 이후 정부의 긴축재정정책, 고금리정책 등 강력한 인플레이션 억제정책에 따라 1995년 22.41%로 두 자릿수

증가율 기록 이후 대통령선거 불안심리로 환율이 크게 평가절하되었던 2002년을 제외하고 지속적으로 한 자릿수의 물가상승률을 기록 중에 있다. 중앙은행의 독립성(independence of Central Bank) 강화와 인플레이션 목표관리제 도입 등 통화당국(monetary authorities)의 엄격한 통화정책(the rigid monetary policy) 시행으로 향후 물가는 안정 기조를 보일 것으로 전망된다.

(2) 금리수준

극심한 인플레이션을 경험한 브라질 정부는 경제성장보다는 물가안정(price stability)에 정책의 우선순위를 두고 있어서 중앙은행 기준금리(콜금리)도 세계 최고수준을 유지하고 있다.[11] 2005년 12월 14일 기준 브라질 중앙은행의 기준금리는 18.0%로 미국의 4.25%, 멕시코의 9.25% 등과 비교할 때 매우 높은 수준을 보이고 있다. 실질금리(real interest rate) 수준도 세계에서 가장 높은 12.9%로 세계 2위의 고금리 국가인 멕시코의 6.1%보다도 훨씬 높은 편이다. 한편, 2005년 9월 기준 개인의 평균차입 금리가 연 64.9%, 기업체의 평균차입금리가 연 33.3%로서 고금리가 경기과열을 억제하고 물가안정의 핵심 역할을 수행하고 있음을 알 수 있다.

---

11) 브라질 기준금리는 1997년 10월 30일 43.40%를 기록한 이후 1998년 9월 2일 19.00%까지 하락하였다가 1998년 12월 16일부터 다시 상승하여 외환위기와 함께 1999년 3월 4일 45.00%로 정점에 이르렀다. 이후 점차 안정추세를 보여 2001년 1월 17일에는 15.25%까지 하락하였다. 이후 2002년 10월의 대통령선거 때부터 다시 상승하였으나 경제가 점차 안정화되면서 기준금리는 2003년 2월 19일 26.5%를 기록한 이후 2004년 4월 14일에는 16.00%로 낮아졌다. 정부의 강력한 인플레이션 억제 정책에 따라 기준금리는 2005년 5월 18일에는 19.75%까지 상승하였으나 인플레이션이 통제되고 있다는 정부의 판단에 따라 2005년 9월 14일부터는 다시 낮아지고 있다. 중앙은행 기준금리는 그 정점이 지속적으로 낮아지고 있으며 물가안정 추세가 확실해지면서 이전과 같은 급격한 금리 인상 가능성은 크지 않은 편이다.

〈표 10-8〉 브라질의 주요 차입금리 수준

(단위 : %)

	기업체				개인			
	당좌대월	무역어음 할인	약속어음 할인	평균 차입금리	당좌대월	자동차 할부금리	기타 할부금리	평균 차입금리
2004. 3.	69.9	41.6	52.4	30.4	142.0	35.1	62.9	64.0
9.	65.9	40.2	48.3	30.4	140.6	35.7	60.0	63.2
2005. 3.	69.0	43.9	53.5	32.9	146.1	36.7	62.4	64.0
9.	70.5	43.5	54.3	33.3	148.8	35.9	59.9	64.9

1.4 재정건전성 증대

브라질은 막대한 공공부채(public debt)의 원리금 상환부담으로 인해 통합재정수지가 지속적으로 적자상태를 탈피하지 못한 것도 물가불안과 함께 고질적인 경제적 부담요인이 되어 있다. 특히, 까르도주 대통령의 임기 8년 동안 공공부채 규모가 2배 이상 증가한 부담(까르도주 대통령 임기 말인 2002년말 공공부채 규모는 GDP의 55.5%인 2,967억 달러를 기록하였음)으로 인해 1999년에는 통합재정수지 적자규모가 GDP의 10.0% 수준을 기록하기도 하였다. 그러나 2000년대에는 재정적자(fiscal deficit) 규모가 전반적으로 크게 축소되고 있는 추세를 보이고 있다. 2001년 3.3%로 낮아졌던 GDP 대비 통합재정수지 적자비율이 2003년에는 일시적으로 5.1%로 높아져 국제금융계가 우려하기도 하였다. 그러나 2003년 1월 출범한 룰라 정부는 국제금융계의 우려와 달리 긴축정책을 고수하는 한편 경기회복에 따라 세수가 증가하면서 2004년에는 동 비율이 2.7%로 축소되었다. 2005년 1~10월 중에도 중앙은행 금리인상에 따른 연방정부의 이자비용 급증에도 불구하고 동 비율은 2.4%로 더욱 하락하였다.

룰라 정부의 긴축정책 지속으로 금융비용(financial cost)을 제외한 기초재정수지는 2003년에 이어 2004년에도 IMF와 합의한 흑자목표(GDP의 4.25%)를 초과하였으며 2005년에도 1~10월 기준 5.28%로서 2005년 중 5%를 상회할 것으로 보인다.

한편, 중앙은행의 고금리정책이 장기간 지속됨에 따라 막대한 부담을 지고 있는 연방정부의 이자지급 규모는 금리 인상이 시작된 2004년 9월을 기점으로 2004년 1~10월 중 653.7억 헤알에서 2005년 1~10월 중 1,008.7억 헤알로 54.3%나 증가하였다. 그러나 2005년 9월부터 금리가 하향추세를 보이면서 2004년 9월 56억 헤알에서 2005년 9월 152억 헤알로 증가하였던 이자지급 규모가 11월 중에는 110억 헤알로 감소하고 있다.

더욱이 최근 경기부양론자들의 기초재정수지 흑자목표를 GDP 대비 2.5~3.0%로 하락시킬 것을 주장하면서 집권 노동자당 내부의 갈등이 야기되기도 하였다. 그러나 2005년 11월말 룰라(Lula) 대통령이 'GDP 4.25% 수준의 기초재정수지 흑자기조 유지'를 재확인함으로써 정부의 긴축정책 지속이 예상되는 가운데 경제성장 기조의 유지 및 물가, 환율 등의 안정 등 펀더멘털 강화로 향후 브라질의 재정건전성은 더욱 강화될 것으로 판단된다.

〈표 10-9〉 통합재정수지 및 국가채무 추이

(단위 : %)

	2003	2004	2005. 1~10
통합재정수지 / GDP (%)	**−5.08**	**−2.67**	**−2.41**
연방정부	-3.99	-1.53	-3.27
지방정부	-1.74	-1.92	-0.05
국영기업	0.65	0.79	0.81
국가순채무잔액 / GDP (%)	**57.18**	**51.67**	**51.08**
국내순채무	45.51	44.17	47.54
해외순채무	11.67	7.50	3.54

1.5 안정적 성장추세 유지

브라질 경제는 1960~1970년대 고도성장을 지속하면서 1980년에는 1인당 GDP가 2,005달러에 이르렀다. 그러나 1981~1983년 중 세계경제의 침체 여파로 마이너스 성장을 기록하면서 1984년에는 1인당 GDP가 1,467달러로 하락하였다. 1984~1987년 중에는 일시적으로 연평균 6.1%의 성장세를 보이기도 하였으나 중남미 전체적으로 만연한 재정적자(fiscal deficit), 외환위기 및 물가상승 등 제반 경제혼란이 가중되면서 2000년대 초까지 브라질 경제는 장기침체를 보였다. 1997년 4,932달러까지 상승하였던 1인당 GDP도 2002년에는 헤알화 평가절하로 인해 다시 2,604달러로 하락하였다.

그러나 2003년 룰라 대통령 집권 시점부터는 국제원자재 시세 회복과 세계경제 호조 등과 맞물려 다시 성장률이 상승 추세를 보이고 있다. 최근의 성장세가 이전과는 달리 재정의 건전화, 공산품 위주의 뚜렷한 수출증가세, 외채관련 부문의 현저한 개선추세, 환율 및 물가의 안정 등을 수반하며 과거 20년 간의 장기불황 탈피와 중장기 성장추세에 진입한 것으로 평가되고 있다. 세계은행(World Bank) 등 국제금융기관들은 2006년 경제성장률을 3.5~4.0% 수준으로 예상하고 있으며 브라질 재무장관과 중앙은행 총재는 적절한 금리 및 재정정책 수단을 갖고 있어 2006년에는 연 5% 수준의 성장 가능성을 지적하고 있다.

〈표 10-10〉 브라질의 경제성장률 추이

(단위 : %)

시 기	1961~1970	1971~1980	1981~1990	1991~2000	2001	2002	2003	2004	2005f	2006f
성장률	6.17	8.63	1.57	2.65	1.31	1.93	0.54	4.94	3.3	4.5

자료 : 브라질 중앙은행 및 브라질 기획부, 2005. 9.

한편, 최근 가장 양호했던 2004년 경제성장률도 중남미 평균인 5.7%에 못 미치는 4.9%에 그쳤으며 2005년 성장률도 중남미 평균 전망치인 4.9%에도 못 미치는 3.3%로 예상되고 있고 2005년 9월말 기준 과거 12개월간 성장률이 중국(9.0%), 인도(6.0%), 러시아(5.5%) 등 다른 BRICs 국가들에 비해 현저히 낮은 3.1%를 보였다. 이에 따라 일부 경제분석가들은 1차 산품 국제시세가 하락하는 경우 고금리 정책으로 인한 내수 및 투자의 위축과 헤알(Real)화 강세로 인한 수출 감소 등과 겹쳐 향후 브라질 경제성장이 둔화될 수 있다는 가능성을 제기하고 있다. 그러나 브라질은 경기과열 억제를 성장보다 우선시하는 경제정책을 운용하고 있어 성장률 수치는 타 국가와 질적으로 성격이 다르다고 할 수 있다. 브라질 중앙은행은 오히려 경기과열을 우려하여 콜금리를 2004년 8월 연 16.00%에서 2005년 8월 연 19.75%까지 연속 9차례나 인상한 바 있다.[12] 또한, 2005년 12월 14일 기준 콜금리는 세계에서 가장 높은 연 18.0%, 실질금리도 12.9%를 유지하고 있다.

〈표 10-11〉 GDP 성장률 추이[1)]

(단위 : %)

	2004년				2005년		
	1분기	2분기	3분기	4분기	1분기	2분기	3분기
GDP(시장가격)	4.00	5.09	5.89	4.72	2.80	3.99	0.97
GDP(실질가격)	3.99	4.70	5.29	4.23	2.57	3.77	0.76
농 업	5.78	6.01	5.90	3.05	2.57	3.77	0.76
제 조 업	5.46	6.27	7.00	5.90	3.13	5.52	0.40
서비스업	2.35	3.21	4.09	3.58	2.18	2.62	1.53

주 : 1) 전년동기 대비임

다수의 경기부양론자들의 비판을 무시하고 2006년 10월까지 재정지출이 전년 동기보다 16.0% 증가하는데 그쳤다. 이는 아르헨티나 및 베네수엘라가 비록 2005년 중 8% 및 9% 이상의 경제성장이 예상되기는 하나 동 기간 재정지출 증가율이 아르헨티나는 43%, 베네수엘라는 39%인 것과는 큰 대조를 보이고 있다. 따라서 외견상 나타나는 성장률만으로 브라질 경제를 진단하는 것은 오류를 범할 수 있다. 오히려 다수의 경제분석가들은 과거의 물가 및 환율 불안 등을 방지하기 위한 브라질 정부의 긴축정책을 높이 평가해야 한다는 의견을 제시하고 있다.

1.6 제조업의 중요성 증대

브라질은 커피(세계 수출시장의 40% 점유, 1위), 대두(세계 수출 1위), 오렌지(세계 수출 1위) 등 농산물과 철광석(세계 수출 1위), 보크사이트, 주석 등 광물자원의 세계 최대의 생산국이자 수출국으로서 1차 산업 중심 국가로 인식되어 있다. 그러나 2004년의 산업별 비중은 1차 산업 12%, 제조업 37%, 서비스업 51%로 나타

12) 컴퓨터, 휴대폰(cellular phone) 등 정보통신기기 판매증가율은 2006년 6월 전년동월 대비 45.9%, 7월 51.9%, 8월 52.9%를 기록하였다. 전체 소매판매도 2005년 8월 기준 전년동기 대비 11.27%에 이르는 등 소비가 과열양상을 보이고 있다. 또한, 2004년 전기전자·통신 부문의 투자증가율이 26.3%를 기록하는 등 2003년 이후 2005년 10월 현재까지 3년간 일부 경기과열 양상이 나타나고 있다.

나 1차 산업의 비중이 그리 높지 않음을 알 수 있다. 또한, 국제원자재 시세의 호조가 브라질 경제에 기여하는 것은 분명한 사실이나 1차 산품의 수출 비중도 1964년 85.4%, 1970년 74.8%, 1980년 42.2%, 1990년 27.8%, 2000년 22.8%로 지속적으로 하락하였다. 이에 따라 국제원자재 시세의 변동이 브라질 경제에 미치는 영향은 점차 감소하고 있다. 특히, 최근에는 제조업, 그 중에서도 첨단산업의 발전이 경제에 미치는 영향이 점차 증대되고 있는 실정이다.

〈표 10-12〉 브라질 전기전자 · 통신 부문 매출 및 증가율[1] 추이

(단위 : 십억 헤알, %)

구 분	2002	2003		2004		2005f	
산업자동화	1,472	1,721	(16.9)	2,090	(21.4)	2,528	(21.0)
전기전자부품	5,916	6,876	(16.2)	8,697	(26.5)	10,002	(15.0)
산업장비	7,088	8,426	(18.9)	10,319	(22.5)	12,486	(21.0)
발전 · 송전 · 배전	5,114	4,449	(-13.0)	5,581	(25.4)	6,808	(22.0)
정보화기기	13,391	16,701	(24.7)	20,624	(23.5)	24,335	(18.0)
전기용품	4,649	4,593	(-1.2)	5,947	(29.5)	6,899	(16.0)
통신기기	7,431	8,760	(17.9)	13,006	(48.5)	16,908	(30.0)
가전제품	11,292	12,421	(10.0)	15,338	(23.5)	17,638	(15.0)
합계	58,354	63,948	(13.5)	81,601	(27.6)	97,603	(20.0)

주 : 1) 전년대비임
자료 : 브라질 전기전자공업연합회, 2005. 8.

(1) 제조업 성장 본격화

2004년과 2005년 상반기 제조업부문 성장률은 6.2%와 5.5%로 동 기간 5.3%와 3.2%의 농림어업, 3.3%와 2.5%의 서비스업 등 보다 상대적으로 높은 수준을 기록했다.

① 차량부문

차량 생산은 2000년 169만대에서 2004년에는 전년보다 21% 증가한 221만대(2003년 183만대)를 기록했으며 헤알화 강세에도 불구하고 2005년 10월까지 생산도 203만대로 전년동기 대비 11.8% 증가하였다.

〈표 10-13〉 주요 품목의 소매판매 증가율[1)]

(단위 : %)

품 목	2005. 6	2005. 7	2005. 8	2005. 1~8
소 매 판 매	11.37	9.31	9.98	11.27
의류 · 신발	10.83	16.78	19.66	13.84
가구 · 가전	28.63	23.54	23.41	25.73
컴퓨터 · 통신	45.94	51.86	52.92	40.73
차 량 운 반 구	9.20	2.85	12.57	12.60
건 축 자 재	6.26	-0.44	7.12	6.73

주 : 1) 전년 동월 대비임

② 전기전자 · 통신부문

전기전자 · 통신부문은 소득증대 추세와 소비패턴의 변화로 인해 브라질 전체 경제성장률을 훨씬 초과하는 폭발적인 성장세를 보이고 있다. 2005년 8월 기준 컴퓨터 · 휴대폰 등 정보통신기기 판매는 전년 동월에 비해 52.9%나 증가하는 과열양상을 보이고 있다.[13)] 특히, 브라질 내수시장의 급격한 확대로 수출보다는 수입이 훨씬 빠르게 증가하고 있다. 2004년 중 통신기기의 수출은 33.4%나 감소한 반면에 수입은 52.6%나 증가하였다. 전체적으로 전기전자부문 수출은 12.0% 증가에 그친 반면 수입은 25.9%나 증가하였다. 다만 2005년에는 휴대폰의 수출이 10월말 기준 20억 달러를 상회하는 등 전년 동기보다 배증하여 향후 추이가 주목되고 있다.

13) 2005년 10월 기준 브라질의 이동전화 가입자 수는 8,124만명으로 2004년 10월말의 5,964만명보다 36.2%가 증가하였다. 현재 이동전화 수요는 신규수요 외에 종전 저가보급형에서 중 · 고가품으로의 교체 수요가 급증하고 있다.

〈표 10-14〉 브라질의 전기전자 · 통신 부문 수출입 추이

(단위 : 백만 달러)

구 분	수 출			수 입		
	2002	2003	2004	2002	2003	2004
산업자동화	67	76	114	776	708	860
전기전자부품	1,716	1,760	1,993	5,213	5,735	7,820
산업장비	298	363	476	1,795	1,287	896
발전 · 송전 · 배전	170	165	275	279	221	224
정보화기기	121	193	263	737	657	777
전기용품	142	151	203	437	449	585
통신기기	1,343	1,334	1,142	707	605	923
가선제품	558	729	878	350	386	562
합 계	4,415	4,771	5,344	10,294	10,048	12,648

(2) 수출의 본격적 증가 및 수출산업구조의 변화

① 수출증대

브라질의 수출은 1964~1970년 중 연평균 11.4%의 비교적 견실한 증가세를 보인데 이어 1971~1980년 중에는 주로 1차 산품의 국제시세 호조에 힘입어 연평균 22.5%의 매우 높은 증가율을 기록하면서 경제성장을 주도하였다. 그러나 1차 산품의 국제시세가 하락하던 1980년대에는 수출증가율이 4.5%로 하락하였고 1991~2002년 중에는 한 자리 숫자 증가율에 그쳤다.

그러나 2003년 이후 룰라 정부의 수출드라이브 정책(export-driven policy)과 1차 산품의 국제시세 상승, 환율하락 등의 조건이 맞물리면서 수출이 2003년 21.1%, 2004년 32.0%, 2005년(11월 말까지) 23.1%의 높은 증가세를 보이고 있다. 향후 브라질의 수출은 풍부한 저임금 노동력과 활발한 설비투자 증가의 이점을 가진 공산품 분야를 필두로 2005년 1,170억 달러 달성에 이어 2006년 1,500억 달러를 달성할 것으로 전망되고 있다.

② 수출산업구조의 변화

브라질 수출산업구조에 변화가 발생하고 있다. 1980년대까지만 해도 1차 산품의

수출비중이 매우 높아 국제원자재 시세변동에 따라 수출실적도 크게 영향을 받았다. 그러나 1차 산품이 총수출에서 차지하는 비중은 1970년 74.8%에서 2000년에는 22.8%로 크게 하락하였다.14) 한편, 1차 산품 수출이 GDP에서 차지하는 비중은 4.7%(총수출의 GDP 비중은 16.0%임)로서 결코 낮은 수준은 아니나 과거 외화획득원이 제대로 없었던 시기와 비교하면 브라질의 1차 산품 수출잠재력(export potentials)은 경제구조의 취약성을 나타내는 것이 아니고 경제발전에 지대한 기여를 할 수 있는 원천으로 해석해야 한다.

따라서 국제원자재 시세가 하락하더라도 1차 산품의 수출부진이 브라질 경제에 미치는 영향력은 이전보다 크게 낮아졌다. 더욱이 세계 원자재 수요의 블랙홀(black hole)로 지칭되는 중국의 고도 경제성장세가 지속되고 있어서 향후 국제원자재 시세의 급격한 하락 가능성도 크지 않은 것으로 판단된다.

〈표 10-15〉 수출추이 및 수출구조의 변화

(단위 : 백만 달러)

연도	총수출		부문별 비중(%)		
	금액	연(평균)증가율	1차 산품	반제품	완제품
1964	1,430	-	85.4	8.0	6.2
1970	2,738	11.4%(1964~1970)	74.8	9.1	15.2
1980	20,132	22.5%(1971~1980)	42.2	11.7	44.8
1990	31,414	4.5%(1981~1990)	27.8	16.3	54.2
1995	46,506	8.2%(1991~1995)	23.6	19.7	55.0
2000	55,086	3.3%(1996~2000)	22.8	15.4	59.0
2001	58,223	5.7%	26.4	14.2	56.5
2002	60,362	3.7%	28.1	14.9	54.7
2003	73,084	21.1%	29.0	15.0	54.3
2004	96,475	32.0%	29.6	13.9	54.9
2005[1)]	107,413	23.1%	29.7	13.5	54.7

주 : 11월까지 실적임

자료 : Ministerio do Desenvolvoimento, Industria e Comercio Exterior, 2005. 12.

14) 최근 중국의 수요 급증에 따른 국제원자재 가격상승으로 2004년 1차 산품 수출비중은 29.6%로 상승하였다.

1.7 경제양극화 축소

브라질의 2004년 GDP 규모는 6,038억 달러에 이르며 2006년 6월말 기준 12개월간 누적 GDP는 헤알화의 평가절상(appreciation)에 힘입어 멕시코의 7,657억 달러를 상회하는 7,944억 달러를 기록하였다 또한, 2006년 7월 세계은행이 발표한 구매력평가(PPP : Purchasing Power Parity) 기준 GDP 규모는 1조 4,800억 달러(멕시코는 1조 100억 달러)로 세계 9위의 경제대국으로 조사되었으며 1인당 GDP는 8,020달러를 기록하였다.

과도한 빈부격차로 인해 실질구매력(real purchasing power)을 가진 소비시장 규모는 실제로 크지 않다는 부정적 시각이 존재하고 있으나 브라질은 2006년 10월말 기준 총인구 1억 8,000만명의 약 45%인 8,120만명의 이동전화가입자를 보유해 세계 5위를 기록하고 있다. 승용차 보유 대수도 2005년 8월말 기준 약 1,945만대로 추정되는 등 결코 작지 않은 시장 규모를 나타내고 있다.

한편, 브라질은 빈부격차로 인한 사회불안정(social instability)이 상존하고 있으나 전반적인 경제호조와 경제양극화 해소를 위한 정부의 시책으로 심각한 불안요인으로 발전할 가능성은 크지 않으며 최근 양극화는 다소 개선되는 양상을 보이고 있다. 즉, 실업률(unemployment rate)은 2006년 9월말 기준 9.6%로 2003년 8월의 13%에 비해 상당히 하락하였으며 2006년 11월 발표된 국내가구표본(PNAD) 조사에 의하면 학교출석률과 임금소득도 상승한 것으로 나타났다. 2001년에서 2004년 사이에 고소득층 10%의 소득이 전체소득에서 차지하는 비율이 47.3%에서 44.7%로 감소한 반면에 동 기간 50%의 저소득층의 소득비율은 12.4%에서 14.1%로 상승하였다.

1.8 정치적 불확실성 감소

중남미 지역은 정치적 불확실성(political uncertainty)이 경제에 미치는 부정적 영향이 그 어느 지역보다 큰 것으로 인식되어 왔다. 그러나 브라질에서는 소위 '대중영합주의(populism)'의 폐해를 반복하지 말아야 한다는 국민적 공감대가 형성되어 있으며 중도좌파인 룰라 정부도 건실한 긴축정책 기조를 견지하고 있다.[15)]

한편, 최근의 일련의 정치위기(political crisis)에도 불구하고 브라질 국채의 가산금리는 지속적으로 하락하고 있으며 과거와는 달리 금융시장도 정치변수의 영향에서 점차 독립적인 모습을 보이고 있다.[16] 이는 현 정부가 거시경제정책의 일관성(consistency of macroeconomic policy)을 유지하고 있기 때문인 것으로 분석된다. 룰라 정부는 출범 이후에도 수입관세 최고한도를 35%에서 10.5%로, 평균수입관세를 10.77%에서 7.39%로 하락시키는 것을 목표로 일관되게 자유무역정책(free trade policy)을 추진하고 있으며 여타 재정정책(fiscal policy)과 통화정책(monetary policy) 기조도 일관성을 유지하면서 경제에 대한 정치의 영향력은 크게 감소하였다.

2. 시사점

상기한 바와 같이 최근 수년간 브라질 경제는 근본적인 변화를 보이고 있다. 건전한 거시경제정책과 시장개방정책을 적극적으로 추진하면서 경제 펀더멘털(economic fundamentals)이 강화되었고 내수와 수출이 모두 호조를 보이면서 경제성장 기조도 지속되고 있다. 브라질은 2004년 기준으로 이미 세계 14위의 경제대국이며 개도국(developing country) 중 중국에 이은 세계 2위의 외국인직접투자(FDI) 유치국이기도 하다. 특히, 수출지향적 경제성장정책(export-oriented economic growth policy)과 시장개방정책(market opening policy)을 적극적으로 추진함에 따라 브라질 경제는 향후에도 지속적인 성장세를 이어갈 것으로 전망된다. 골드만삭스(Goldman Sachs)는 2003년 10월 발표한 보고서에서 브라질 경제가 향후 50년간 연평균 3.6% 성장하여 2025년에는 이탈리아, 2031년에는 프랑스, 2036년에는 영국과 독일을 추월할 것으로 전망한 바 있다.

브라질의 성장잠재력(growth potentials)을 높게 평가한 국제투자자들은 이미 브

---

15) 2006년 9월말 빨로찌 재무장관은 선거의 해인 2006년에도 브라질이 긴축정책 기조를 유지하여 공공부채를 감소시킬 것으로 언급한 바 있다.

16) 2006년 6월 노동당(PT당) 선거인 매수와 7월 노동당 선거자금 비리 폭로, 8월 룰라 대통령에 대한 탄핵발의 위기 등으로 가산금리가 일시적으로 480bp까지 상승하였으나 이후 400bp 아래로 하락하였다.

라질에 대한 투자를 적극적으로 추진하고 있다. 그러나 한국의 대브라질 수출[17]이나 직접투자[18] 규모는 브라질의 수입시장 규모나 외국인투자 유치실적 등과 비교하면 절대규모 면에서는 만족스럽지 못한 수준을 보이고 있다. 한국 기업들도 기존의 회의적인 시각에서 탈피하여 변화하고 있는 브라질의 실상을 제대로 이해할 필요가 있다.

특히, 중남미 지역은 행정제도(administrative system)나 문화적 배경(cultural background)에 있어 우리와 유사점이 많으며 경제성장 경험이나 1980년대 이후의 모라토리엄(moratorium) 경험 및 회복과정 등이 특히 유사하여 중남미 최대 경제대국인 브라질에서 성과를 거둘 경우 여타 중남미국가들에 대한 진출도 성공적으로 이끌 수 있을 것으로 판단된다. 따라서 우선적으로 브라질 시장진출을 적극적으로 도모해야 할 필요가 있다.

17) 한국의 대브라질 수출비중은 2000년 1%에서 2004년 0.70%, 2005년 1~10월 중 0.86% 등으로 하락한데 비해 동 기간 대중국 수출비중이 10.71%에서 21.87%로 높아진 것과는 큰 대조를 이루고 있다.

18) 1996~2000년 중 연평균 4,590만 달러에서 2002년 310만 달러로 격감했다가 2003년 700만 달러, 2004년 1,990만 달러, 2005년 1~8월 7,490만 달러로 급속한 회복세를 보이고 있다.

제11장

베네수엘라의 MERCOSUR 가입

우루과이의 몬테비데오에서 2005년 12월 8~9 양일간 개최된 '제29회 남미공동시장(MERCOSUR) 정상회담'에서 베네수엘라의 정회원국 가입이 공식적으로 승인되었다. 베네수엘라는 향후 3년간 자국의 관세율을 남미공동시장의 대외공동관세(CET : Common External Tariff) 수준으로 조정해야 하며 이 기간 동안에는 투표권 행사없이 공식회의 참석만 허용되는 등 제한적인 범위 내에서 정회원국 활동이 이루어질 것으로 보인다. 한편, 안데스공동체(CAN : The Andean Community)[1] 회원국인 베네수엘라가 남미공동시장 정회원국으로 가입한 것은 남미공동시장이 경제블록(economic bloc)의 복수 가입을 허용하지 않는 규정을 예외 취급한 사례로 주목의 대상이 되고 있다.

---

1) CAN은 1969년 '안데스조약(Andean Pact)'을 조인하면서 발족된 지역경제통합체로 페루, 콜롬비아, 에쿠아도르, 볼리비아 그리고 베네수엘라 5개국으로 구성되어 있다(수출입은행, 수은해외경제, 2006. 1. pp. 73~77 요약·재구성).

제 1 절 가입배경

남미공동시장은 1991년 3월 브라질, 아르헨티나, 우루과이, 그리고 파라과이 등 남미 4개국이 '아순시온 조약'을 체결하여 자유무역지대(free trade area)로 출범하였으나 1995년 불완전한 관세동맹(CU : Customs Union) 단계로 발전하였다. 중남미 전체를 하나의 정치·경제블록으로 포괄하기 위해 칠레와 볼리비아를 준회원국으로 받아들이는 한편, 안데스공동체와 FTA를 체결하여 남미자유무역지대(SAFTA : South American Free Trade Agreement) 결성의 출발점이 되었다. 남미공동시장은 개방적 지역주의(open regionalism)라는 대외교섭 원칙 하에 EU 및 중동국가들과도 FTA 체결을 추진하고 있다.

상기한 세력 확장 노력에도 불구하고 남미공동시장은 원칙적으로 회원국이 2개 이상의 경제블록에 동시 가입하는 것을 허용하지 않기 때문에 멕시코나 볼리비아 등 주변국의 정회원 가입이 지연되고 있는 실정이다. 이 같은 상황을 고려할 때 남미공동시장 회원국들이 자체 규정을 어기면서까지 베네수엘라의 정회원국 승격을 허용한 것은 단순히 교역 및 투자확대 등 경제적인 실리만을 추구하기 위한 점이 아니라는 사실을 시사한다고 할 수 있다.

베네수엘라 정부의 입장도 유사한 것으로 평가된다. 석유를 제외한 대다수의 원자재와 소비재를 수입해야 하는 베네수엘라로서는 자국의 평균 수입관세보다 높은 남미공동시장의 대외공동관세를 수용할 경우 향후 상품교역에 있어서 큰 부담에 직면해야 하는 상황이다. 더욱이 석유관련업종을 제외한 대부분의 베네수엘라 산업은 브라질이나 아르헨티나보다 경쟁력이 뒤떨어지는 것으로 평가되고 있다. 이미 차베스 정부의 외환 및 가격통제로 인해 경제활동에 제약을 받고 있는 베네수엘라 기업들은 이번 남미공동시장 가입으로 브라질산 제품 수입이 증가할 경우 자국 내 산업활동의 위축 가능성을 제기한 바 있다. 또한, 일반적으로 온대보다는 열대기후에서의 농산물 생산비용이 더욱 많이 들기 때문에 베네수엘라의 농부 및 목축업자들은 최대 2배 이상 가격 차이가 나는 아르헨티나, 브라질의 농축산품 수입으로 인해 큰 타격을 입을 것으로 예상된다. 따라서 차베스 정권이 수입관세 부담, 산업활동 위축 등의 경제적 불이익(economic disadvantage)에도 불구하고 남미공동시장 가입을 추진한 것 역시 경제적인 측면보다는 정치적인 이해관계에서 판단해야 한다.

1. 베네수엘라의 시각

1999년 빈민층의 절대적인 지지를 기반으로 집권한 차베스 대통령은 극심한 빈곤 및 빈부격차를 해소하고 미국의 정치·경제적 영향력으로부터 탈피하기 위해 '볼리바르 혁명'에 기반을 둔 정책을 추구하고 있다.[2] 이는 미국 주도의 미주자유무역지대(FTAA : Free Trade Area of the Americas) 창설에 적극적으로 반대하면서 대안으로 제시한 미주볼리바르기구(ALBA : Bolivarian Alternatives for the Americas)에서 분명하게 나타나고 있다. EU식 모델을 기초로 중남미 내의 정치·경제·사회·인프라 통합을 추구하기 위한 ALBA는 2004년 12월 쿠바와 처음으로 기구 설치에 합의하였으며 양국간 석유 및 의료기술 교환을 통해 협력체계를 보다 공고히 한 바 있다.

또한, 차베스는 석유 수출로 마련한 재원을 기반으로 역내 운송 인프라 건설 등의 지역통합사업(regional integration business)을 추진하는 한편 ALBA 계획의 일환으로 중남미 국가들과의 에너지협정 체결을 추진하고 있다. 2005년 5월 브라질, 아르헨티나와 3국 합작 에너지 기업인 페트로수르(Petrosur) 창설을 제안한 차베르는 이어서 카리브해 연안 국가들과의 페트로카리베(Petrocaribe) 창설, 안데스국가들과의 페트로안디나(Petroandina) 창설을 연이어 주창한 바 있다. 이 중 2005년 9월 협정 체결이 완료된 Petrocaribe는 1980년 체결한 산호세 협정[3]을 확장한 형태로, 베네수엘라는 카리브해 연안 12개국에 대해 특혜조건으로 석유를 공급하는 에너지 보조금정책을 통해 역내 및 국제무대에서의 지원세력을 확보하기 위해 주력하

2) 안데스 지역을 스페인 식민통치에서 해방시킨 시몬 볼리바르 장군으로부터 시작된 볼리바르 혁명의 주요 이념 중 하나는 미국 주도의 신자유주의(neoliberalism)를 거부하고 중남미 내 협력체계를 강화하는 것이다.

3) 1980년 베네수엘라는 멕시코와 함께 중미지역과 카리브해 연안 국가들에 대해 국제유가보다 저렴한 가격으로 원유를 공급하는 산호세협정을 체결하였으며 1년 단위로 공급조건을 갱신해 왔다.

고 있다.

막대한 석유자원을 기반으로 한 에너지 통합정책과 더불어 베네수엘라는 중남미 권역 뉴스를 독점해 온 미국 및 유럽 미디어의 편향된 시각에 대응하여 중남미의 실상을 있는 그대로 전달하기 위해 우루과이, 쿠바, 아르헨티나와 함께 중남미 뉴스 전용채널인 텔레수르(Telesur)를 공동으로 설립하여 2005년 7월부터 24시간 방송을 실시하고 있다.

차베스의 이러한 외교행보의 성과는 2005년 11월 4~5일 아르헨티나에서 개최된 '제4차 미주정상회담'에서 분명하게 나타났다. 미주기구(OAS : Organization of American States) 소속 34개국 지도자들이 참석한 가운데 진행된 이번 정상회담에서는 1994년 이후 현재까지 협상 타결에 난항을 겪고 있는 FTAA 협상재개 문제가 최대 현안으로 취급되었다. 그러나 미국, 멕시코 등 29개국이 2006년 4월 협상재개를 주장하였음에도 불구하고 남미공동시장 회원국들이 베네수엘라와 함께 미국 주도의 FTAA에 반대 입장을 표명하였다. 특히 석유 조달, 국채 구입 등 베네수엘라의 협력이 절실한 아르헨티나는 베네수엘라의 반(反)FTAA 입장에 적극적으로 동조하였다. 미주기구 34개국 중 29개국이 찬성하였음에도 불구하고 5개국의 반대로 FTAA 협상 재개가 결렬된 것은 남미공동시장이 미국 중심의 FTAA 협상에서 중남미의 이익을 대변할 수 있는 명실상부한 협상주도세력으로 변모하고 있음을 반증하는 것으로 해석할 수 있다. 따라서 FTAA 등 미국의 영향력 확대에 대항하여 중남미 전체를 하나의 거대 블록으로 결집하려는 볼리바르 노선을 추구하는 차베스로서는 남미공동시장 가입을 통해 이들과의 공조체제를 보다 가시화할 필요가 있었던 것으로 분석된다.

2. 남미공동시장의 시각

남미공동시장으로서도 남미대륙 남쪽에 집중되어 있는 활동영역을 확대시킬 수 있는 기회를 마련하기 위해 북부에 위치한 베네수엘라 가입에 적극적이었던 것으로 보인다. 특히, 남미지역 경제통합 활성화(vitalization of economic integration)의 일환으로 운송, 에너지, 통신 등 인프라 통합계획[4)]을 추진하고 있는 남미공동시장 회원국들로서는 세계 5위, 석유수출국기구(OPEC) 3위의 석유생산국인 베네수엘라를 블록 내로 끌어들여 역내 에너지 통합체계를 강화할 유인이 있었던 것으로 판단된다.

남미공동시장의 양대 주축인 브라질과 아르헨티나는 이미 2005년 5월 베네수엘라와 3국간 에너지정책 공조를 통해 역내 에너지 통합을 추진하는 Petrosur 설립 기본협정에 서명한 바 있다. 천연가스 공동개발, 석유자원 공동탐사 등을 목적으로 하는 동 협정은 베네수엘라의 PDVSA, 브라질의 페트로브라스(Petrobras), 아르헨티나의 ENARSA 등 3국 국영에너지회사의 공동참여 하에 베네수엘라 오리노코 벨트 개발, 브라질 Abreu de Lima 정유 단지 건설, 아르헨티나 신규석유 및 천연가스 개발 등의 대규모 프로젝트를 추진하는 것을 핵심으로 하고 있다.

차베스의 이 같은 석유외교는 개별 국가단위로도 활발히 진행되고 있다. 아르헨티나의 에너지 위기 시 PDVSA를 통해 동국에 400만 배럴 상당의 연료유(fuel oil)를 공급해준 바 있는 차베스는 반(反) FTAA 입장을 공고히 한 이번 미주정상회담 이후 자국을 방문한 키르츠너 대통령과 에너지 및 통상협력을 강화하기 위한 5개의 조약을 체결하였다. 이 조약에 근거하여 양국은 PDVSA와 ENARSA의 합작회사를 설립하여 연간 500만 배럴의 경유를 아르헨티나에 공급하는 프로젝트를 추진할 계획으로 있다.

한편, 2005년 12월 PDVSA는 페트로브라스와 함께 브라질 북동부 페르남부코 주의 수아페 지역에 총 25억 달러의 비용이 소요되는 23만 배럴/일 규모의 정유공장 건설기공식을 거행하였다. 양사는 베네수엘라 남부 수크레 지역의 가스전도 공동개발하기로 합의하였다. 또한, 차베스는 남미공동시장의 일원인 우루과이와도 오리노코 벨트를 공동으로 탐사하고 동국에 대해 향후 25년간 43,600배럴/일의 원유를 공급하기로 하는 에너지협력협정을 체결한 바 있다. 이와 함께 차베스 대통령은 이번 남미공동시장 정상회담을 통해 베네수엘라의 카라카스로부터 브라질의 아마존 유역

4) 2000년 9월 남미 12개국 정상이 참여한 가운데 개최된 '제1차 남미정상회담'에서 카르도주 브라질 대통령은 남미지역 인프라 통합사업(IIRSA : Initiative for Regional Infrastructure in South America)을 발표한 바 있다. 현재 미주개발은행(IDB), 안데스개발공사(CAF) 등의 자금지원 하에 남미지역 물류 경쟁력 강화를 위한 8개 통합허브 등 총 335개 사업이 추진되고 있다.

을 거쳐 아르헨티나로 이어지는 총연장 7,000~8,000㎞, 총비용 120억 달러의 대규모 천연가스관 건설 프로젝트를 발표해 각국 정상들의 주목을 집중시킨 바 있다.

국제유가 상승에 따라 급증하고 있는 베네수엘라의 오일머니(oil money)는 경기침체(recession)를 겪고 있는 일부 남미국가들의 경제회복에 기여하고 있다. 2005년 3월 아르헨티나의 외채문제 해결을 위해 동국의 정부발행 미화채권 구입을 약속한 베네수엘라는 현재까지 9억 5,000만 달러 상당의 아르헨티나 국채를 구입하였다. 2005년 11월 개최된 정상회담에서는 동국의 IMF 채무 상환에 적극적으로 협조할 의사를 표명한 바 있다. 이 같은 상황을 고려할 때 최근 브라질과 아르헨티나가 IMF 채무 전액상환을 연이어 선언한 것은 베네수엘라의 남미공동시장 정회원국 가입과 무관하지 않다는 의견이 제기되고 있다. 남미국가들이 베네수엘라의 제안을 수용하여 중남미 최대 석유수출국의 오일머니를 기반으로 IMF 관리체제(IMF management system)를 벗어나서 남미통화기금(SAMF : South American Monetary Fund)을 창설하여 역내 경제주권 회복을 도모할 가능성도 배제할 수 없다.

제 2 절 시사점

베네수엘라가 남미공동시장의 정회원국으로 공식 승인됨에 따라 차베스는 남미지역과의 협력체제를 강화하여 볼리바르 노선의 확산을 추구할 것으로 예상된다. 남미공동시장 회원국들도 역내 제1위의 석유 수출국을 받아들이면서 에너지 통합계획 추진에 박차를 가할 것으로 보인다. 그러나 베네수엘라와 같은 중간 규모의 국가를 받아들임에 따라 브라질, 아르헨티나와 같은 거대국가와 우루과이, 파라과이의 소국으로 이루어진 현 남미공동시장 구조에 균형감이 제고될 것이란 기대가 있는 반면에 세력 판도에 변화를 야기시킬 것이란 우려도 존재하고 있다.

경제위기(economic crisis) 이후 브라질과 통상마찰을 일으키고 있는 아르헨티나는 무역불균형(trade imbalance) 문제 해결을 위해 자국 산업의 경쟁력을 제고시키기 보다는 수입제한조치 도입을 통한 산업보호정책(industrial protection policy)을 펴고 있으며 최근에는 자동차 시장 개방문제로 통상마찰을 일으키고 있다. 이 같은 상황에서 최근 양국간 정상회담 및 에너지 보조, 외채 매입 등으로 공조체제가 강화된 베네수엘라와 아르헨티나의 협력관계는 향후 브라질과 아르헨티나의 주도권 경쟁을 심화시킬 것으로 전망된다.

또한, 일부 경제전문가들은 베네수엘라의 가입이 남미공동시장의 정체성(identity)에 부정적인 영향을 미칠 것이라는 우려를 제기하고 있다. 출범 당시 민간주도의 시장개방 및 지역통합을 주창하고 역내 민주주의를 추구한다고 표명했던 남미공동시장이 외환통제(foreign exchange control), 가격통제(price control) 및 토지 국유화(land nationalization) 등으로 시장경제체제(market economic system)에 제한을 가하고 있는 차베스 정권을 수용함에 따라 향후 경제블록의 기본 노선을 수정해야 하는 상황이 전개되고 있다.

제4편

중남미 주요 국가별 경제분석*

* 본편의 내용은 수출입은행이 매월 발행하고 있는 수은해외경제의 관련자료(국별 리포트)를 요약·재구성하였다.

제12장

멕 시 코

제 1 절 일반개황

멕시코는 면적 1,964천 ㎢(한반도 9배)의 광활한 국토와 풍부한 부존자원(은 생산 세계 1위, 원유 생산 세계 8위 등)을 보유하고 있으며 지리적으로 북미와 남미를 연결하는 요충지로 평가된다. 1994년말 발생한 금융위기(financial crisis)로 큰 어려움에 직면하였으나 미국 등의 국제적 지원에 힘입어 동 위기를 극복하였다. 2001년 미국의 경기침체(recession) 및 긴축정책 등으로 -0.2%의 성장률을 보인 이후 2003년까지 경기침체가 지속되었다. 그러나 2004년 이후 미국의 경기회복, 원유수출 증가 등으로 성장세를 회복하고 있다.

외채규모는 다소 과다한 편이나 긴축정책 실시와 신중한 외채관리, 외국인직접투자(FDI)의 유치, 신규 공공차관 도입 등을 통하여 신중히 대처하고 있다.

〈표 12-1〉 일반지표

면 적	1,964천 ㎢	G D P	7,614억 달러(2005년)
인 구	106.2백만 명(2005년)	1 인 당 GDP	7,169 달러(2005년)
정 치 체 제	대통령중심제	통 화 단 위	멕시코 페소(Peso)
대 외 정 책	친서방 실리추구	환 율(달러당)	10.90(2005년말)

제 2 절 경제동향

1. 국내경제

1.1 경제성장

2004년에는 장기간의 경기침체에서 탈피하여 4.4%의 비교적 양호한 경제성장률을 기록하였다. 그러나 2005년에는 수출증가세 둔화, 국제금리 인상, 2006년 대통령 선거로 인한 불확실성(uncertainty) 증가 등으로 경제성장률이 다소 둔화된 3.0%에 그친 것으로 추정된다.

2006년에도 수출의 85% 정도를 차지하고 있는 미국의 경제성장세 둔화로 수출 증가세 둔화가 예상되며 7월 대통령선거와 관련하여 내수 및 투자도 큰 폭의 증가를 기대하기 어려울 것으로 보여 전년도와 비슷한 3%대의 경제성장률을 기록할 것으로 예상된다.

1.2 물가

물가는 최근 수년간 하향 안정화 추세를 보이고 있다. 2004년에는 공공요금 동결, 긴축 통화정책 기조 유지 등 정부의 물가억제 노력에도 불구하고 경기회복에 따른 소비수요 증가로 연평균 소비자물가상승률은 정부목표(3%±1%) 상한선인 4.0%를 소폭 상회하는 4.7%를 기록하였다. 2005년에도 내수경기 회복에 따른 물가상승 압력에도 불구하고 정부의 강력한 물가관리 정책에 힘입어 소비자물가는 4.0% 상승하는데 그쳤으며 2006년에도 정부목표 달성이 가능할 것으로 판단된다.

1.3 재정

재정수지는 전반적으로 안정된 수준을 유지하고 있다. 2004년에는 원유수입증가와 긴축정책 지속 등 정부의 재정적자 억제 노력으로 인해 재정수지 적자규모는 GDP의 0.3%로 축소되었으며 2005년에는 0.1%로 거의 재정균형을 달성하였다.

멕시코 정부는 2006년부터는 재정수지 흑자(fiscal surplus)를 달성하여 공공부문 기채수요(PSBR : Public Sector Borrowing Requirement)를 지속적으로 감소시키는 한편, 2008년까지 공공부채 규모를 GDP의 35% 이내로 감소시킬 계획을 세우고 있으나 개혁정책 추진 지연으로 목표달성 여부는 불투명한 상황이다.

〈표 12-2〉 주요 국내경제지표

(단위 : %)

구 분	2001	2002	2003	2004	2005e
경 제 성 장 률	-0.2	0.8	1.4	4.2	3.0
재정수지 / G D P	-0.7	-1.8	-1.1	-1.0	-0.1
소비자물가상승률	6.4	5.0	4.6	4.7	4.0

자 료 : EIU, Country Report

2. 경제구조

2.1 높은 서비스업 비중

서비스업이 70%로 가장 큰 비중을 차지하고 있으며 제조업 및 광업(19.5%), 건설업(5.3%), 농업(4%) 순으로 나타나고 있다.

2.2 미국에 대한 의존도 심화

멕시코 경제는 대미수출이 총수출의 90%를 초과하고 외국인직접투자(FDI) 유입액의 75%를 미국 기업이 차지하는 등 세계에서 가장 높은 대미의존도를 보이고 있다. 이로 인해 멕시코 경제는 미국 경제가 호조를 보인 1990년대 후반에는 연평균

5% 이상의 성장을 달성했던 반면에 미국경기가 침체 국면에 진입한 2001년 이후 성장세가 급속히 둔화되는 등 미국과의 경제동조화(economic synchronization) 현상이 심화되고 있다.

3. 경제정책

폭스 대통령은 취임이후 현재까지 조세, 에너지, 노동, 공무원 연금 등의 개혁정책을 지속적으로 추진하고 있으나 거대 야당인 제도혁명당(PRI)과 좌파정당인 민족혁명당(PRD)의 반대로 개혁정책 추진이 지연되고 있으며 대통령선거 정국으로 인해 당분간 개혁정책이 진전을 보이기는 어려울 것으로 판단된다.

4. 국제경제

4.1 수출입

고유가 지속과 미국의 경기회복 등으로 인해 수출입이 증가세를 보이고 있다. 2004년 수출은 전년 대비 14.7% 증가한 1,880억 달러를 기록하였으며 수입도 전년 대비 15.7% 증가한 1,968억 달러를 기록하였다. 2004년 멕시코의 평균 원유 수출가격은 배럴당 31.08달러로 사상 최고치를 기록하였으며 고유가 지속으로 인한 석유 수출 증가가 수출증가에 크게 기여하였다. 2005년에도 고유가 지속과 일본과의 자유무역협정(FTA) 체결 등 수출다변화정책에 힘입어 수출이 전년 대비 13.7% 증가한 2,137억 달러, 수입은 전년 대비 12.4% 증가한 2,213억 달러를 기록하였다. 2006년에도 수출입규모는 증가할 것으로 보이나 멕시코 수출의 85% 정도를 차지하고 있는 미국의 경제성장세 둔화로 수출입 증가세는 다소 둔화될 것으로 보인다.

4.2 경상수지

경상수지는 소폭 적자가 지속되고 있으나 최근 수년간 현저한 개선추세를 보이고 있다. 2001년 GDP의 2.8%에 이르렀던 경상수지 적자는 2005년에는 0.7% 수준으로 축소되었다. 이는 수출증가에 따른 상품수지 적자규모 축소, 관광산업 회복, 멕시코 노동자의 송금 증가 등에 따른 서비스수지와 소득수지 개선 등에 따른 결과로 해석할 수 있다. 그러나 2006년에는 수출증가세 둔화로 상품수지 적자규모가 확대될 것으로 예상되고 있어 경상수지 적자규모도 105억 달러(GDP의 1.3%) 수준으로 증가할 것으로 보인다.

4.3 해외거주자 송금

멕시코의 해외거주자 송금액이 2004년에 전년 대비 24% 증가한 166억 달러로 사상 최고치를 기록하였다. 2,000만명이 넘는 것으로 추정되는 미국 거주 멕시코인들의 본국 송금액이 지속적으로 증가하면서 해외거주자 송금은 수출을 제외하고 외국인 관광수입(108억 달러)과 함께 멕시코의 가장 중요한 외화가득원이 되고 있다. 또한, 이로 인해 대규모 흑자를 지속하고 있는 이전수지는 경상수지 적자규모 축소에도 상당한 기여를 하고 있는 것으로 평가된다.

4.4 FDI

멕시코는 개도국(developing country) 중 중국과 브라질에 이은 세계 3위인 FDI 유치국의 지위를 유지하고 있다. 최근 수년간 감소세를 보였던 FDI 유입액은 2004년부터 크게 증가하고 있다. 2003년 114억 달러였던 FDI 유입액은 2004년에는 스페인 BBVA Bancomer은행 인수대금(42억 달러) 유입 등으로 인해 179억 달러로 증가하였으며 2005년에도 178억 달러 정도를 유지한 것으로 추정된다.

4.5 환율

최근 수년간 페소화의 대미달러 환율은 큰 변화없이 안정세를 유지해 왔다. 2005년말 환율은 10.8이었으며 2006년에도 전년도와 비슷한 수준(연말환율 11.2 전망)을 보일 것으로 전망된다.

〈표 12-3〉 주요 국제경제지표

(단위 : 십억 달러, %)

	2001	2002	2003	2004	2005e
경상수지	-17.78	-13.5	-8.6	-7.2	-5.7
경상수지 / GDP	-2.8	-2.1	-1.4	-1.1	-0.8
상품수지	-9.6	-7.6	-5.8	-8.8	-7.6
수출	158.8	161.0	164.8	188.0	213.7
수입	168.4	168.7	170.5	196.8	221.3
외환보유고	44.4	49.9	57.7	62.8	73.0
총외채잔액	145.7	140.2	140.0	141.8	137.3
총외채잔액 / GDP	23.4	21.6	21.9	21.0	18.0
D.S.R.	26.8	23.8	22.4	16.6	12.4

자 료 : EIU

제3절 정치 · 사회 동향 및 대외관계

1. 정치동향

2000년 7월 실시된 대통령선거에서 국민행동당(PAN)의 폭스(Vincente Fox) 후보가 제도혁명당의 라바스티다(Francisco Labastida) 후보를 누르고 대통령에 당선되어 12월 1일 취임함으로써 제도혁명당의 장기집권을 종식시키고 71년 만에 평화적인 정권교체를 이룩하였다.

그러나 제도혁명당이 의회를 장악한 상태에서 집권했던 폭스 정부는 2003년 7월에 시행된 총선에서도 하원 500석 중 153석(제도혁명당 224석 차지)을 획득하는데 그쳐 전력 민영화, 통신규제 철폐 등 폭스 정부의 경제개혁정책(economic reform policy) 추진이 큰 타격을 받았다.

2. 사회동향

멕시코는 빈부격차, 높은 실업률, 부정부패 등의 사회문제에 직면해 있으나 이로 인해 전국적인 내란이나 소요가 발생할 가능성은 크지 않은 편이다. 그러나 남부 치아파스 반군 문제는 여전히 멕시코의 심각한 사회불안 요인 중의 하나로 지적되고 있다. 폭스 대통령은 2002년에 원주민권리법안을 의회에 상정하여 치아파스 반군 문제 해결을 시도하였으나 의회가 제한적인 자결권만 인정하는 등 정부안을 대폭 수정하여 통과시키고 이에 대해 치아파스의 사파티스타 민족해방군(EZLN)측이 법안 채택을 거부함에 따라 양측의 협상은 중단된 상태이다.

그러나 최근 사파티스타 민족해방군 지도자인 마르코스 부사령관은 사회변혁과 반세계화(anti-globalization) 투쟁을 위해서는 노동자, 교사, 학생 그리고 도시와 시골의 모든 직장인들과의 단합이 필요하다며 무장투쟁을 포기하고 정치투쟁을 선언하였으며 지지 세력의 결집을 위해 2006년 1월 1일부터 6개월간 멕시코 전역을 순례하고 있다.

3. 대외관계

폭스 대통령은 불간섭주의 대외정책에서 탈피하여 UN 안전보장이사회 의석 확보, G8 가입 추진 등 국제사회에서의 역할을 제고하고 멕시코를 북미자유무역협정(NAFTA)의 대등한 파트너로 만들기 위해 외교적 노력을 경주하고 있다. 미국과의 관계에서는 마약거래, 불법이민 등의 문제가 상존하고 있으나 부시(George W. Bush) 대통령이 취임 이후 최초로 멕시코를 방문하고 9·11 테러사태 이후 적극적으로 반테러(anti-terror) 및 반마약정책에 동참하면서 양국관계가 개선되고 있다.

멕시코는 캐나다와 기존 협력관계의 유지 강화 및 균형적 발전을 추구하는 한편 중남미 국가와도 유대 강화를 통해 역내 영향력 확대를 모색하고 있다. 유럽연합(EU)과 포괄적 협력협정 및 자유무역협정(FTA)을 체결하였으며 아시아·태평양경제협의체(APEC)에도 참여하고 있다. 2004년에는 일본과 FTA를 체결하는 등

EU 및 아시아・태평양 지역과의 협력 강화도 추진하고 있다.

제 4 절 국제신인도 및 대외지급능력

1. 국제신인도

2000년 3월 Moody's가 동국의 국가신용등급을 종전 Ba1에서 투자적격등급인 Baa3로 상향 조정한 이후, S&P도 2002년 2월 개선된 재정통화정책, 조세개혁안 의회통과, 부채비율 축소 등을 근거로 국가신용등급을 BB+에서 투자적격등급인 BBB-로 상향조정한 바 있다. Moody's는 2002년 2월 Baa2로 1단계 상향조정한 이후 2005년 1월에 다시 Baa1으로 상향조정한 바 있다. S&P도 2002년 2월에 BBB-에서 BBB로 한 단계 상향 조정하였다. S&P, Moody's로부터 투자적격등급(BBB- 이상)을 부여받은 중남미 국가는 칠레와 멕시코뿐이다.

한편, 2005년 6월 경제협력개발기구(OECD)도 멕시코의 신용등급을 종전 3등급에서 2등급으로 한 단계 상향조정하였으며 그 밖에 주요 ECA들은 멕시코에 대해 별다른 제한없이 금융지원을 하고 있다.

2. 주요 기관별 신용도 평가등급

① I.C.R.G. : 55/140 (2004. 6) → 50/140 (2006. 1)
② Euromoney : 48/185 (2004. 3) → 49/185 (2005. 9)
③ I.I. : 44/172 (2004. 3) → 50/173 (2005. 9)
④ OECD : 3등급 (2004. 6) → 2등급 (2005. 6)

3. 대외지급능력

총 외채규모(2005년 기준)는 GDP의 17.9%인 1,373억 달러, D.S.R.은 12.4%로 매우 양호한 수준을 보이고 있다. 멕시코는 신중한 거시경제 운영과 긴축정책 지속 그리고 수출 증가와 외국인직접투자(FDI)의 지속적인 유입 및 외환보유고 수준 등을 고려할 때 외채상환불능 위험(default risk)은 매우 낮은 것으로 판단된다.

해외 채권발행을 통한 외자도입에 어려움이 없으며 2019년 만기의 브래디 본드(Brady Bond) 잔여분을 모두 조기 상환하는 등 국제금융시장(international financial market)에서 양호한 평가를 받고 있다.

한편, 폭스 정부는 2006년 대통령선거를 앞두고 정권교체기에 반복되어 온 경제위기의 재발 가능성을 사전에 차단하기 위해 2006~2007년 기일도래 정부외채의 원리금 상환재원 48억 달러를 미리 확보하는 등 신중한 외채관리정책을 시행하고 있다.

제5절 평 가

멕시코 경제는 2004년 이후 3~4%대의 경제성장세를 유지하고 있으며 재정, 물가, 경상수지, 외채 등 여타 거시경제지표는 전반적으로 양호한 수준을 유지하고 있다. 대외채무(foreign debt) 규모는 다소 과다한 편이나 국제금융시장에서 양호한 국가신인도를 유지하고 있고 수출 증가 및 FDI 유입 지속 등으로 외환보유고(foreign exchange reserves)도 증가추세에 있어 과거 정권교체기에 발생했던 경제위기(economic crisis)가 재발할 가능성은 매우 작다고 할 수 있다.

제13장

아르헨티나

제 1 절 일반개황

아르헨티나는 세계 8위의 국토 면적과 세계 3대 곡창지대의 하나로 지적되는 부에노스아이레스 주변 관활한 목초지대를 기반으로 한 농업 및 축산업의 경쟁력이 높고 원유 및 가스를 비롯한 각종 광물자원이 풍부하여 향후 경제성장 잠재력이 큰 국가로 평가된다. 총인구의 약 95%가 이탈리아계와 스페인계로 구성된 사실상 백인국가로 1990년대 중반까지 남미 최고의 소득수준을 보였으나 경제위기 발생과 외채 상환불이행 선언으로 어려움을 겪어 왔다. 그러나 2003년 이후 국제통화기금(IMF)과 세계은행(World Bank)의 차관 제공, 환율 안정 등으로 경제가 회복세로 전환되었으며 채무재조정 성공과 수출호조로 최근 수년간 고도 성장세를 시현하고 있다.

〈표 13-1〉 일반지표

면 적	2,737만 ㎢	G D P	1,827억 달러(2005년)
인 구	39.1백만 명(2005년)	1 인 당 GDP	4,675 달러(2005년)
정 치 체 제	대통령중심제	통 화 단 위	Peso
대 외 정 책	경제실리외교	환 율(달러당)	2.95(2005년말)

제 2 절 경제동향

1. 국내경제

1.1 경제성장

2001년 12월 외채에 대한 디폴트(default) 선언과 2002년 1월 자유변동환율제도(flexible exchange rate system) 도입으로 인한 경제시스템 붕괴(collapse of economic system)로 2002년 대규모 마이너스 성장을 기록한 이후 수출호조, 환율안정, IMF와 세계은행의 차관 제공 등으로 회복세로 반전되어 2003~2005년 중 8~9%대의 높은 성장률을 기록하였다. 2006년에도 수출호조에 따라 성장세를 지속할 것으로 보이나 경기침체(recession) 이후의 반등효과가 사라지고 국제금리 인상 등의 영향으로 소비 및 투자 증가세가 둔화되어 성장률은 6~7% 수준으로 하락할 것으로 보인다.

1.2 물가

소비자물가상승률은 자유변동환율제도 도입 이후 페소화의 대미달러 환율이 3배 이상 상승함에 따라 2002년에 25.9%로 급등하였다. 그러나 2003년 이후 페소화 환율 안정과 정부와 슈퍼마켓과의 생필품 가격협정 체결 및 공공요금 동결 조치 등으로 인해 하향 안정화 추세를 보여 왔다. 2005년 들어서는 경기회복과 최저임금 인상 등에 따른 소비 증가로 다시 9%대로 상승하였으며 2006년에도 내수경기 활성화로 인해 정부의 물가억제 노력에도 불구하고 10%를 상회할 것으로 보인다.

1.3 재정

재정수지는 금융거래세와 주요 수출품인 1차산품에 대한 수출세 등 한시 특별세 신설, 공공부채 디폴트 선언에 따른 원리금 상환부담 축소 등으로 인해 2003년 이후 흑자로 전환되었다. 또한, 민간채권단과의 채무스왑(debt swap)에 성공하여 정부의 공공부채 원리금 상환부담이 완화되었다. 수출호조로 한시특별세인 수출세 세수도 증가하여 2006년에도 재정수지는 흑자를 유지하고 있으나 GDP 대비 흑자폭은 점차 축소되고 있다.

〈표 13-2〉 주요 국내경제지표

(단위 : %)

구 분	2002	2003	2004	2005e	2006f
경 제 성 장 률	-10.9	8.8	9.0	9.1	6.7
재 정 수 지/ G D P	-1.5	0.5	2.6	1.8	1.4
소비자물가상승률	25.9	13.4	4.4	9.6	12.9

자료 : EIU, Country Report

2. 경제구조

주요 수출품목은 원유, 식품, 곡물, 자동차 등이고 주요 수입품목은 기계설비, 자동차, 화학제품, 전자기기 등이다. 농업 등 1차 산업에 대한 수출의존도가 높아 국제가격변동과 기후변화에 취약한 경제구조를 보이고 있다. MERCOSUR 및 EU와의 교역비중이 높으며 국가별로는 브라질이 수출과 수입 모두 제1위의 교역대상국이다. 최근 들어서는 중국이 수출과 수입 모두 제4위의 교역대상국으로 부상하는 등 중국의 교역비중이 크게 증가하였다.

3. 경제정책

아르헨티나 정부는 내수경기 부양을 위한 저금리 정책, 수입대체품 생산을 통한 국내산업 장려, 수출경쟁력(export competitiveness) 유지를 위한 고환율 유지, 정부의 시장개입을 통한 물가 억제 등 비정통적 경제정책(heterodox economic policy)을 시행하고 있다. IMF는 채무재조정(debt rescheduling)에 참여하지 않은 채권자와의 협의 진행, 중앙은행의 외환시장 개입 중단, 통화정책 강화 및 금리인상, 은행 구조조정 입법, 기초재정수지 흑자목표의 상향조정, 공공사업 동결을 통한 공공지출 삭감, 수출세 및 금융거래세의 점진적 철폐, 공공서비스 요금인상 등을 요구해 왔다. 그러나 2006년 1월 아르헨티나 정부가 IMF 차관잔액 98억 달러 전액을 조기 상환하고 IMF 관리체제(IMF management system)를 벗어남에 따라 기존의 비정통적 경제정책을 지속적으로 추진할 것으로 보인다.

4. 국제경제

4.1 수출입

페소화 환율인상과 국제원자재가격 상승으로 수출호조가 지속되고 있다. 2005년 아르헨티나 수출은 전년 대비 15.6% 증가한 400억 달러, 수입은 27.7% 증가한 272억 달러를 기록하였다. 2006년에도 수출과 수입이 각각 432억 달러와 331억 달러로 동반 증가할 것으로 전망된다.

4.2 경상수지

경기침체로 인한 수입 급감으로 상품수지가 큰 폭의 흑자를 기록함에 따라 2002년 이후 흑자기조가 유지되고 있다. 그러나 경기회복에 따른 수입 증가로 상품수지와 경상수지 흑자 규모는 지속적으로 축소되고 있다. 2005년 상품수지와 경상수지 흑자는 각각 128억 달러와 61억 달러를 기록하였다. 2005년에 경상수지 흑자

(current account surplus) 규모가 증가한 것은 채무스왑 성공으로 대외 이자지급액이 감소하여 소득수지 적자규모가 전년 대비 30억 달러 정도 감소하였기 때문이다. 2006년에는 상품수지와 경상수지 흑자규모가 각각 111억 달러와 30억 달러(GDP의 1.5%) 수준으로 감소될 것으로 보인다.

4.3 FDI

경기침체, 페소화 가치 폭락 등에 따라 외국인들의 투자심리가 극도로 위축되면서 FDI 유입액이 2000년 104억 달러에서 2003년에는 17억 달러로 크게 감소하였다. 2004~2005년에는 경기회복과 더불어 소폭 증가세로 전환되어 40억 달러 수준으로 회복되었다. 그러나 아르헨티나 정부와 외국계 기업과의 분쟁(외국계 기업의 보상요구 규모는 약 45억 달러)이 지속되고 있어 외국인 투자유치를 확대하는 데는 어려움이 수반될 것으로 예상된다.

4.4 외환보유고

디폴트(default) 선언 이후 채무상환 중단과 수출 호조로 외환보유고가 지속적으로 증가하고 있다. 외환보유고(2005년말 기준)는 전년 대비 83억 달러 증가한 272억 달러 수준을 보이고 있다.

4.5 외채

2005년 6월 민간채권자 76%가 참여한 채무스왑을 실시하여 대상채무 1,050억 달러 중 약 800억 달러에 대해 75%를 삭감하고 신규채권으로 교환하였다. 이에 따라 외채규모(2005년말 기준)는 GDP의 75.9%인 1,403억 달러로 축소되었다.

〈표 13-3〉 주요 국제경제지표

(단위 : 억 달러, %)

	2002	2003	2004	2005e	2006f
경 상 수 지	87	77	34	61	30
경상수지 / GDP	8.5	5.9	2.2	3.3	1.5
상 품 수 지	172	164	132	128	111
수 출	257	296	346	400	435
수 입	85	131	213	272	324
외 환 보 유 고	105	142	189	272	..
총 외 채 잔 액	1,500	1,662	1,824	1,403	1,280
총외채잔액/GDP	147.0	128.2	119.1	75.9	36.1
D. S. R.	16.5	37.8	25.8	24.3	36.6

자료 : EIU, Country Report

제3절 정치·사회 동향 및 대외관계

1. 정치동향

2001년 12월 대규모 반정부 시위(anti-government campaign)와 경제위기(economic crisis) 발생으로 델라루아 정권이 붕괴된 이후 임시 대통령으로 선출된 두알데 대통령은 경제위기 극복과 정치안정을 추진하였다. 그러나 IMF와의 차관협상 지연으로 경제사정이 악화되고 사회불안정(social instability)이 심화되자, 2004년 4월 조기 대통령선거를 실시하였으며 그 결과 키르츠네르 후보가 메넴 전대통령을 누르고 대통령에 당선되었다. 중도좌파 성향을 보이고 있는 키르츠네르 대통령은 청렴하고 행정능력이 뛰어난 인물로 평가받고 있으며 현재까지 비교적 높은 지지도를 유지하고 있다.

상원 의석의 3분의 1(72석 중 24석)과 하원의 약 50%(총 257석 중 127석)를 선출하는 2005년 10월 의회 중간선거는 페론당이 승리하였다. 이번 선거에서 키르츠네르 대통령은 부인인 크리스티나 페르난데스의 부에노스아이레스 주(州) 상원의원 당선과 계파 후보들의 선전(페론당 하원 135석 중 108석)으로 정국 장악력을 제고시킨 것으로 평가받고 있다.

2. 사회동향

노조의 임금인상 투쟁 및 실업자시위단(picketero)들의 정부보조금 인상투쟁이 격화되는 등 사회불안 현상이 지속되고 있으나 경제상황 개선으로 사회 전반적인 소요로 발전할 가능성은 작은 편이다. 한편, 아르헨티나 정부는 2005년 6월 최저임금을 450페소에서 630페소로 인상하였다. 이는 2004년 5월 키르츠네르 정부 출범 당시 최저임금 수준인 200페소보다 3배 이상 높은 수치이다.

3. 대외관계

대외적으로는 남미공동시장(MERCOSUR) 체제를 통해 브라질 등 인접국과 경제·군사동맹 관계를 유지하고 있고 군사현안 부재 등으로 대체로 원만한 관계를 보이고 있다. 최근에는 반미 좌파주의자인 차베스 대통령이 이끄는 베네수엘라가 MERCOSUR 정회원국으로 가입하는 한편, 아르헨티나 국채를 매입하는 방식으로 키르츠네르 정부를 지원하고 있다. 또한, 베네수엘라-브라질-아르헨티나를 연결하는 가스관 연결 프로젝트를 추진하는 등 이들 국가 간의 관계가 강화되고 있다.

IMF, 세계은행, 미주개발은행 등 국제기구와 미국 및 영국 등 서방제국과는 채무재조정협상에서 유리한 입지를 차지하기 위해 다소 긴장관계를 보였다. 특히, IMF차관 조기상환 결정으로 IMF 관리체제를 벗어났으나 사안별로는 IMF에 협조한다는 입장을 보이고 있다.

제4절 국제신인도 및 대외지급능력

1. 국제신인도

2005년 6월 1일 스탠더드 앤드 푸어스(S&P)가 채무스왑으로 새로 발행된 아르헨티나 장기외화표시정부채(sovereign bond)에 대해 B- 등급을 부여하였으며, 무디스(Moody's)도 2005년 6월 29일 B3 등급을 부여한 바 있다. 2006년 3월 23일 S&P는 아르헨티나의 신용등급을 B-에서 B로 한 등급 상향조정하였는데 등급상승 사유로 3가지(① 채무재조정에 따른 외채상환부담 축소, ② 경제성장, ③ 재정수지 및 경상수지 흑자 지속)를 지적하였다.

최근 아르헨티나 신용등급 변화는 다음과 같다.

① Moody's : Ca (2001. 10) → Caa1 (2003. 8)→ B3 (2005. 6)
② S&P : CC (2001. 10) → SD (2001. 11)→ B- (2005. 6) →B (2006. 3)
③ Fitch : C (2001. 11) → DDD (2001. 12) → RD (2005. 12)

2. 대외지급능력

2.1 민간채권자와의 채무재조정 실시

2005년 6월 대상채무의 75%를 삭감하고 기존 채권을 신규채권으로 스왑하는 방식으로 민간채권자와의 채무조정이 실시되었다. 채무스왑 미참여 민간채권자와의 소송 등 분쟁 가능성이 남아 있으나 IMF를 포함한 국제금융계는 이번 채무재조정이 성공한 것으로 평가하고 있다. IMF와의 협상 타결에 이어 공공채권자인 파리클럽 채무에 대한 채무재조정도 이루어질 것으로 예상되었으나 2006년 1월 아르헨티나 정부가 IMF 차관잔액 95억 달러를 전액 조기 상환하면서 IMF 관리체제를 벗어

났고, 75% 삭감안에 동의하고 기존채권을 신규채권으로 교환한 채권자와의 동등대우 문제 등으로 인해 당분간 지연될 것으로 보인다.

2.2 IMF 차관 잔액 조기상환

2005년 6월 아르헨티나 정부는 2004년 이후 중단되었던 IMF와 공식협상을 재개하였으나 11월 총선 등으로 인해 거시경제 운용에 대한 합의에 이르지 못하였다. 이 같은 상황에서 2005년 12월 15일에 총선에서 승리한 키르츠네르 대통령은 2008년까지 만기도래하는 IMF 차관잔액 98억 달러 전액을 조기 상환할 계획이라고 발표하고 2006년 1월 실제로 조기 상환한 바 있다.

제5절 평 가

아르헨티나는 민간채권자와의 채무재조정 실시, 국제원자재가격 상승으로 인한 수출호조 등에 힘입어 3년 연속 고도성장을 시현하고 있으나 2006년에는 경제성장세가 다소 둔화될 것으로 보인다. 지속가능한 경제성장과 안정(sustainable economic growth and stability)을 위해서는 경제체질 개선을 위한 구조조정 노력이 필요하나 2007년 5월 대통령 선거를 앞두고 있는 키르츠네르 대통령은 국민의 고통부담을 요구하는 생필품 가격 현실화, 공공요금 인상과 같은 비인기정책 시행에 소극적일 것으로 예상된다. 그러나 채무재조정에 따른 외채상환부담 축소, 3년 연속 고도성장 지속, 재정수지 및 경상수지 흑자 지속 등 거시경제 전반이 개선되었으며 채무스왑 이후 신규채무에 대해서는 정상적인 상환이 이루어지고 있다. 또한, 수출호조로 인한 외환보유고 증가로 단기 외환유동성 위기 발생 가능성은 작은 것으로 평가된다.

제14장

브 라 질

제 1 절 일반개황

브라질은 국토 면적, 인구, 국내총생산(GDP)면에서 남미 대륙의 50% 정도를 차지하고 있으며 자원의 보고(資源의 寶庫)로 지칭될 만큼 풍부한 천연자원을 보유하고 있다. 세계 제1위의 생산량을 기록하고 있는 철광석, 주석 등 각종 광물자원과 커피, 대두, 원당 등 각종 농산자원이 풍부한 편이다. 자동차, 철강 등의 제조업이 비교적 발달된 중남미 최대 공업국이며 남미공동시장(MERCOSUR)을 주축으로 안데스공동시장(ANCOM)과의 연대를 통하여 미주자유무역지대(FTAA) 창설에 적극적으로 대응하고 있다. 2001년 이후 미국경제의 둔화, 아르헨티나 금융위기, 전력난, 정치 불안정(political instability) 등의 여파로 경기침체(recession)와 금융 불안에 직면하였으나 2003년 1월 룰라(Lula) 정부의 출범 이후 금융시장이 안정되고 있으며 경제도 성장세를 보이고 있다.

〈표 14-1〉 일반지표

면　　적	851만 ㎢	G　D　P	6,039억 달러(2004년)
인　　구	179백만 명(2004년)	1 인 당 G D P	3,284 달러(2004년)
정 치 체 제	대통령중심제	통 화 단 위	Real
대 외 경 제	경제실리외교	환　율(달러당)	2.93(2004년말)

제 2 절 경제동향

1. 국내경제

1.1 경제성장

브라질 경제는 2001~2003년 동안 경기침체와 금융 불안정(financial instability)이 지속되었으나 2003년 하반기 이후 룰라 정부에 대한 투자자들의 신뢰회복, 국제 원자재 가격 상승으로 인한 수출호조 그리고 금리인하에 따른 내수 및 투자 회복 등에 힘입어 2004년에는 4.9%의 높은 성장률을 기록하였다. 향후에도 이 같은 경제 성장세가 이어질 것으로 기대되나 세계경제의 성장 둔화, 미국의 금리인상, 브라질 중앙은행의 물가상승 억제를 위한 금리 인상 등의 영향으로 성장률은 3~4%대로 하락할 것으로 전망된다.

1.2 물가

헤알(Real)화 환율인상으로 인한 수입물가 상승이 전체 물가수준을 인상시켜 2003년에는 연평균 소비자물상승률이 14.7%까지 상승하였다. 이후 점차 하향 안정화 추세를 보여 2004년에는 6.6%를 기록하였다. 향후에도 경기회복에 따른 물가상승 압력이 증대될 것으로 전망되나 미국 달러화 약세로 인한 헤알화 강세 지속, 중앙은행의 신중한 물가관리정책 지속 등으로 소비자물가상승률은 6~7%대를 보일 것으로 전망된다.

1.3 재정

긴축정책 지속으로 IMF와 합의한 금융비용을 제외한 기초재정수지 흑자 목표를 달성하고 있으나 막대한 부채 원리금 상환액으로 인해 재정수지는 적자가 지속되고 있다. 2003년 1월 출범한 룰라 정부는 국제금융계의 우려와는 달리 긴축정책을 고수하는 한편 경기회복으로 세수가 증가하면서 2004년에는 재정수지 적자규모가 GDP의 2.7%로 축소되었다. 향후에도 정부의 긴축정책 지속으로 재정적자(fiscal deficit) 규모는 GDP의 2.5~3.0% 수준을 보일 것으로 전망된다.

〈표 14-2〉 주요 국내경제지표

(단위 : %)

구 분	2001	2002	2003	2004	2005f
경 제 성 장 률	1.3	1.9	0.5	4.9	3.5
재정수지/G D P	-3.3	-4.6	-5.1	-2.7	-2.7
소비자물가상승률	6.8	8.5	14.7	6.6	6.8

자 료 : EIU, Country Report

2. 경제구조

인구 1억 8,000만명의 브라질은 중남미 최대시장으로 대부분의 산업이 규모의 경제(EOS : Economies of Scale)를 실현할 수 있는 내수시장 규모를 가지고 있다. 이로 인해 이전에는 자급자족형 수입대체 산업화정책을 시도하였으나 1990년대 이후 무역자유화(trade liberalization)와 시장개방정책(market opening policy)으로 전환하였고 1995년 남미공동시장(MERCOSUR)이 출범한 이후에는 다국적기업의 브라질 시장 진출이 급증하였다. 에너지, 자동차, 전자, IT 등 주요 제조업 분야에 다국적기업(MNCs : Multinational Corporations)이 수십년 전부터 진출하여 현지에서 생산 및 판매활동을 전개하고 있어 국내기업과 다국적기업의 구별이 모호한 상태이다. 한편, 브라질 국내기업도 석유, 철강, 항공기산업 등 다수의 분야에서 활발히 활동하고 있다.

3. 경제정책

브라질은 헤알플랜(Real Plan)이 도입된 1994년 이후 전력, 통신, 석유, 가스 등 기간산업분야의 국가 독점 폐지, 국영기업 민영화(privatization), 무역자유화, 조세개혁, 행정개혁(administrative reform), 사회보장개혁, 노동개혁(labor reform) 등 경제안정과 발전을 위한 각종 개혁정책을 시행해 왔다. 브라질 최초의 좌파정부로 세계의 관심과 국제금융시장의 우려 속에 출범한 현 룰라(Lula) 정부도 당초 우려와는 달리 선심성 정책보다는 긴축과 안정, 개혁 위주의 정책을 추진하고 있다.

룰라 정부는 지속적인 성장기반 구축을 위한 선결과제인 재정수지 균형 달성을 위해 사회보장개혁, 세제개혁 등 각종 개혁정책과 강력한 수출드라이브 정책(export-driven policy)을 추진하고 있다. 정치적으로 민감한 토지개혁이나 노동개혁은 기득권층의 반발로 급속한 진전을 보이기 어려울 것으로 보이나 연금개혁과 세제개혁 부문에서 성과를 보이고 있다. 향후에도 사법개혁, 파산법 및 인프라 투자촉진을 위한 정부·민간합동투자법(PPP) 제정 등 경제의 안정성장 기반을 구축하기 위한 개혁정책 기조는 지속될 것으로 보인다.

4. 국제경제

4.1 경상수지

헤알화 평가절하(depreciation)와 국제원자재 가격의 상승으로 수출이 호조를 보임에 따라 2003년에는 경상수지가 1993년 이후 처음으로 흑자를 기록하였다. 2004년에도 수출이 전년 대비 32% 증가한 965억 달러에 이르는 등 기대 이상의 대규모 수출 신장세가 지속되면서 상품수지 흑자는 정부 목표(300억 달러)를 상회하는 337억 달러를 기록하였다. 경상수지 흑자규모도 이에 비례하여 GDP의 1.9%인 117억 달러로 증가하였다. 2006년에도 수출증가세가 지속되어 수출이 1,000억 달러를 초과할 것으로 기대되며 상품수지와 경상수지도 대규모 흑자를 보일 것으로 기대된다.

4.2 FDI

2003년에는 헤알화 평가절하에 따른 수익성 감소, 인프라 프로젝트 감소, 구조개혁 미비 등으로 외국인직접투자(FDI) 규모가 2000년의 50% 수준에도 못 미치는 101억 달러를 기록하였다. 그러나 2004년 들어 인수·합병(M&A) 호조, 자동차와 통신업 설비투자 증대 등으로 FDI가 160억 달러(중남미 2위, 세계 10위)로 크게 증가하였으며 인프라투자 확대를 위한 정부, 민간합동투자(PPP : Public Private Partnership) 프로그램 추진 등으로 2005~2006년에도 FDI 유입액은 연간 180억 달러를 상회할 것으로 전망된다.

4.3 외채

총 외채잔액(2004년말 기준)은 2,257억 달러로 외채규모는 세계 최대수준을 보이고 있다. D.S.R.도 최근 수출 증가로 하락추세에 있으나 40%를 초과하는 등 여전히 높은 수준을 유지하고 있다. 그러나 수출호조로 인한 외환보유고 증가는 외채 상환불능(default) 위험을 상당히 낮추고 있는 것으로 평가된다.

4.4 외환보유고

수출 증가로 인해 외환보유고를 포함한 대외지급준비자산이 지속적으로 증가하여 2005년 7월말 기준 545억 달러 수준을 보이고 있다.

〈표 14-3〉 주요 국제경제지표

(단위 : %, 백만 달러)

	2001	2002	2003	2004	2005f
경상수지	-23,215	-7,367	4,177	11,669	10,400
경상수지 / GDP	-4.6	-1.7	0.8	1.9	1.3
상품수지	2,650	13,121	24,794	33,693	37,800
수출	58,223	60,362	73,084	96,475	115,700
수입	55,272	47,241	48,290	62,782	77,900
외환보유고	35,729	37,409	49,108	52,736	54,500
총외채잔액	226,362	227,932	235,200	225,700	220,500
총외채잔액 / GDP	46.9	52.5	49.6	37.4	28.4
D.S.R.	75.4	68.9	63.8	45.0	39.2

자 료 : EIU, Country Report

제3절 정치 · 사회 동향 및 대외관계

1. 정치동향

2002년 10월 대통령선거에서 여당이었던 사회민주당(PSDB)의 주제 세하 후보에 승리하며 2003년 1월 출범한 노동자당(PT)의 룰라 정부는 중도좌파 성향의 노동자당 정부라는 점에서 국내외 투자자들에게 경계의 대상이 되었으나 적극적인 개혁정책으로 룰라 정부에 대한 투자자들의 우려는 대부분 해소된 상태이다. 한편, 대통령선거가 동시에 실시된 하원의원 선거에서는 PT가 91석(선거전 58석)을 차지해 제1당으로 부상하였다. 그러나 PT는 총 513명인 하원의 과반수에는 크게 미달해 중도우파인 자유당(PL) 등과 연립정부를 구성하고 있다.

여당인 노동자당(PT)의 야당 의원 매수 스캔들로 룰라 정부가 최대의 정치적 위기(political crisis)에 직면해 있다. 2002년 대통령선거 유세기간 중 집권 노동자당(PT)의 비밀계좌로 불법정치자금 300여만 달러가 입금됐다는 의회 증언에 이어,

노동자당(PT)이 법안통과를 위해 80여명의 야당의원들에게 불법 자금을 제공했다는 야당 의원 매수 스캔들로 룰라 정부가 최대의 정치적 위기를 겪고 있다. 야당의원 매수 스캔들이 제기되자 룰라 대통령의 최측근인 조제 디르세우 전 정무장관과 노동자당(PT) 지도자 4명이 사임하였다. 룰라 대통령은 야당의원 매수 기도에 직접 개입하지는 않은 것으로 밝혀졌으나 룰라 정부의 최대 장점이었던 도덕성과 청렴성이 크게 훼손되고 지지율도 35% 수준으로 하락하였다.

2. 사회동향

극심한 빈부격차와 치안불안 등은 고질적인 사회불안 요인이 되고 있으나 지역간, 계층간 갈등은 크지 않아 사회전반적인 소요로 발전할 가능성은 작은 편이다.

3. 대외관계

대외적으로는 국제사회에서 제3세계의 이익을 적극적으로 대변하는 등 자주적 외교노선을 표방하고 있다. 멕시코 칸쿤에서 개최된 '제5차 WTO 각료회의'에서는 선진국의 농산품 수입규제 완화를 강력히 주장하는 농산물 수출국가연합(G22)을 결성한 바 있다. 또한, 남미·아랍 정상회담을 주도하고 있고 UN 안전보장이사회 상임위 진출을 추진하는 등 제3세계 국가의 리더 역할을 자임하고 있다.

미국과는 미주자유무역지대(FTAA) 협상, 철강 분쟁, 농업보조금 등의 이슈에서 다수의 마찰을 보이고 있으나 우려할 만한 수준은 아니며 아르헨티나 등 주변국과도 대체로 우호적인 관계를 유지하고 있다.

제 4 절　국제신인도 및 대외지급능력

1. 국제신인도

금융불안이 발생한 2002년 일제히 브라질의 신용등급을 하향조정하였던 세계 3대 국제신용평가기관들(S&P, Moody's, Fitch)은 룰라 정부 집권 이후 개선된 거시경제 여건을 반영하여 2004년 9월에 일제히 브라질의 국가신용등급을 상향조정한 바 있다. 2005년 10월에도 Moody's는 지속적인 수출증대에 힘입어 외채상환능력이 개선되고 최근의 정치 불안에도 불구하고 룰라 정부가 건전한 거시경제정책 기조를 유지하는 점 등을 고려하여 동국의 국가신용등급을 B1에서 Ba3로 다시 한 단계 상향조정하였다. 이에 따라 3대 신용평가기관의 등급이 모두 동일한 수준을 유지하게 되었다. 브라질의 국가신용등급 상승으로 브라질 기업들과 정부는 해외차입비용을 크게 절감할 수 있게 되었으나 여전히 투자적격 등급(BBB- 이상)보다는 3단계 낮은 수준을 보이고 있다.

최근 브라질의 신용등급 변화는 다음과 같다.

① Moody's　: B2 (2002. 8. 12) → B1 (2004. 9. 9) → Ba3 (2005. 10. 12)
② S&P　: B+ (2002. 7. 2) → BB- (2004. 9. 17)
③ Fitch　: B+ (2002. 10. 21) → BB- (2004. 9. 28)

또한, 주요 ECA들은 브라질에 대해 특별한 제한없이 정상적으로 지원하고 있다. 2002년 6월 이후 금융불안이 심화되자 브라질 정부는 9월에 IMF로부터 300억 달러의 대기성차관을 승인받았으며 2002년 60억 달러, 2003년 240억 달러를 각각 인출한 바 있다. 2003년 11월에도 브라질 정부는 금융시장 안정과 수출 증가로 인한 외환보유고 증대에도 불구하고 금융불안 재발을 예방하기 위해 IMF로부터 148억 달러 규모의 대기성차관을 신규로 승인받았다. 그러나 148억 달러의 IMF 차관자금의 인출은 없었으며, 2005년 들어 브라질 정부는 1998년부터 이어져 온 IMF의 자금지원을 중단하기로 결정하고 자금지원을 위한 IMF와의 협상을 종료한 바 있다.

2. 대외지급능력

브라질은 모라토리엄(moratorium) 선언, 파리클럽 및 런던클럽과 9번의 리스케줄링(rescheduling) 경험이 있으나 IMF자금을 포함한 대외채무에 대한 동국의 상환태도는 양호한 편이다. 외환보유고 증대와 IMF 대기성차관 도입을 통한 유동성(liquidity) 보완으로 외채상환불능 위험은 크게 감소한 것으로 평가된다.

제5절 평 가

남미최대의 경제대국이며 세계최대의 외채국인 브라질은 높은 성장잠재력(growth potentials)에도 불구하고 과중한 외채원리금 상환 부담으로 인해 거시경제를 운영하는데 어려움을 겪어 왔다. 이로 인해 1999년 1월 헤알화 위기와 2002년 6월 이후에는 금융불안이 발생한 바 있다. 그러나 브라질 정부는 세계경제 침체, 아르헨티나 금융위기, 전력난 등 잇단 대내외의 악재에도 불구하고 IMF와의 협약 사항을 준수하는 등 건전한 거시경제정책 기조를 지속하고 있으며 룰라 정부에 대한 국제투자자들의 신뢰도 완전히 회복되었다.

이에 따라 금융시장과 환율이 안정을 되찾고 경제도 급속한 회복세를 보이고 있다. 특히, 국제원자재 가격 상승으로 수출이 사상 최대의 호조를 보이고 있으며 내수도 본격적인 회복세를 보이기 시작하여 당분간 높은 경제성장세가 지속될 것으로 전망된다. 수출 증가로 인해 외환보유고가 지속적으로 증가하고 있고 외국인직접투자(FDI) 유입액도 증가 추세를 보이고 있어 외채 상환불능 위험은 상당부분 해소된 것으로 평가되나 공공부채(public debt) 부담 문제가 향후 브라질 거시경제 운영에 큰 부담이 될 것으로 보인다.

제15장

칠 레

제 1 절 일반개황

칠레는 태평양 연안에 남북으로 길게 위치하고 있으며 풍부한 광산자원, 임산자원, 수산자원을 보유하고 있는 자원 부국이다. 피노체트 군부독재(1974~1989) 이후 국민 화합을 중시하는 점진적이며 온건한 민주화(democratization)를 추진함에 따라 중남미에서 가장 안정된 정치체제를 유지하고 있다. 수출증가와 외국인직접투자(FDI : Foreign Direct Investment)의 활발한 유치를 양대 축으로 하여 1990년대 중반이후 연평균 7%의 높은 성장을 기록한 바 있다. 최근에는 국제원자재 가격상승, 자유무역협정(FTA : Free Trade Agreement) 확대에 따른 수출증가 등에 힘입어 양호한 경제성장을 이룩하고 있다.

〈표 15-1〉 일반지표

면 적	757천 km^2	G D P	909억 달러(2004년)
인 구	15.81백만 명(2003년)	1 인 당 G D P	5,900 달러(2004년)
정 치 체 제	대통령제	통 화 단 위	Peso(Ps)
대 외 정 책	경제실리외교	환 율(달러당)	609.37(2004년)

제 2 절 경제동향

1. 국내경제

1.1 경제성장

2003년에는 국제 동(銅) 가격 상승, 유럽연합(EU)과의 FTA 발효, 지속적인 금리인하 등으로 3.3%의 경제성장률을 기록하였다. 2004년도에도 세계경제 호조에 따른 수출증가, 국제 동 가격 상승, 내수회복 등으로 5.9%의 경제성장률을 달성한 것으로 추정되며 향후에도 이 같은 성장세를 지속할 것으로 보인다.

1.2 물가

2003년 물가상승률은 이자율 인하에 따른 국내소비 회복, 부가가치세 인상 등으로 전년 대비 소폭 상승한 2.8%를 기록하였으나 2004년에는 수출 및 FDI 증가에 따른 페소화 강세, 하반기 이후 정부의 적극적인 통화긴축정책, 소비재산업 내 기업경쟁 등으로 1.1%대로 안정되었다.

1.3 재정

2003년에는 부가가치세 인상 등에 따른 세수증가로 GDP 대비 재정적자 규모가 전년에 비해 다소 축소된 -0.8%를 기록하였다. 2004년에는 정부 재정수입에서 가장 큰 비중을 차지하고 있는 동의 국제가격 상승과 경기회복으로 인한 세수확대로 재정수지/GDP는 균형을 이룬 것으로 추정되며 향후에는 흑자 기조를 유지할 것으로 전망된다.

〈표 15-2〉 주요 국내경제지표

(단위 : %)

구 분	2001	2002	2003	2004e	2005f
경 제 성 장 률	3.1	2.2	3.3	5.9	5.4
재정수지 / GDP	0.2	-0.7	-0.8	0.0	1.5
소비자물가상승률	3.6	2.5	2.8	1.1	2.0

자료 : EIU, Country Report

2. 경제구조

2003년도 기준으로 서비스업 55.1%의 비중을 차지하고 있으며 제조업 17.7%, 농업 6.4% 등의 순으로 나타났다. 상품수출(2003년도 기준) 중 동 수출이 75억 달러로 최대규모이며 최대 교역상대국은 미국(수출 16.5%, 수입 13.0%)이다.

3. 국제경제

3.1 경상수지

2004년 경상수지는 세계 제1의 동 소비국인 중국으로의 동 수출 급증 및 미국, EU에 대한 수출 증가로 상품수지가 대규모 흑자를 기록하였으며 흑자규모는 GDP 대비 3.2%로 추정된다. 2005년에는 미국 경제의 둔화 가능성, 경기 활성화에 따른 수입수요 증가 등으로 GDP 대비 흑자규모가 소폭 축소될 것으로 예상된다.

3.2 FDI

2002년 남미지역의 경기침체(recession)로 저조한 FDI 유입 실적을 기록하였으나 2003년부터는 내수경기 회복, 미국, EU, 한국 등과의 FTA 체결 등으로 유럽과 아시아 기업들의 투자가 크게 증가하였다. 특히 전력, 용수 등 인프라 부문에서 활발한 인수·합병(M&A)이 이루어져 2003~2004년 중 연평균 FDI 유입액은 약 30억 달러를 기록하였다.

3.3 FTA

2002~2003년 동안 미국, 한국, 유럽자유무역연합(EFTA) 등 주요 국가들과의 FTA를 성사시켰다. 최근에는 중국, 러시아, 일본, 뉴질랜드 등 아시아·태평양 국가들과의 FTA 체결을 추진 중에 있다.

〈표 15-3〉 주요 국제경제지표

(단위 : 백만 달러, %)

구 분	2001	2002	2003	2004e	2005f
경 상 수 지	-1,100	-885	-594	2,800	1,900
경상수지 / GDP	-1.6	-1.3	-0.8	3.2	1.9
상 품 수 지	1,844	2,256	3,015	9,000	7,200
수 출	18,272	18,177	21,046	32,000	34,900
수 입	16,428	15,921	18,031	23,000	27,700
외 환 보 유 고	14,040	14,814	15,211	15,495	..
총 외 채 잔 액	38,398	41,945	44,100	47,400	44,500
총외채잔액/GDP	59.9	68.1	60.6	49.2	43.0
D. S. R.	27.9	32.8	28.5	22.1	19.5

자료 : EIU, Country Report

제3절 정치·사회 동향 및 대외관계

1. 정치동향

2000년 3월 취임한 라고스 대통령은 범죄율 증가 및 피노체트 헌법개정을 둘러싼 군부와의 갈등 등으로 어려운 상황에 직면하기도 하였다. 현재는 지속적인 경제자유화 정책(economic liberalization policy) 추진, 군부와의 원만한 관계유지 등으로 지지율을 회복하고 있다.

2. 사회동향

칠레는 지속적인 경제성장과 빈곤층 축소를 위한 정책 추진으로 절대 빈곤층이 1987년 총인구의 17.4%에서 2000년에는 5.7%로 크게 감소하는 등 여타 중남미 국가들과 달리 빈부격차가 축소되고 있다. 2001년 이후 경기침체로 인한 고용사정 악화로 실업률이 일시 상승한 바 있으나 중남미 국가들 중 가장 양호한 고용수준을 유지하고 있다.

3. 대외관계

미국, EU 등과는 FTA 체결 이후 경제통상관계가 더욱 확대되고 있는 추세를 보이고 있으며 외교적으로는 친(親) 서방주의를 표방하고 있다. 아르헨티나 및 페루와는 에너지부문 및 운송 네트워크 통합이 확대되고 국경무역 및 투자가 증진되는 등 경제협력이 심화되고 있다. 볼리비아와도 최근 55억 달러에 이르는 가스 파이프라인 및 액화가스 플랜트 건설 등 경제통합 및 협력 증가로 관계가 개선되고 있다. 다만 2004년 중에는 아르헨티나 에너지 위기에 따른 대칠레 가스 수출 축소로 갈등을 야기시킨 바 있고 볼리비아, 페루 등과도 국경문제가 잠재적 갈등요인으로 상존해 있는 실정이다.

제 4 절 국제신인도 및 대외지급능력

1. 국제신인도

칠레는 효과적인 재정통화 정책(the effective fiscal and monetary policy), 정부의 투명성(governmental transparency), 금융부문 안정(stability of financial sector)

등을 이유로 S&P와 Moody's로부터 중남미에서 가장 높은 A, Baal 등급을 부여받고 있다. 중남미에서 양대 신용평가기관으로부터 투자적격등급을 부여받은 국가는 칠레와 멕시코뿐이다. 주요 ECA들은 칠레에 대해 별다른 제한없이 금융지원을 하고 있다.

2. 주요 기관별 신용도 평가등급

① I.C.R.G. : 29/140 (2004. 12) → 30/140 (2005. 3)
② I.I. : 30/172 (2004. 3) → 33/173 (2004. 9)
③ Euromoney : 43/185 (2004. 9) → 43/185 (2005. 3)
④ OECD : 2등급 (2003. 6) → 2등급 (2004. 6)
⑤ Moody's : Baal
⑥ S&P : A

3. 대외지급능력

1982년에 중남미 외채위기의 영향으로 어려움에 직면하기도 하였으나 정부가 보증하지 않은 민간은행 외채 67억 달러의 지급책임을 정부가 부담하는 등 대외신인도 유지정책을 최우선으로 추진하여 왔다. 신흥시장 외환위기(foreign exchange crisis of emerging markets) 여파로 해외차입비용이 크게 증가하였으나 우량기업들은 국제금융시장에서 큰 문제없이 자금을 조달하고 있으며 1995년 이후 IMF의 자금지원은 받지 않고 있다. 총 외채규모(2004년말 기준)는 474억 달러로 다소 과다한 편이나 중장기 공적외채가 전체 외채의 80%로 양호한 외채구조를 나타내고 있다. 외환보유고(2003년말 기준)는 152억 달러로 상품수입의 약 6.5개월분에 달하여 대외지급 및 외채상환 문제 발생 가능성은 작은 편이다.

제5절 평 가

칠레는 2001년 이후 아르헨티나 금융위기(financial crisis), 국제 동 가격 하락 등으로 수출이 감소하고 내수마저 위축되면서 경제가 침체국면을 보였으나 2003년부터 정부의 내수 부양책, 국제 동 가격 상승, 주요 국가와의 FTA 체결 등으로 수출과 내수가 동반 회복되면서 경기가 호전되고 있다. 라고스 대통령은 경제자유화정책을 적극적으로 추진하면서 여야간 합의에 의한 안정적인 정국운영을 하고 있으며 인접국과도 통상 외교관계 확대로 원만한 관계를 유지하고 있다. 빈부격차, 치안, 부정부패 등에 대한 우려도 다른 중남미 국가들에 비해 매우 낮은 편이다. 칠레는 동 수출에 대한 과도한 의존도, 중국 및 미국경제의 둔화 가능성에도 불구하고 국제금융시장(international financial market)에서 양호한 신인도를 유지하고 있으며 향후 경제전망도 낙관적이다.

제16장

파라과이

제 1 절 일반개황

파라과이는 남미대륙 중앙부에 위치하고 있으며 바다가 없는 내륙국으로 브라질, 아르헨티나, 볼리비아와 접경하고 있다. 총인구는 약 600만명이고 인구의 96%가 스페인 및 과라니 원주민 혼혈로 이루어져 있으며 국민 대다수가 스페인어와 토착어인 과라니어를 병용하고 있다. 주요 산업은 농·목축업이며 경제력, 자본, 기술, 교육 등에서 여타 남미공동시장(MERCOSUR)) 회원국에 비해 뒤처져 있는 남미의 저소득 국가 중 하나로 평가할 수 있다.

〈표 16-1〉 일반지표

면 적	40.7만 km^2	G D P	74억 달러(2005년)
인 구	6.2백만 명(2005년)	1 인 당 G D P	1,191 달러(2005년)
정 치 체 제	대통령중심제	통 화 단 위	Peso
대 외 경 제	경제실리외교	환 율(달러당)	6.178(2005년 평균)

제 2 절 경제동향

1. 국내경제

1.1 경제성장

1998~2002년 동안 금융불안과 경기침체(recession)가 지속되었으나 2003년 이후 IMF 프로그램에 따른 경제안정화정책(economic stabilization policy)을 추진하면서 물가와 금융시장이 안정되었다. 국제 농산물 가격상승과 농산물 풍작 그리고 인접국인 브라질과 아르헨티나의 경기회복 등 대외경제여건 개선에 따른 수출호조에 힘입어 경제성장세를 회복하고 있다. 그러나 2005년에는 가뭄으로 인해 대두, 면화 등 주요 농산물의 작황이 부진하여 경제성장률이 2.7%로 하락하였으며 2006년에도 가뭄으로 인한 농업 부진으로 2005년과 비슷한 2.7% 성장에 그칠 것으로 보인다.

1.2 물가

2002~2003년에는 경기침체에도 불구하고 금융위기(financial crisis)로 인해 과라니화가 크게 평가절하(depreciation)되어 10%대의 높은 물가상승률을 기록하였으나 2004~2005년 중에는 경제안정 회복과 과라니화의 강세 전환으로 인해 물가상승률이 다시 10% 미만으로 하락하였다. 그러나 고유가 지속으로 인한 수입물가 상승과 가뭄으로 인한 국내 농산물 가격 상승 등으로 인해 하향 안정추세를 보여 왔던 물가가 최근 다시 상승 추세를 보이고 있어서 2006년 물가상승률은 11%대를 기록할 것으로 보인다.

1.3 재정

재정수지는 경기침체 지속 및 세제개혁 지연 등에 따른 세수 부진으로 대규모 적자를 보였으나 국제통화기금(IMF) 프로그램에 따른 긴축정책 및 세수확대 노력과 경기회복에 따른 세수 증가에 힘입어 2004년 이후 흑자로 전환되었다. 2005년에도 재정수지는 소폭의 흑자(GDP의 0.9%)를 기록하였으며 2006년에는 세수증가를 상회하는 정부지출 증가로 인해 재정수지는 균형(GDP의 0.0%)을 보일 것으로 전망된다.

〈표 16-2〉 주요 국내경제지표

(단위 : %)

구 분	2002	2003	2004	2005	2006f
경 제 성 장 률	0.0	3.8	4.1	2.7	2.7
재정수지 / G D P	-3.1	-0.1	1.8	0.9	0.0
소비자물가 상승률	10.5	14.2	4.3	6.8	11.0

자 료 : EIU, Country Report

2. 경제구조

파라과이는 비옥한 토지를 기반으로 농업과 목축업이 발달한 전통적 농업국가로서 농업이 국내총생산(GDP)의 23%, 고용인구의 30%, 총수출의 90%를 차지하고 있다. 이에 따라 전반적인 경제상황이 기후조건에 따른 농산물 작황과 국제시세 반동에 크게 영향을 받고 있다. 남미공동시장(Mercosur) 회원국인 파라과이는 대 Mercosur 수출입이 각각 52%와 53%를 차지할 정도로 Mercosur에 대한 경제적 의존도(economic dependence)가 높으며 이로 인해 주변국인 브라질과 아르헨티나의 경제상황에 크게 영향을 받고 있다.

한편 높은 문맹률, 낮은 취학률 등 교육부문에 대한 투자 및 효율적 정책부재로 전체 인구의 35%만이 초등교육과정 이상을 이수하고 있으며 이로 인한 고급인력 부족이 첨단 산업분야의 외국기업 투자유치와 신기술 도입을 저해하는 주요 장애요인이 되고 있다.

3. 경제정책

파라과이 정부는 IMF 등 국제금융기구의 지원 하에 비교적 착실히 국가개혁정책(세제개혁안, 신세관법안, 공공금융기관 합병화안, 금융법 개정안 등)을 추진하고 있다. 이에 따라 최근 들어 외환보유고(foreign exchange reserves) 증가, 세수증가, 환율안정 등 제반 거시경제지표가 안정세를 보이고 있다. 또한, 금융위기 재발 방지를 위한 정부의 금융개혁 노력도 지속되고 있다. 중앙은행의 금융 감독기능 강화와 정부의 경제구조개혁(reform of economic structure) 그리고 수출호조로 인한 경제성장세 회복 등으로 인해 최근에는 페소화 예금비중이 증가(2002년 40% → 2005년 53%)하는 등 국내 금융기관에 대한 신뢰도가 개선되고 있다.

한편, 파라과이 정부는 국제개발금융기관의 장기저리 대부자금(soft loan) 도입 및 배분 역할을 담당하기 위한 새로운 국책금융기관인 개발금융공사(AFD : Agencia Financiera de Desaarrollo)를 설립하였으며 부실자산 비율이 39%에 이르는 등 심각한 부실 문제에 직면해 있는 국책개발은행인 BNF(Bano Nacional de Fomento)의 구조조정을 추진하고 있다.

> 파라과이는 1990년대 초 적절한 규제 및 감독제도가 구비되어 있지 않은 상태에서 금융시장의 자유화(liberalization of financial market)와 규제완화(deregulation)가 이루어짐에 따라 1995년 이후 14 은행과 11개 금융회사가 파산하는 등 금융위기가 발생하였음. 1997년에는 최대 상업은행인 Banco Union이 파산하였으며 2002년에는 국내 3위 은행인 Banco Aleman이 불법 역외자금운영과 부실화로 인해 파산 위기에 직면하면서 예금인출사태가 발생하는 등 금융위기가 재발한 바 있음

4. 국제경제

4.1 수출입

주요 수출품은 면화, 대두, 소고기 등 농축산물이며, 주요 수입품은 내구성 소비재, 자본재 등 공산품이다.

최근 들어 경제회복과 고유가로 인한 수입증가로 상품수지 적자규모가 크게 확대되고 있다. 2004년 약 4억 달러였던 상품수지 적자규모가 2005년에는 10억 달러로 급증하였으며 2006년에는 12억 달러에 이를 것으로 전망된다.

4.2 경상수지

상품수지 적자규모 확대와 더불어 경상수지도 다시 적자로 전환되었다. 경기침체로 인한 수입급감으로 2002~2004년에는 경상수지가 일시적으로 흑자를 보였으나 2005년에는 다시 GDP의 3.7%인 2.8억 달러의 적자를 기록하였다. 2006년에는 GDP의 4.1%인 3.5억 달러로 적자규모가 확대될 것으로 전망된다.

파라과이의 수출입 통계는 시우단 델 에스떼 등 국경지역에서 외국인 관광객을 상대로 거래되는 금액을 제외한 것으로 실제 수출입 규모는 공식통계보다 많은 것으로 추정됨

4.3 외채

외채규모(2005년말 기준)는 GDP의 45%인 33.5억 달러로 다소 많은 편이나 단기외채는 이 중 20%인 6.5억 달러로 동국의 수출(28억 달러)이나 외환보유고(11억 달러)에 비하여 양호한 수준으로 평가할 수 있다. 총외채의 대부분은 공적외채이며 공적외채의 2/3 정도가 세계은행(World Bank), IDB 등 국제개발금융기관의 차관으로 구성되어 있는 등 외채구조는 비교적 양호한 편이다.

〈표 16-3〉 주요 국제경제지표

(단위 : %, 백만 달러)

	2002	2003	2004	2005	2006f
경상수지	93	132	20	-276	-354
경상수지 / GDP	1.7	2.2	0.3	-3.7	-4.1
상품수지	-280	-275	-391	-1,001	-1,200
수출	1,858	2,175	2,812	2,798	3,000
수입	2,138	2,450	3,203	3,799	4,200
외환보유고	487	811	1,011	1,140	..
총외채잔액	2,958	3,202	3,433	3,351	3,369
총외채잔액 / GDP	52.9	53.0	49.4	45.4	40.7
D. S. R.	13.0	11.1	14.0	13.5	13.2

자 료 : EIU, Country Report

제 3 절 정치 · 사회 동향 및 대외관계

1. 정치동향

1.1 민주주의 제도 정착 및 발전 지체

1954년 쿠데타로 집권한 스트로에스네르 대통령이 35년간 8회 연임하며 장기 집권하다가 1989년 로드리게스 장군의 쿠데타로 브라질로 망명하였으며 잔여임기인 1993년까지 로드리게스가 집권하였다. 1993년 5월 대통령선거에서 와시모시 대통령의 당선으로 민정이양이 이루어졌으나 와시모시 대통령과 군부 실력자인 오비에도 장군과의 권력다툼으로 정국불안이 지속되었다. 1998년 5월 대통령선거에서 오비에도파인 라울 쿠바스가 당선되어 오비에도 전 육군참모총장(1996년 쿠데타 기도로 구금)을 전격 석방하였으나 집권당인 꼴로라도당(PC) 내부 및 야당으로부터 거센 반발을 야기하였다. 1999년 3월 23일 아르가냐 부통령이 무장 괴한에 의해 피살되자 암살 배후자로 오비에도 장군이 지목되고 대규모 시위가 발생하였다. 이로 인해 쿠바스 대통령이 사임 후 브라질로 망명하고 오비에도 장군은 아르헨티나로 망명하였으며 이후 헌법에 따라 곤살레스 마치 상원의원이 대통령직을 승계하여 야당과의 연립내각을 구성하였다. 한편, 2000년 8월 부통령 선거에서 야당인 급진자유당(PLRA)의 세샤르 프랑코 후보가 당선됨에 따라 여야 대립과 여당 내 계파간 분열 등으로 정국불안이 지속되고 있다.

1.2 정치 불안정의 지속

2003년 4월 대통령선거에서 와시모시 정권 당시 교육부장관을 역임한 바 있는 여당인 꼴로라도당(PC)의 두아르떼 프루또스(Duarte Frutos)가 대통령으로 당선되어 동년 8월 15일 취임하였다. 대통령선거와 동시에 실시된 총선에서 여당은 최다의석(하원 80석 중 37석, 상원 45석 중 16석)을 차지하였으나 과반수 확보에는 실패하였다.

두아르떼 프루또스 정부는 1993년 민정이양 이후 처음으로 정통성을 인정받는 민간정부로서 IMF의 지원 하에 재정개혁(fiscal reform), 법조개혁, 부패척결 등 강력한 개혁정책을 추진하고 있다. 최근에는 두아르떼 프루또스 대통령 지지세력이 중임 발판 마련을 위해 임기 5년의 단임제를 명시하고 있는 현행 헌법의 개정을 추진하고 있다. 그러나 이에 반대하는 여당 내 반대파와 야당이 2006년 3월 대규모 장외집회를 개최하는 등 정국불안 가능성이 증대되고 있다.

2. 사회동향

민주화(democratization) 추진 과정에서 사회 각 분야의 파업, 시위 등이 증가하고 있으며 높은 문맹률과 빈부격차, 부정부패의 만연(부패지수 세계 3위), 경찰력 미비로 인한 치안불안 심화 등으로 사회불안 요인이 상존해 있다. 특히, 절대빈곤과 빈부격차 심화로 인해 부유층 주민을 대상으로 하는 납치사건을 비롯하여 각종 범죄사건이 매년 증가추세를 보이고 있다.

무토지 농민들의 사유지 점거사태도 빈발하고 있는데 무토지 농민들의 사유지 점거문제는 과거 식민시대부터 이어져 내려온 대토지소유제로 인한 토지분배의 불균형(인구의 10%가 토지의 90% 소유)과 빈곤문제에서 비롯된 최대 사회문제로서 단기간에 토지문제가 해결되기는 어려울 것으로 보인다.

3. 대외관계

파라과이는 남미공동시장(MERCOSUR) 회원국으로 주변국과는 대체로 우호적 관계를 유지하고 있으며 주변국과의 무력분쟁 가능성은 희박하다. 그러나 최근 들어 지역경제 통합(regional economic integration)으로 인한 경제적 이익이 브라질과 아르헨티나에만 집중되고 있다는 불만이 고조되면서 MERCOSUR 회원국으로서의 존속여부에 대한 회의론이 강하게 대두되고 있다.

이 같은 상황 하에서 두아르떼 프루또스 정부가 미국과의 관계증진을 적극적으로 추진하면서 양국관계가 급진전되고 있으며 미국의 남미진출에 따른 역내 주도권 약화를 우려한 브라질과의 관계에는 긴장 분위기가 조성되고 있다.

제 4 절 국제신인도 및 대외지급능력

1. 국제신인도

파라과이는 1998년 이후 2003년까지 정치불안정(political instability)과 금융불안정(financial instability), 농산물 국제시세 하락으로 경기침체(recession)가 지속되고 국가신용등급도 하락세를 보여 왔다. 그러나 2004년 이후 IMF, IDB 등 국제금융기구의 지원 하에 비교적 착실히 국가개혁정책을 추진함에 따라 외환보유고 증가, 세수증가, 환율안정 등 제반 거시경제 지표가 안정세를 보이고 있고 신용등급도 소폭 상승하였다.

최근 파라과이 신용등급 변화는 다음과 같다.

① S&P : BB- (1995. 10) → B+ (1999. 2) → B (1999. 6) → B- (2002. 11) → SD (2003. 2) → B- (2004. 7)

② Moody's : B2 (1998. 7) → Caa1 (2003. 2) →B3 (2006. 5)

③ OECD : 5등급 (1999. 3) → 6등급 (2000. 4 이후 현재까지 6등급 유지)

2. IMF의 신규 대기성차관 도입

파라과이는 2003년 12월 2년 만기 6,500만 SDR 규모의 IMF 대기성차관(Stand-by Loan)을 도입하고 IMF 지원 하에 경제개혁 프로그램을 추진해 왔다. 2005년 12월 동 IMF 대기성차관이 만료됨에 따라 파라과이 정부와 IMF는 신규 대기성차관 도입 협상을 추진해 왔다. 2006년 5월에는 IMF 이사회가 27개월 만기 5,000만 SDR(약 7,500만 달러) 규모의 신규 대기성차관 협정을 승인한 바 있다. 파라과이는 2004~2005년 동안에도 IMF 대기성차관을 실제로 인출하지는 않았으며 이번 대기성차관도 위기예방 차원에서 도입한 것으로 실제 차관인출이 이루어지지는 않을 것으로 보인다. 그러나 IMF 대기성차관 협약 체결에 따라 IMF와 정기적으로 협약내용 이행 여부에 대한 점검이 이루어지게 되어 IMF와의 협약체결은 투자자들에게 파라과이 경제가 정상궤도를 이탈하지 않을 것이라는 긍정적 신호로 인식되고 있어 파라과이의 대외신인도 개선에 기여할 것으로 판단된다.

3. 대외지급능력

파라과이는 과거 중남미 외채위기 시기에도 채무 리스케줄링(debt rescheduling) 경험이 없으며 외채 상환태도는 양호한 것으로 평가된다. 그러나 대만, 미국 등이 동국에 제공한 공적원조자금(ODA) 중 일부에 대해서는 양국간 협상을 통해 채무재조정이 이루어진 바 있다. 외환보유고는 경기침체와 금융불안으로 인해 한 때 5억 달러 미만으로 감소되었으나 최근 수출호조와 국제개발금융기관의 금융지원 등에 힘입어 증가 추세를 보이고 있다. 외환보유고(2006년 5월말 기준)는 12억 달러로 2005년 말에 비해 1억 달러 정도가 증가하였다.

경상외환수입 대비 외채원리금 상환비율(D.S.R.)이 11~13% 수준으로 외채원리금 상환부담이 크지 않으며 위기상황에 대비하여 IMF의 대기성 차관을 도입해 놓고 있다. 또한, 수출호조 지속으로 외환보유고도 증가하고 있는 추세를 보이고 있어서 조만간 외환유동성 위기가 발생할 가능성은 작은 것으로 평가할 수 있다.

제5절 평 가

파라과이는 IMF 등 국제금융기구의 지원 하에 경제안정화정책을 적극적으로 추진하는 한편 대외경제여건의 개선으로 경제안정과 성장기조를 회복하였다. 민주적 정통성(democratic legitimacy)을 가지고 있는 두아르떼 프루또스 민간정부의 출범 이후 정국도 대체로 안정을 보이고 있으며 장기 안정적 성장기반 마련을 위한 국가 개혁정책을 적극적으로 추진하고 있다. 그러나 동국의 경제구조는 근본적으로 취약한 편이며 최근의 고유가 지속, 국제금리 상승 등 대외경제여건이 동국 경제에 불리하게 전개되고 있어서 거시경제 변수의 동향에 유의할 필요가 있다.

제17장

페 루

제 1 절 일반개황

페루는 남미 중부 태평양 연안에 위치하고 있다. 인구의 50%가 넘는 인디오 대부분이 안데스 고원지대와 동부 밀림지대의 농촌에 거주하고 있는 반면에 메스티조와 백인은 주로 해안 저지대의 도시에 거주하고 있다. 대부분의 산업시설이 해안 저지대에 밀집하여 지역간, 계층간 빈부격차가 심한 편이다

페루는 금, 구리 아연 및 천연가스 등의 부존자원이 풍부한 나라이며 수산대국 중의 하나이다. 1980년대 중반 외채상환 중단을 선언한 이후 1988~1992년 동안 초인플레이션(hyperinflation)과 큰 폭의 마이너스 경제성장률을 기록하면서 국가신용도(national credibility)가 세계 최하위권으로 추락한 바 있다.

1990년 집권한 후지모리 정부의 시장경제정책(market economic policy) 시행 및 성공적인 리스케줄링(rescheduling)에 힘입어 성장세를 회복하였으며 현 톨레도 정권 취임 이후에도 대외경제여건 호조에 따른 수출증대, 재정수지 개선에 힘입어 국제투자자들의 신인도를 지속적으로 회복하고 있다.

〈표 17-1〉 일반지표

면 적	1,285천 km^2	G D P	686억 달러(2004년)
인 구	27.5백만 명(2004년)	1 인 당 G D P	2,491 달러(2004년)
정 치 체 제	대통령중심제	통 화 단 위	Nuevo Sol(NS)
대 외 정 책	실리주의 경제외교	환 율(달러당)	3.41 (2004년)

제 2 절 경제동향

1. 국내경제

1.1 경제성장

페루는 미국의 ATPA(안데안무역특혜법) 연장조치에 따른 무역특혜와 광업 생산의 증가에 힘입어 수출이 큰 폭으로 증가하면서 제조업, 건설업 등 국내산업도 활성화되어 2002년 이후 연 4% 이상의 높은 성장률을 기록하고 있다. 2005년에도 국제광물가격 상승, 대미 무역특혜조치에 힘입은 섬유 및 농산물 수출 증가, 경기회복에 따른 민간소비 증가, Camisea 천연가스전 및 운송 인프라 투자 확대 등으로 인해 경제성장률이 6~7%대를 기록할 것으로 보인다.

1.2 물가

페루 중앙은행은 2002년 이후 외환시장 개입, 금리 인상 등의 통화정책을 통해 연간 소비자물가상승률을 2.5% 기준으로 상하 1%(1.5~3.5%) 이내에서 유지하는 것을 목표로 하고 있다. 2004년에는 장기간 가뭄이 지속되면서 농산물 공급량이 감소하고 국제 연료가격이 상승하여 소비자물가상승률이 중앙은행의 목표치를 초과하여 3.7%를 기록하였다. 그러나 2005년에는 농산물 공급수준 회복, Camisea 가스전의 천연가스 공급 증가에 따른 국내 에너지가격 하락 및 동국 통화가치 상승에 따른 수입가격 하락으로 물가상승률이 전년보다 낮은 2%대를 기록할 것으로 보인다.

1.3 재정

톨레도 정부는 2003년 8월 부가가치세를 18%에서 19%로 인상하고 2004년에는 법인세율을 27%에서 30%로 인상하는 한편, 금융거래세를 도입하는 등 일련의 세제개혁을 단행한 바 있다. 이와 함께 경기호조에 힘입어 소득세 및 관세수입이 증가하면서 세수가 큰 폭으로 증가하였다. 그러나 2004년말 연금제 개정으로 연금지출 부담이 증가하는 한편, 2005년 5월 임금 인상을 요구하는 보건의료 공무원들의 시위가 발발하는 등 공무원 임금 인상 압력이 증가하면서 재정지출도 확대될 것으로 보인다. 이에 따라 2005년도 재정수지는 재정수입 증가분만큼 개선되지는 않을 것으로 보인다.

〈표 17-2〉 주요 국내경제지표

(단위 : %)

구 분	2001	2002	2003	2004	2005f
경 제 성 장 률	0.2	4.9	4.0	4.8	5.9
재 정 수 지 / G D P	-2.5	-2.3	-1.7	-1.1	-0.8
소 비 자 물 가 상 승 률	2.0	0.2	2.3	3.7	1.7

자료 : EIU, Country Report

2. 경제구조

2004년도 기준으로 서비스업이 약 53%의 비중을 차지하고 있으며 제조업(14.9%), 농업(8.8%), 광업(6.6%) 등이 그 뒤를 잇고 있다.

세계 동 매장량의 15%를 보유하고 있는 페루는 2004년 국제 동 가격 호조 및 광업부문에 대한 신규 투자가 증가하면서 칠레, 미국에 이어 세계 3위의 동 생산국으로 부상하였다. 은(2위), 아연(3위), 금(6위) 등의 기타 광물 생산도 세계 최고 수준을 차지하고 있으며 최근에는 Camisea 가스전 개발에 힘입어 천연가스 생산도 증가하고 있다. 1994년 페루는 중국에 이어 세계 2위의 수산대국이 되었다. 그러나 과잉 어획으로 인한 수산자원 고갈을 방지하기 위해 어획량 제한법이 도입되고 엘니뇨현상에 따른 수온 상승으로 안초비(anchovy, 멸치류) 어획에 차질이 발생되면서 한때 1,000만 톤이 넘었던 어획량이 50% 이하로 감소하였다. 이에 따라 수산업 관련 산업 비중이 크게 감소하였으나 동물 사료로 사용되는 어분(fishmeal) 생산은 여전히 세계 1위를 유지하고 있다. 2004년에는 동 및 금 수출이 전체 수출액의 38%를 차지하였으며 최대 교역상대국은 미국(수출 29.0%, 수입 28.7%)이다. 한편, 최근 대중(對中) 광물 수출이 급증하면서 중국은 미국에 이어 2위 수출국으로 급부상하였다.

3. 경제정책

페루는 1980년대 중반 외채상환 중단을 선언한 이후 극심한 인플레이션과 경기침체(recession) 상태에 있었으나 1991년 후지모리 정부가 신자유주의(neoliberalism)에 기초한 경제개혁·개방정책과 일련의 구조개혁(structural reform)을 실시하면서 경기회복 및 물가안정을 이룩하였다. 또한, 정부보조금 지급 폐지 등을 통해 정부재정수지를 개선하고 공기업 민영화(privatization of public enterprise), 노동시장 개혁(reform of labor market), 외국인투자제도 개선 등을 통해 외자유치 확대의 성과를 이루었다.

그러나 1990년대 후반부터 경제개혁 속도가 둔화되고 후지모리 정권의 선심성 정부지출이 증가하면서 재정수지가 다시 악화되었다. 이에 2001년 집권한 톨레도 정부는 재정적자(fiscal deficit) 감축을 경제정책의 최우선순위로 삼고 세제 개혁, 공공채무 건전화, 공기업 민영화 추진을 지속하고 있다. 한편, 페루는 민간투자 진흥 및 사회간접자본(SOC) 시설 확충을 위해 1991년부터 외국인투자제도를 대폭 개정하여 내·외국인 동등대우정책을 시행하는 한편, 원칙적으로 모든 경제분야에 대한 참여를 보장하고 있다. 이는 1990년대 초반부터 급격히 진행된 공기업 민영화정책과 함께 외국인투자를 활성화하는 근간이 되어 왔다. 톨레도 집권 이후에도 실업문제 해결, 빈곤 퇴치 등 경기부양 정책 실시를 위한 안정적인 재원확보를 위해 민영화 정책을 강력히 추진해 왔으나 에너지 부문을 중심으로 한 민영화 반대 시위가 연이어 발생하면서 공기업 민영화 정책이 차질을 빚고 있다.

4. 국제경제

4.1 상품수지

경기회복에 따른 민간소비 증가, 광업 및 가스전 개발 투자자들의 자본재 수입 증가 등으로 인해 연간 수입증가율이 약 20%에 이르고 있다. 그러나 국제 광물가격 상승으로 동 및 금 수출이 지속되고 ATPA 연장조치에 따라 커피, 감자 등의 농산물 및 면, 모 등의 섬유 수출이 활성화되는 등 수출이 더욱 큰 폭으로 증가하면서 상품수지 흑자 규모도 점점 확대되고 있다. 2005년에는 전년 대비 수출증가율이 32.3%에 이를 것으로 보이며 이에 따라 상품수지 흑자도 약 46억 달러를 기록할 것으로 전망된다.

4.2 경상수지

다국적 광업회사들의 과실송금 및 외채상환비용으로 인해 소득수지는 매년 적자를 기록하고 있다. 그러나 2004년 해외 거주 페루인들의 송금실적이 전년 대비 30% 증가한 11.2억 달러에 이르는 등 경상이전수지 흑자 규모가 지속적으로 증가하고 수출호조에 힘입어 상품수지 흑자 규모도 급증하면서 20년 만에 처음으로 경상수지 흑자(current account surplus)를 기록할 것으로 예상된다.

4.3 FDI

Camisea 천연가스전 개발이 본격적으로 이루어지고 광산개발 프로젝트에 대한 신규투자도 증가하면서 연간 외국인직접투자도 18억 달러를 상회할 것으로 전망된다. 이와 함께 브라질-페루 남미횡단고속도로 건설 프로젝트 및 공항, 광산, 항만, 상하수도 시설 등 인프라 부문 양허사업에 대한 외국인투자가 증가하여 2006년에는 FDI 규모가 20억 달러에 이를 것으로 예상된다.

4.4 환율

수출 호조 및 외국인직접투자(FDI) 활성화로 인해 외화 유입이 급증하면서 통화 가치 상승 압력이 증가하고 있다. 수출경쟁력(export competitiveness) 저하를 우려한 중앙은행이 2005년 5월까지 17억 5,000만 달러의 외화를 매입하는 등 외환시장에 개입하면서 환율 절상압력을 상쇄시키고 있으나 수출 호조세가 지속되면서 향후 환율은 2004년의 3.41NS/＄보다 하락할 것으로 예상된다.

〈표 17-3〉 주요 국제경제지표

(단위 : %, 백만 달러)

	2001	2002	2003	2004	2005f
경상수지	-1,159	-1,127	-933	-11	1,031
경상수지/GDP	-2.2	-2.0	-1.5	0.0	1.3
상품수지	-195	306	836	2,792	4,613
수출	7,026	7,723	9,091	12,616	16,692
수입	7,221	7,417	8,255	9,824	12,079
외환보유고	8,672	9,339	9,777	12,176	13,187
총외채잔액	27,612	28,106	29,857	31,300	31,100
총외채잔액/GDP	51.4	49.7	49.2	45.6	39.8
D.S.R.	22.0	32.8	21.3	18.5	24.9

자료 : EIU, Country Report

제 3 절 정치 · 사회 동향 및 대외관계

1. 정치동향

2001년 톨레도 후보가 아메리카 혁명동맹(APRA)의 가르시아 전 대통령을 누르고 5년 임기의 대통령에 당선된 바 있다. 취임 당시 국민의 적극적인 지지 속에 후지모리 독재의 잔재청산, 경기 부양책 실시, 국영기업 민영화 등의 정책을 강력히 추진하였다. 그러나 지속되는 부패사건 및 정치스캔들 등으로 톨레도 대통령의 지지도는 취임 당시의 60% 수준에서 한때 임기 중 최저 수준인 6%대로 하락하였으며 민영화 반대시위, 공무원 노조 파업 등으로 국가비상사태를 선포하는 등 정국 운영에도 한계를 노출시키고 있다.

2005년 5월 톨레도 대통령이 2000년 선거 당시 현 집권당인 페루가능성당(PP) 등록을 위한 서명위조 행위에 연루되었다는 의혹이 제기되면서 대통령의 도덕적 책임(moral responsibility)을 묻기 위해 의회에서 탄핵투표를 실시하였으나 찬성표가 전체의 1/3에 불과해 탄핵 시도는 무산된 바 있다.

한편, 경제호조세가 지속되면서 톨레도 대통령이 임기 중 축출당할 가능성은 희박할 것으로 판단되나 여소야대 정국, 선거 임박에 따른 정국 동요 등으로 인해 톨레도의 국정 장악력은 크게 저하될 것으로 보인다.

2. 사회동향

유엔개발계획(UNDP)은 페루 국민의 50% 이상이 빈곤상태에 처해 있으며 절대 빈곤층도 24%에 이르는 것으로 발표한 바 있다. 이와 함께 2002년 소득기준 지니계수(Gini coefficient)가 0.48에 이르는 등 극심한 빈부격차가 발생되고 있으며 만성적인 실업문제로 인해 사회불안요인이 상존하고 있다. 톨레도 집권 이후에도 교원노조, 의료분야 노조들의 임금인상을 요구하는 총파업이 지속되고 있으며 광산지대를 중심으로 민영화반대 시위가 빈발하고 있는 실정이다. 2005년 5월에도 Espinar 지방에서 동 광산을 채굴하는 외국기업에 대해 지역사회 환원금 증가를 요구하는 시위가 발생하면서 약 1달 동안 생산이 중단된 바 있다.

3. 대외관계

유엔마약범죄국(UNODC)의 보고서에 따르면 페루는 콜롬비아에 이어 전세계 코카인의 1/3을 생산하고 있는 것으로 확인되었다. 이에 따라 동국은 미국의 적극적인 지원 하에 콜롬비아 정부와 함께 마약밀매 근절을 위한 국경지방 단속을 강화하고 있으며 단속과정에서 콜롬비아 게릴라 단체와의 충돌 우려를 제외하고는 주변국과 대체로 원만한 관계를 유지하고 있다.

6,000여개 대미수출품목에 대해 무관세 수출 혜택을 부여하는 ATPDEA(안데안 무역촉진 및 마약근절특별법)가 2006년 12월 종료됨에 따라 이를 대체할 수 있는 FTA 체결이 시급한 과제로 부상하였다. 페루는 콜롬비아, 에쿠아도르와 함께 미국과의 FTA 체결을 위해 협상을 지속하고 있으나 농가보조금, 특허권 등에 대한 의견이 엇갈려 FTA 타결에 난항을 겪고 있다. 참가국들은 당초 2006년까지는 FTA 체결 및 의회의 비준절차를 모두 완료할 계획이었으나 2005년 11월 FTA 협상 이후 페루와 콜롬비아 정부가 미국 측에 유연한 협상 자세를 요구하며 FTA 협상 잠정 중단을 선언하여 FTA의 향방이 불투명해진 상태이다.

페루-볼리비아-브라질을 동서로 연결하는 남미횡단고속도로(Inter-Oceanic) 착공식이 2005년 9월에 거행되었다. 총 투자액 13억 7,000만 달러, 공사기간 4년의 대규모 건설프로젝트가 완공될 경우 남미지역통합(South American Regional Integration)이 가속화되는 것은 물론, 페루 내에서도 아시아 지역으로의 수출을 위한 태평양 방면으로의 물동량이 증가함에 따라 횡단고속도로가 관통하는 페루 남부 지역의 고용 증대 및 경기 부양에 기여할 수 있을 것으로 보인다.

제 4 절 국제신인도 및 대외지급능력

1. 국제신인도

경제협력개발기구(OECD)는 2005년 6월 불안정한 정치상황에도 불구하고 재정수지가 지속적으로 개선되고 파리클럽과의 채무관계 호전으로 외채부담이 완화된 점 등을 고려하여 동국의 신용등급을 이전의 5등급에서 4등급으로 한 등급 상향조정하였다. 또한, 7월에는 S&P도 동국의 신용등급전망을 'Stable'에서 'Positive'로 상향조정한 바 있다. 이는 신중한 거시경제정책 운용과 대외여건 호조로 중기경제 전망이 개선되는 한편, 7월 파리클럽채무를 조기상환하면서 외채표시통화 일부를 현지화로 전환하면서 외채리스케줄링을 유연하게 마무리함과 동시에 환리스크(foreign exchange risk) 부담도 축소시켰기 때문이다.

① OECD : 5등급 (2004. 6) → 4등급 (2005. 6)
② Moody's : Ba3 (1998. 3)
③ S&P : BB (2004. 6)
④ Fitch : BB (2004. 11)
⑤ I.C.R.G. : 75/140 (2004. 10) → 78/140 (2005. 9)
⑥ I.I. : 76/173 (2005. 3) → 79/173 (2005. 9)
⑦ Euromoney : 79/185 (2004. 9) → 76/185 (2005. 3)

2. 주요 ECA의 지원 태도

① US EXIM : 부보율 제한조건으로 인수가능
② 영국 ECGD : 중단기 인수 가능
③ 독일 Hermes : 단기 최고 부보율 적용

3. 대외지급능력

페루는 1986년 9월 국제상업은행단과의 외채협상을 일방적으로 중단하고 원리금 상환지불유예를 선언함에 따라 국제기관과의 관계가 냉각되어 한동안 신규차입이 동결되었다. 그러나 1990년 출범한 후지모리 정부가 IMF가 제시한 거시경제 안정화(macroeconomic stabilization) 방안을 수용하고 외채상환에 적극적인 태도를 보여 1996년 이후 신규차입이 재개되는 등 국제신인도가 회복되었다. 총 외채규모(2004년말 기준)는 313억 달러(GDP의 45.6%)이며 D.S.R.이 20%를 초과하는 등 외채부담이 다소 과다한 편이나 중장기채무가 90%에 이르는 등 외채구조는 비교적 안정적인 것으로 평가할 수 있다. 또한, 수출호조로 외화유입이 증가하여 2005년 8월말 기준 외환보유고가 상품 수입의 약 13개월분인 132억 달러를 기록하는 등 대외지급 및 외채상환 문제가 발생할 가능성은 작은 편이다.

2002년 2월 70년 만에 글로벌 본드(Global Bond)를 발행하는데 성공한 이후 국제금융시장에 별다른 문제없이 자금을 조달하고 있으며 국제금리 하락을 활용하여 12억 달러의 브래디 본드(Brady Bond)를 신규 글로벌 본드와 스왑하여 조기 상환하는 등 외채상환부담을 상당부분 경감시켰다. 한편, 페루는 2005년 6월에도 파리클럽에 대한 채무 80억 달러 중 2009년 12월까지 만기도래하는 원금 20억 달러의 조기 상환을 천명하고 자금 조달을 위해 7억 5,000만 달러의 글로벌 본드를 발행하고 국내채권시장에서도 현지화로 4억 달러의 채권을 발행하기로 하였다. 이는 단기채를 장기채로 전환시키는 효과를 야기시켜 외채상환부담을 경감시킬 뿐만 아니라 일부 외채는 현지화 표시 내국채로 전환됨에 따라 환리스크(foreign exchange risk)를 감소시키는 효과를 발생시킬 것으로 보인다.

제5절 평 가

페루는 최대 수출품인 금과 동의 국제가격 상승, ATPDEA의 무역특혜조치 등 대외 경제여건의 개선으로 2002년 이후 양호한 경제성장을 보이고 있다. 또한 Camisea 가스전 프로젝트, 미국과의 FTA 타결 가능성 증대 등으로 향후 경제 전망도 밝다고 할 수 있으나 집권 초기 지지율이 60%를 기록했던 톨레도 대통령이 각종 부패의혹에 연루되면서 지지율이 급락하고 빈곤 및 빈부격차, 높은 실업률 등으로 정치·사회적인 불안요인이 상존하고 있는 것이 경재성장의 장애요인으로 작용하고 있다.

제5편

한 · 중남미 경제협력

제18장

한국의 미주개발은행 가입

미주개발은행(IDB : Inter-American Development Bank) 이사회는 2004년 11월 5일 한국의 IDB 가입을 승인하고 11월 18일 기준 총 36개 회원국, 91%가 찬성함에 따라 한국의 IDB 가입이 확정되었다.[1] 이로써 한국은 IDB의 47번째, 아시아에서는 일본에 이어 2번째로 회원국이 되었으며 2005년 4월에 개최되는 IDB 연차총회부터 정식 회원국으로 참석하였다.

IDB는 1959년 세계 최초로 창설된 다자간 지역개발금융기구로 중남미의 경제사회개발을 촉진시키기 위한 공공 및 민간투자지원과 역내 국가간 정책협력 및 투자재원창구 역할을 담당하고 있다. 한국은 그 동안 중남미의 인프라 확대 수요와 IDB의 관련 역할 및 위상, 한국의 중남미 인프라 시장 진출기회 확대 등을 위해 IDB 가입을 추진해 왔다.

1) 총회 승인 요건은 역내회원국(28개국) 과반수 초과, 전체회원국(46개국) 과반수 초과, 투표권 75% 이상이다.

제 1 절 한국의 미주개발은행 가입 추진경과

한국은 1979년부터 IDB 가입의사를 표명하였으나 역외국가에 대해서는 세계은행(IBRD) 등 다른 국제금융기구(international financial institutions)로부터의 차입이 없어야 한다는 원칙을 요구해 IBRD 차관을 졸업한 1992년까지 사실상 가입 자격이 없었으며 1987년 이래 옵서버 자격만을 유지해 왔다. 1992년 이후에도 IDB 조달시장에의 한국기업의 참여와 이로 인한 시장잠식을 우려한 일부 회원국의 반대로 어려움에 직면하였다.

한국은 IDB 가입을 위한 노력의 일환으로 2000년 중남미 저개발국가 지원을 위한 한국신탁기금(Korea Trust Fund)을 IDB에 위탁하는 한편 수출입은행은 IDB와 중남미 개발 프로젝트에 대해 적극적으로 협조융자를 추진하였다.[2] 대외경제협력기금(EDCF : Economic Development Cooperation Fund) 운영기관인 수출입은행은 IDB와 3건의 협조융자를 추진하면서 IDB와의 공동 심사출장 및 연례협의회 개최 등을 통해 IDB와 업무적으로 긴밀한 관계를 유지해 왔다. 이러한 사전 노력들이 IDB와 중남미 국가들로부터 한국의 IDB 가입 지지를 도출하는 데 크게 기여하였다.

한편, 2002년말 보스니아·헤르체코비나가 IDB 보유 지분을 포기함에 따라 한국은 지분인수를 통한 IDB 가입의 호기를 맞이하였으며 범정부적으로 적극적인 IDB 가입을 추진하였다. 이미 IDB와 업무적으로 긴밀한 유대관계를 맺고 있는 수출입은행도 막바지 가입 분위기 조성과 협상 지원을 적극적으로 추진하였다.

수출입은행은 한국의 IDB 가입에 부정적 입장을 보였던 브라질 정부 관계자들을 설득하기 위해 2004년초 스위스 제네바에서 개최된 브라질의 국가 기업설명회(IR) 행사에 행장이 직접 참석하는 한편, 브라질 기획예산부 장관과의 면담을 통해 한국

2) 세계 주요 선진국들은 중남미 저소득층 지원을 위한 무상원조 용도로 IDB에 신탁기금(Trust Fund)을 위탁하여 IDB가 집행·관리하도록 하고 있다. 현재 IDB에 위탁된 신탁기금은 50여개에 이르고 있다. 한국도 2000년에 허리케인으로 피해를 입은 중미 5개 국가들의 구호 및 복구공사와 콜롬비아의 내전으로 큰 피해를 입은 지역을 지원하기 위해 IDB에 2개의 신탁기금을 위탁한 바 있다(수출입은행, 수은해외경제, 2005. 1. pp. 82~86 요약·재구성).

의 IDB 가입지지를 적극적으로 설득하였다. 또한, 수출입은행은 2004년 2월에는 브라질 기획예산부차관을 한국으로 초청하여 브라질 투자설명회 개최를 지원하는 한편, 5월에 IDB 총재가 한국의 IDB 가입에 관한 협의를 위해 내한하였을 때와 7월 말 사무총장이 이끄는 IDB 실무대표단이 방한하였을 때에도 IDB와의 기존 인맥을 활용한 지원 노력을 경주하였다.

〈표 18-1〉 수출입은행과 IDB의 Co-Financing 현황

(단위 : 천 달러)

국가	사업명	차관금액	진행상태
Bolivia	교량건설사업	23,000	승인후 입찰진행 중
Honduras	치안강화사업	2,500	승인후 정부협정 중
Nicaragua	치안강화사업	7,000	차관신청 준비 중
El Salvador 외	보건사업 등 5개 사업	-	실무협의 중

자료 : 수출입은행

한국의 IDB 가입이 성사된 후 수출입은행은 IDB와 협조융자 등 상호협력에 관한 협정서(MOU) 체결과 한국 기업의 현지 진출 지원을 위한 수출입은행 직원의 IDB 파견을 추진하는 등 신속한 행보를 지속하고 있다.

〈표 18-2〉 IDB 차관 지원 현황

(단위 : 백만 달러)

	1998	1999	2000	2001	2002	2003
승인액	10,063	9,486	8,566	7,854	4,549	6,810
집행액	6,635	8,387	7,069	6,459	5,837	8,902
대출잔액	39,651	45,671	49,043	51,721	54,839	57,975

자료 : IDB, Annual Report, 2003.

제2절 미주개발은행 가입 효과

IDB 가입의 가장 큰 경제적 효과는 IDB 차관지원 중남미 개발 프로젝트사업 참

여자격의 획득이라고 할 수 있다. IDB가 제공하는 차관은 사용이 제한되어 있다. 차관은 프로젝트의 목적에 부합하는 비용에만 사용할 수 있으며 입찰자격과 원산지가 제한되어 있다. 즉, 입찰자는 반드시 회원국의 기업과 개인이어야 하며 제공하는 토목건설사업이나 재화와 용역은 반드시 회원국에서 생산된 것이라야 한다. 이러한 IDB 규정으로 인해 한국기업은 그 동안 IDB 차관지원 중남미 프로젝트 참여가 원천적으로 봉쇄되어 있었다.

이제 한국이 IDB 회원국으로 가입함에 따라 한국기업의 IDB 조달사업 참여를 통한 중남미 시장개척 기회가 확대될 것으로 보인다. IDB는 2003년까지 총 2,950억 달러의 개발 프로젝트에 1,289억 달러의 차관을 제공하였다. 연간 차관 승인액도 1961년 2억 9,400만 달러에서 2003년에는 68억 달러로 증가하였으며, 2003년말 기준 대출잔액은 580억 달러에 이르고 있다.

2003년 IDB의 차관 집행액은 89억 달러로 세계은행의 대중남미 차관 집행액인 64억 달러를 초과하였다. 상기한 차관규모에 근거해 볼 때 IDB는 연간 약 11,000~13,000개의 조달계약을 발주하고 있는 것으로 추정된다. 한편, IDB의 차관이 통상 프로젝트 총 투자액의 50%를 지원하고 있으므로 IDB 조달시장의 규모는 연간 집행액의 2배 규모인 180억 달러에 이르는 것으로 추정된다. 따라서 향후 한국기업의 IDB 차관지원조달계약을 통한 중남미 시장진출을 확대시킬 필요가 있다.

〈표 18-3〉 IDB의 주요 차관 지원국

(단위 : 백만 달러)

2003년 승인액 기준			누적 승인액 기준		
국가	금액	비중	국가	금액	비중
아르헨티나	1,986.0	29%	브라질	26,134.1	20%
콜롬비아	1,814.0	26%	아르헨티나	19,634.3	15%
페루	524.6	8%	멕시코	17,220.0	13%
멕시코	510.0	7%	콜롬비아	10,978.5	7%
브라질	339.3	5%	페루	6,602.6	5%
IDB 총계	6,810.0	100%	IDB 총계	128,857.3	100%

자료 : IDB. Annual Report, 2003.

〈표 18-4〉 IDB 조달사업 현황(2004년 11월 26일 기준)

(단위 : 건)

국가별 분류		지원분야별 분류	
국가	건수	분야	건수
브라질	104	현대화	267
아르헨티나	71	사회투자	162
멕시코	53	보건·위생	114
콜롬비아	6	도로	88
페루	72	환경	164
우루과이	44	농업	82
베네수엘라	28	에너지	52
도미니카(공)	39	관광인프라	24
총계	1,315	총계	1,315

자료 : IDB

IDB 웹사이트(http://itsdc16.iadb.org/idbppi/asp/mainpage.asp) 자료에 따르면 2004년 11월 26일 기준으로 IDB 이사회 승인을 거쳐 입찰이 진행 중이거나 향후 예정되어 있는 IDB 조달사업은 총 1,315건에 이르고 있다. 국가별로는 브라질이 104건으로 전체의 25%를 차지하고 있다. 이어서 아르헨티나, 멕시코, 콜롬비아 등의 순서로 분포되어 있다. 지원분야는 국가현대화, 환경, 사회투자 부문이 각각 267건, 164건, 162건으로 가장 큰 비중을 차지하고 있다.

입찰 진행 중인 IDB 프로젝트(2004년 11월 26일 기준)는 총 36건, 약 27억 2,000만 달러이며 개별 조달사업은 52건이다. 국가별로는 총 17개국에 걸쳐 입찰이 진행 중에 있다. 이 중 브라질이 총 10억 6,000만 달러의 IDB 프로젝트에 대해 9건의 조달사업을 진행하고 있다. 이외에도 아르헨티나(4건, 6억 달러), 우루과이(2건, 2억 3,000만 달러), 엘살바도르(3건, 1억 2,000만 달러), 파라과이(3건, 1억 달러), 아이티(3건, 9,000만 달러) 등이 IDB 차관지원 조달사업 입찰이 진행되고 있다. 지원분야별 조달사업은 도로(5건, 7억 3,000만 달러), 보건·위생(9건, 6억 2,000만 달러), 관광인프라(2건, 5억 8,000만 달러), 국가현대화(6건, 2억 9,000만 달러), 교육(3건, 2억 달러) 등 5개 부문의 비중이 큰 것으로 나타났다.

〈표 18-5〉 국가 및 분야별 IDB 조달사업 진행 현황(2004년 11월 26일 기준)

(단위 : %)

국가별 현황		분야별 현황	
브라질	39	도로	27
아르헨티나	26	보건위생	23
우루과이	9	관광인프라	21
엘살바도르	4	현대화	11
파라과이	4	교육	7
기타	18	기타	11

제3절 과 제

향후 한국의 과제는 IDB 회원국 자격을 적절히 활용하는 것으로 이를 위해서는 IDB 관련인사들과의 인맥구축과 중남미 전문인력 양성이 가장 중요한 사안이 될 것으로 판단된다. 이는 중남미 차입국들의 프로젝트가 정부부처에 의해서 실행되거나 IDB 이사회의 최종 대출승인을 획득하기 위하여 차입국 각료들이 IDB 본부에서 프로젝트 설명회를 개최하기 때문이다. 즉, 각료 혹은 대행기관이 프로젝트와 관련한 엔지니어링, 설계, 프로젝트 관리, 자본재 및 장비 구입 등 전과정에 참여하기 때문에 이들과의 접촉이 없이는 프로젝트에의 참여가 어려울 수 있다. 신속한 시장정보의 입수와 대응을 위해 IDB의 3개 지역부(regional department) 직원과의 인맥형성과 IDB가 인터넷 등을 통해 제공하는 조달정보(procurement information)를 한국 기업에게 적극적으로 제공할 필요가 있다.

제19장

FTA가 한·칠레 교역에 미친 영향 분석

제1절 개 관

한국은 1962년 칠레와 국교를 수립한 이후 항공협정(1979), 경제과학기술협력협정(1982), 투자보장협정(1996), 무역협정(1997) 등을 체결한 바 있으나 지리적으로 매우 먼 곳에 위치해 있기 때문에 그 동안 교역대상국으로서 칠레의 중요성을 크게 인식하지 못하였다.[1] 그러나 한국의 FTA 전략 수립과정에서 칠레는 중남미뿐만 아니라 미주지역 진출거점으로서 중요한 국가라는 인식이 확대되었다. 또한, 칠레는 높은 수준의 개방경제체제(open economic system)를 가지고 있을 뿐만 아니라 한국과의 교역규모가 작고, 상호 보완적인 패턴(mutually complementary pattern)을 가지고 있어 충격은 최소화하면서 이익은 극대화할 수 있는 FTA 상대국으로 부각되었다.

한·칠레 FTA는 한국의 첫 번째 FTA로서 1999년 11월 양국이 FTA 추진에 합

1) 2003년을 기준으로 할 때 칠레는 한국의 52대 수출국이면서 26대 수입국이며, 한국은 칠레의 4대 수출국이면서 8대 수입국 위치를 차지하고 있다(대외경제정책연구원, 세계경제, 2005. 4. pp. 40~54 요약·재구성).

의한 후 약 3년 간의 협상과정을 거쳐 2002년 10월에 협상이 타결되었으며 2004년 4월 1일 발효된 후 2005년 3월 말로 1년이 경과되었다. 칠레와의 FTA는 많은 관심과 우려로 인해 협상에 3년, 국회비준동의에 1년 4개월이 소요되는 등 추진과정에서 다수의 난관에 직면하였다. 또한, FTA 발효 이후에도 칠레와의 FTA 성과 여부가 여타 국가와의 FTA 추진에 중요한 영향을 미치기 때문에 한 · 칠레 FTA 발효 1년 간의 교역동향 변화가 주목의 대상이 되고 있다.

칠레와의 FTA를 논의하는 과정에서 가장 쟁점이 되었던 것은 공산품의 수출확대 가능성과 농업, 특히 과일산업의 피해에 대한 우려였다. 전자의 경우 칠레와의 FTA를 계기로 전자제품, 자동차 등 공산품 수출이 크게 증가할 것이라는 의견이 지배적이었으나 칠레시장에서 한국산 공산품의 시장점유율이 낮고 FTA 협정문에 칠레는 다수의 품목을 관세철폐 예외 또는 단계적 철폐로 명시하고 있어서 한국산 공산품의 수출증가가 그다지 크지 않을 것이라는 우려의 시각도 제기되었다. 한편, 후자의 경우 칠레는 과일산업에 적합한 자연조건을 갖추고 있으며 과일은 다른 농산물에 비해 품질에 따른 수요자의 소비행태 변화가 신속하기 때문에 칠레와의 FTA로 과일시장이 개방되면 칠레산 과일의 수입급증으로 우리 농가의 피해가 클 것이라는 우려가 있었다. 그러나 다수의 경제전문가들은 대부분의 품목을 단계적 철폐로 두고 있어 과일시장 개방에 대비한 경쟁력 강화 및 구조조정기회로 삼을 수 있다는 의견을 제시하였다.

한편, 칠레와의 FTA가 발효된 이후 칠레로부터의 수입이 급증하여 대칠레 무역수지 적자(trade deficit)가 가중되는 현상이 발생하였는데 일부 경제분석가들은 이를 FTA에 따른 부정적인 영향으로 지적하기도 하였다.

본장에서는 제한적이기는 하나 칠레와의 FTA 발효 이후의 전반적인 교역동향, 수출, 수입 등을 면밀하게 분석하여 1년 간의 성과를 평가한 대외경제정책연구원의 보고서를 중심으로 살펴본다.

제2절 대칠레 교역 현황

1994년부터 2003년까지 10년 동안 한국의 대칠레 교역은 연평균 3.9% 증가하였다. 그러나 한·칠레 FTA 발효 이후(2004년 4월~2005년 2월) 양국 간의 교역은 전년동기 대비 55.5%(약 24억 9,000만 달러) 증가하는 등 FTA 발효에 따른 양국 간의 교역은 현저하게 확대되었다(동 기간 한국의 총교역 증가율은 25.0%, 수출증가율은 25.7%, 수입증가율은 24.5%를 기록하였음). 한편, 2003년까지 10년 동안 대칠레 수출과 수입은 각각 연평균 2.7%, 4.6% 증가하였으며 무역수지는 1억 2,000만~5억 4,000만 달러 적자를 기록하였다. 그러나 FTA 발효 이후(2004년 4월~2005년 2월) 수출은 7억 4,000만 달러로 전년동기 대비 58.6% 증가하였으며 수입은 17억 5,000만 달러로 전년동기 대비 54.3% 증가하였고 무역수지는 10억 2,000만 달러 적자를 기록하였다.

〈표 19-1〉 한·칠레 FTA 발효 이후 대칠레 교역현황

(단위 : 백만 달러, %)

	2002년	2003년	2004년	FTA 발효 이후 (2004년 4월~2005년 2월)
수출 (증가율)	454.0 (-20.7)	517.2 (13.9)	708.3 (36.9)	734.8 (58.6)
수입 (증가율)	753.9 (8.3)	1,057.7 (40.3)	1,933.5 (82.8)	1,752.8 (54.3)
무역수지 (증가율)	-299.9 (142.8)	-540.5 (80.2)	-1,225.3 (126.7)	-1,018.0 (51.3)
총교역 (증가율)	1,207.9 (-4.8)	1,574.9 (30.4)	2,641.8 (67.7)	2,487.6 (55.5)

주 : 증가율은 전년동기 대비 증가율임

자료 : 무역협회(http://www.kita.net), 한국무역통계

FTA 발효 이후 수출입 누적치의 전년동기 대비 증가율을 살펴보면 발효 초기에는 수입증가율이 수출증가율에 비해 상대적으로 매우 높은 수준을 나타내었다. 그

러나 점차 수입증가율은 감소하고 수출증가율이 증가하여 2005년 2월에 이르러서는 수출증가율이 수입증가율을 상회한 것으로 나타났다.

이 같이 FTA 발효 이후 양국 간의 교역이 크게 증가한 가운데 1년이라는 단기간 동안에도 교역내용 면에서 상당한 변화가 발생한 것으로 나타났다.

1. 대칠레 수출

1.1 칠레의 양허유형에 따른 차이

FTA 발효 이후 품목별 대(對)칠레 수출동향[2]을 살펴보면 칠레의 양허 유형에 따라 뚜렷한 차이를 보이는 것으로 나타났다.[3]

(1) 즉시철폐품목

우선 FTA 발효 이후 즉시철폐품목의 수출증가율은 자동차가 59.0%, 휴대전화는 225.7%, 컬러TV가 96.8%, 카메라 · 캠코더가 100.8% 등으로 매우 높은 수준을 나타내었으며 대칠레 총수출에서 이들 품목이 차지하는 비중이 증가하는 양상이 두드러졌다. 자동차는 FTA 발효 이후 59.0%의 높은 수출증가율을 나타내었으나 이미 2003년에 급격한 수출증가를 나타내었던 품목이어서 이 같은 수출증가세가 FTA로 인해 유지되는 양상을 보였다. 그러나 휴대전화(cellular phone)의 경우 FTA 발효 이전까지는 수출이 감소세를 보이다가 FTA 발효 이후 수출증가율이 225.7%로 급증하였으며 수출액도 7,100만 달러에 이르는 것으로 나타나는 등 FTA로 인해 수출 확대가 두드러진 품목으로 평가할 수 있다(동 기간 한국의 휴대전화 총수출증가율

2) 대칠레 수출에서 제시된 주요 품목의 HS 코드는 다음과 같다. 자동차는 8702, 8703, 8704, 8705에 해당하는 제품이며, 휴대전화는 8525207031, 8525207032, 경유는 2710193000, 화학제품은 3901, 3907, 철강은 72, 73, 자동차부품은 8708, 세탁기는 8450, 컬러TV는 852812, 타이어는 4011, 4012, 카메라 · 캠코더는 852540, 냉장고는 8418, VCR은 852190에 각각 속하는 제품이다.

3) 한 · 칠레 FTA에서 칠레는 농산품, 임산품, 수산품의 대부분은 관세를 즉시 철폐하는 반면에 상대적으로 경쟁력이 약한 공산품은 단계적 철폐를 약속하였다. 공산품의 경우(HS 8단위 기준) 1,478개 품목(30.6%)은 즉시 철폐하기로 하였다. 여기에는 TV, 자동차, 휴대전화, 컴퓨터 등이 포함된다. 그밖에 5년철폐품목은 1,992개 품목(41.3%), 7년철폐품목은 14개 품목(0.3%), 10년철폐품목은 1,180개 품목(24.4%), 13년철폐는 152개 품목(3.1%), 예외품목은 12개 품목(0.2%)이 있다.

은 33.8%로 대칠레 수출이 급격히 증가된 것을 알 수 있음).

〈표 19-2〉 품목별 대칠레 수출동향

(단위 : 백만 달러, %)

	양허유형	2002년		2003년		2004년		FTA 발효이후 (2004년4월~2005년2월)	
		금액	증가율	금액	증가율	금액	증가율	금액	증가율
대칠레 총수출	-	454	-20.7	517	13.9	708	36.9	735	58.6
자동차	즉시	11 (2.5)	347.0	162 (31.4)	1,340.5	250 (35.3)	54.0	261 (35.5)	59.0
휴대전화	즉시	31 (6.8)	-64.0	23 (4.5)	-25.4	57 (8.1)	147.2	71 (9.7)	225.7
경유	즉시, 5년	45 (9.8)	-	82 (15.8)	82.6	67 (9.4)	-18.5	69 (9.3)	60.7
화학제품	즉시, 5년	33 (7.4)	-9.2	47 (9.1)	40.1	59 (8.4)	26.4	68 (9.2)	61.8
철강	5년	28 (6.2)	-13.5	29 (5.5)	1.2	28 (3.9)	-3.2	29 (3.9)	6.1
자동차부품	즉시, 5년	1 (0.3)	-20.3	19 (3.7)	1,303.0	23 (3.2)	21.6	22 (3.0)	30.3
세탁기	제외	20 (4.5)	-10.2	15 (3.0)	-24.3	19 (2.7)	24.8	17 (2.3)	36.1
컬러TV	즉시	14 (3.1)	43.2	7 (1.4)	-46.4	13 (1.9)	78.1	15 (2.0)	96.8
타이어	10년, 13년	9 (2.0)	-15.6	10 (2.0)	13.2	14 (2.0)	33.5	13 (1.8)	29.3
카메라, 캠코더	즉시	3 (0.6)	23.0	4 (0.7)	45.8	10 (1.4)	169.2	10 (1.3)	100.8
냉장고	제외	8 (1.7)	-5.2	6 (1.1)	-27.6	7 (1.0)	24.5	7 (0.9)	15.3
VCR	즉시	3 (0.6)	85.2	3 (0.6)	3.3	3 (0.5)	17.1	3 (0.5)	53.3
12대품목 계	-	206 (45.5)	-3.9	407 (78.7)	97.0	550 (77.7)	35.3	584 (79.5)	63.3

주 : 1) ( )안은 대칠레 총수출에서 차지하는 비중을 나타냄
2) 증가율은 전년동기 대비 증가율임

자료 : 무역협회(http://www.kita.net), 한국무역통계 이용 자체 추계

(2) 제외품목

즉시철폐품목과는 반대로 제외품목의 수출증가율은 냉장고가 36.1%, 세탁기가

15.3%로 총수출증가율(58.6%)보다 낮은 수준을 나타냈으며 대칠레 총수출에서 차지하는 비중도 하락하였다. 최근 국내 백색(白色)가전의 수출이 상대적으로 부진하다는 점을 고려한다고 하더라도 냉장고의 대칠레 수출증가율은 냉장고 총수출증가율의 50%에 불과하는 등 양허제외품목으로 지정된 영향이 반영된 것으로 나타났다.

1.2 주요 수출품목에의 집중현상

한편, 최근 들어 대칠레 총수출은 주요 품목으로 집중되는 현상이 나타나고 있으며 FTA 발효 이후에도 이 같은 경향은 지속되는 것으로 나타났다. 즉, 대칠레 총수출에서 상위 12대 품목의 비중은 2002년 45.5%에서 FTA 발효 이후에는 79.5%로 크게 높아졌다. 그 중에서도 자동차, 휴대전화, 경유, 화학제품 등 상위 4대 품목의 비중은 63.7%에 이르는 것으로 나타났다.

1.3 FTA 체결국의 칠레시장 점유율

최근 칠레는 아르헨티나, 미국, 브라질, 한국, 멕시코, 캐나다 등 FTA 체결국과의 무역관계가 보다 강화되고 있다. 2004년 기준 FTA 체결국의 칠레시장 점유율은 약 77%, 이들 국가로부터의 수입증가율은 37.7%에 이르고 있는 것으로 나타났다. 칠레시장에서의 한국제품 점유율은 2002년에 2.8%에 불과하였으나 한 · 칠레 FTA 발효 이후 대칠레 수출이 증가하면서 2004년에는 3.1%, 2005년 1월에는 5.0%로 상승한 것으로 나타났다.

〈표 19-3〉 칠레시장에서 주요 국가의 점유율

(단위: 백만 달러, %)

순위	국가	2002년		2003년		2004년		2005년	
		금액	점유율	금액	점유율	금액	점유율	금액	점유율
	총 수 입	15,471.7	100.0	17,364.1	100.0	22,362.3	100.0	2,147.5	100.0
1	아르헨티나	3,055.9	19.8	3,766.2	21.7	4,146.6	18.5	357.0	16.6
2	미 국	2,519.8	16.3	2,507.4	14.4	3,376.0	15.1	320.5	14.9
3	브 라 질	1,612.7	10.4	2,021.4	11.6	2,779.1	12.4	270.0	12.6
4	중 국	1,170.6	7.6	1,366.6	7.9	1,918.9	8.6	163.1	7.6
5	독 일	718.2	4.6	698.8	4.0	827.5	3.7	87.1	4.1
6	일 본	534.5	3.5	634.5	3.7	799.4	3.6	92.1	4.3
7	한 국	438.4	2.8	540.5	3.1	696.7	3.1	107.5	5.0
8	페 루	251.7	1.6	420.3	2.4	694.4	3.1	95.3	4.4
9	멕 시 코	474.7	3.1	480.1	2.8	618.8	2.8	37.7	1.8
10	스 페 인	416.3	2.7	451.1	2.6	514.8	2.3	51.1	2.4

주 : 1) 순위는 2004년 금액기준 순위임
2) 칠레시장에서 A국의 점유율 = (A국으로부터의 수입/칠레의 총수입)×100

자료 : 칠레관세청(http://www.aduana.cl)의 무역통계 및 Monthly Foreign Trade Report

1.4 주요 수출품목의 칠레시장 점유율 변화

대칠레 주요 수출품목의 칠레시장 점유율 변화를 살펴보면 수출증가율과 마찬가지로 즉시철폐품목(단 VCR 제외)의 점유율은 크게 증가한 반면에 제외품목의 점유율은 감소세를 나타내는 등 양허유형에 따라 현저한 차이를 보였다.

〈표 19-4〉 양허유형별 칠레시장 점유율

(단위 : 백만 달러, %, %포인트)

	양허유형	2002년		2003년		2004년		2003~2004년 점유율 증가 (%포인트)
		수출액	점유율	수출액	점유율	수출액	점유율	
자동차	즉시	11.3	12.3	162.3	11.9	250.1	13.9	2.0
휴대전화	즉시	31.0	13.4	23.1	9.5	57.2	18.1	8.6
컬러TV	즉시	13.9	22.4	7.5	9.8	13.3	15.8	6.0
카메라,캠코더	즉시	2.5	41.5	3.6	35.4	9.8	49.7	14.3
VCR	즉시	2.8	17.7	2.9	11.0	3.4	6.1	-4.9
경유	즉시, 5년	44.7	8.2	81.6	15.2	66.5	7.8	-7.4
화학제품	즉시, 5년	33.4	15.6	46.8	19.5	59.2	16.8	-2.7
철강	5년	28.3	5.8	28.6	3.6	27.7	3.6	0.0
자동차부품	즉시, 5년	1.3	6.2	18.9	5.9	23.0	5.3	-0.6
타이어	10년, 13년	9.2	5.4	10.4	5.2	13.9	6.2	1.0
세탁기	제외	20.2	71.0	15.3	49.1	19.1	47.2	-1.9
냉장고	제외	7.8	8.8	5.7	7.1	7.1	5.8	-1.3

주 : 수출증가율은 전년동기대비 증가율임. 시장점유율은 'World Trade Atlas' 참고
자료 : 무역협회(http://www.kita.net), 한국무역통계, 'World Trade Atlas'

(1) 즉시철폐품목

즉시철폐품목의 2004년 시장점유율은 자동차가 2.0%포인트, 휴대전화가 8.6%포인트, 컬러TV가 6.0%포인트, 카메라 · 캠코더가 14.3%포인트 증가하였다. 또한, 이들 품목 모두 2003년에는 시장점유율이 소폭 감소하였다가 2004년에 다시 큰 폭으로 증가하는 유사한 양상을 나타내었다.

(2) 제외품목

즉시철폐품목과는 달리 단계적 철폐 및 제외품목의 대칠레 수출액은 대부분 증가하였으나 칠레시장 점유율은 하락한 것으로 나타났다.

품목별로 다소 간의 차이는 있으나 FTA 발효 이후 즉시철폐품목의 수출이 크게 증가하면서 칠레시장에서의 점유율이 확대되고 있는 것으로 나타났다. 단계적 철폐

품목과 제외품목의 수출은 상대적으로 낮은 증가율을 나타내는 등 양허유형에 따라 FTA 효과가 구분되고 있다.

2. 대칠레 수입

FTA 발효 이후(2004년 4월~2005년 2월) 한국의 대칠레 수입[4]은 17억 5,000만 달러로 전년동기 대비 54.3% 증가한 것으로 나타났다.[5] 한국의 대칠레 수입품목을 살펴보면 원자재가 대부분을 차지하고 있다. 또한, 일부 농축수산품이 주요 품목을 구성하고 있는 등 상위 10대 품목(원자재 6종 및 농축수산품 4종)의 비중이 90% 이상을 차지하고 있다. FTA 발효 이후 대칠레 수입에서 동과 그 제품, 동광과 그 정광, 화학목재펄프 등 6종의 원자재가 차지하는 비중은 89.1%로 매우 높은 수준을 나타내었다. 특히, 동 제품이 차지하는 비중이 74.4% 수준을 보이고 있는 것으로 나타났다. FTA 발효 이후 4종의 원자재(① 동광, ② 정광, ③ 적철광, ④ 몰리브덴)는 급격한 수입증가 양상을 나타낸 반면에 화학목재펄프, 베탄올은 미미한 증가 또는 감소추세를 나타내는 등 품목별로 다소 간의 차이를 보였다. 한편, 10대 수입품 중에 농축수산품은 4종이 포함되어 있으며 포도주와 삼겹살이 매우 높은 수입증가율을 나타내었다.

4) 대칠레 수입에서 제시된 주요 품목의 HS코드는 다음과 같다. 동과 그 제품은 74, 동광과 그 정광은 2603, 화학목재펄프는 4703, 베탄올은 2905, 적철광은 2601, 몰리브덴과 그 정광은 2613, 삼겹살은 0203291000, 홍어는 0303799093, 포도주는 2204211000에 각각 해당하는 품목이다.

5) 이는 2002년과 2003년의 수입증가율에 비해서는 매우 높은 수준이나 2004년 수입증가율 82.8%보다는 낮은 수준이다. 이 같이 2004년 4월~2005년 2월의 수입증가율이 2004년 수입증가율보다 하락한 이유는 2005년 2월 대칠레 수입에서 대부분을 차지하는 동 제품의 수입이 전년동기 대비 38.1% 감소하였기 때문으로 분석된다.

〈표 19-5〉 품목별 대칠레 수입 동향

(단위 : 백만 달러, %)

	양허 유형	2002년		2003년		2004년		FTA 발효 이후 (2004년 4월~2005년 2월)	
		금액	증가율	금액	증가율	금액	증가율	금액	증가율
대칠레 총수입	-	753.9	8.3	1,057.7	40.3	1,933.5	82.8	1,752.8	54.3
동과 그제품	즉시, 7년	429.3 (56.9)	27.4	513.1 (48.5)	19.5	954.2 (49.3)	86.0	862.3 (49.2)	63.8
동광과 그정광	즉시	120.6 (16.0)	-19.7	219.1 (20.7)	81.7	513.1 (26.5)	134.2	442.2 (25.2)	58.3
화학목재펄프	즉시	69.5 (9.2)	0.6	81.8 (7.7)	17.7	94.6 (4.9)	15.7	89.9 (5.1)	14.9
베탄올	즉시	0.1 (0.0)	-99.6	82.9 (7.8)	n.a.	86.0 (4.4)	3.8	69.4 (4.0)	-32.6
적철광	즉시	39.6 (5.2)	15.7	15.3 (1.5)	-61.2	37.6 (1.9)	145.0	37.3 (2.1)	932.4
몰리브덴광과 그정광	즉시	4.3 (0.6)	7.9	10.3 (1.0)	141.5	47.7 (2.5)	363.2	60.9 (3.5)	463.5
삼겹살	10년	3.9 (0.5)	n.a.	23.1 (2.2)	494.0	42.9 (2.2)	85.9	41.6 (2.4)	58.4
포도	10년 계절	8.7 (1.2)	2.8	13.7 (1.3)	57.5	13.1 (0.7)	-3.8	10.9 (0.6)	-2.2
홍어	10년	5.7 (0.8)	13.1	10.0 (0.9)	75.3	8.5 (0.4)	-14.5	6.7 (0.4)	-31.2
포도주	5년	0.9 (0.1)	112.6	2.4 (0.2)	164.4	6.8 (0.4)	187.8	7.6 (0.4)	169.7
동제품 비중	-	72.9		69.2		75.9		74.4	
10대 품목 비중	-	90.5		91.9		93.3		92.9	

주 : 1) ( )안은 대칠레 총수입에서 차지하는 비중을 나타냄
2) 증가율은 전년동기 대비 증가율임

자료 : 무역협회(http://www.kita.net), 한국무역통계 이용 자체 추계

FTA 발효 이후 대칠레 수입이 크게 증가한 데는 다수의 요인이 있으나 대부분은 국제원자재가격의 상승에 기인한 것으로 판단된다. 특히, 대칠레 수입에서 70% 이상을 차지하고 있는 동 국제가격의 급격한 상승은 수입증가에 직접적으로 영향을 미쳤다. 동의 국제가격(Spot Settlement Price 기준)은 2002년 12월에 69.7에서 FTA 발효 이후인 2004년 12월에는 148.7로 상승하였으며 2005년 2월에는 150.0에

이르는 등 최근 1~2년 사이에 급격히 상승하였다. 또한, 최근 들어 동 이외의 원자재가격도 상당한 상승세를 나타내었다. 이 같이 원자재가격이 크게 상승하더라도 원자재 수입은 여타 제품에 비해 가격비탄력성(price inelasticity)을 보이기 때문에 지속적인 수입이 불가피하며 이는 한국의 대칠레 총수입 증가와 무역수지 악화를 야기시켰다.

〈표 19-6〉 동(銅)의 국제가격 동향

(단위 : 지수, %)

	2002년 6월	2002년 12월	2003년 6월	2003년 12월	2004년 6월	2004년 12월	2005년 2월
가격지수	76.75	69.70	74.80	104.30	120.50	148.70	150.00
증가율	8.9	6.7	-2.5	49.6	61.1	42.6	11.7

주 : 1) 동의 현물확정가격(Spot Settlement Price) 기준
2) 증가율은 전년동기 대비 증가율임

자료 : New York Mercantile Exchange, Inc.(http://www.nymex.com)

실제 수입에서 원자재의 가격상승수준을 파악하기 위해 칠레로부터 수입되는 원자재의 단위 물량당 가격(톤당 가격)을 추계한 결과 2004년의 원자재 단위 물량당 가격은 2003년에 비해 크게 증가하였으며 증가율도 매우 높은 수준을 나타내었다. 또한, 이 같은 추이는 FTA 발효 이후에도 지속되고 있는 것으로 나타났다.[6] 품목별로 살펴보면 동 관련 제품, 적철광, 몰리브덴광과 그 정광의 가격이 현저하게 상승한 것으로 나타났다.[7]

6) 다만 동 제품의 경우 2003년 3분기부터 2004년 1분기 동안 국제가격이 많이 상승하였기 때문에 2004년 톤당 가격증가율보다 FTA 발효 후 톤당 가격증가율이 낮게 나타나고 있다.

7) 여타 품목과는 달리 화학목재펄프는 연 10%대의 지속적인 가격상승추이를 나타내었다. 베탄올은 2003년에 가격이 급격히 상승한 이후에는 안정적인 추이를 보이고 있다.

〈표 19-7〉 대칠레 수입 원자재의 단위 물량당 가격동향

	2003년		2004년		FTA 발효 이후 (2004년 4월~2005년 2월)	
	천 달러/톤	증가율(%)	천 달러/톤	증가율(%)	천 달러/톤	증가율(%)
동과 그 제품	1.77	12.4	2.86	61.5	2.99	53.6
동광과 그 정광	0.53	21.0	0.85	60.9	0.87	34.4
화학목재펄프	0.44	9.0	0.50	13.4	0.51	11.4
베탄올	0.24	105.1	0.25	2.8	0.27	11.8
적철광	0.04	17.2	0.07	63.2	0.07	47.0
몰리브덴광과 그 정광	6.22	40.0	18.51	197.8	22.25	224.8

주 : 증가율은 전년동기 대비 증가율임
자료 : 무역협회(http://www.kita.net), 한국무역통계 이용 자체 추계

FTA 발효 이후 여타국(칠레 제외)으로부터의 수입 톤당 가격을 살펴보면 동과 그 제품이 4.01, 동광과 그 정광이 1.01, 베탄올이 0.60으로 이들 품목은 칠레로부터의 수입 톤당 가격이 보다 저렴한 것으로 나타났다. 물론 화학목재펄프, 몰리브덴과 그 정광은 칠레로부터의 수입과 여타국으로부터의 수입 간에 가격차이가 거의 없었다. 한편, 적철광은 여타국으로부터 더욱 저렴하게 수입되는 것으로 나타나는 등 품목별로 차이가 있는 것으로 나타났다.

〈표 19-8〉 수입대상국별 주요 원자재의 단위 물량당 가격 비교

(단위 : 천 달러, %)

	2003년			2004년			2004년 4월~2005년 2월		
	여타국 (A)	칠레 (B)	A/B (%)	여타국 (A)	칠레 (B)	A/B (%)	여타국 (A)	칠레 (B)	A/B (%)
동과 그 제품	2.73	1.77	153.9	3.85	2.86	134.6	4.01	2.99	134.0
동광과 그 정광	0.69	0.53	131.8	0.94	0.85	111.2	1.01	0.87	115.5
화학목재펄프	0.44	0.44	99.5	0.48	0.50	94.4	0.48	0.51	94.3
베탄올	0.49	0.24	202.8	0.58	0.25	233.1	0.60	0.27	223.2
적철광	0.03	0.04	62.2	0.03	0.07	46.7	0.03	0.07	47.7
몰리브덴광과 그 정광	6.35	6.22	102.1	17.33	18.51	93.6	23.37	22.25	105.0

주 : 여타국은 칠레 제외
자료 : 무역협회(http://www.kita.net), 한국무역통계 이용 자체 추계

이 같은 국제원자재가격 상승은 원자재 수입국에 추가적인 비용을 발생시키게 된다. 대외경제정책연구원(KIEP)은 다음 식에 따라 대칠레 수입에서 원자재가격 상승에 따른 부분을 파악하였다.

원자재가격 상승에 따른 대칠레 초과수입액	=	금년도 원자재 품목별 수입량	×	전년동기 대비 원자재 품목별 톤당 가격 차액

대칠레 수입 6대 원자재의 초과수입액을 산출한 결과 2004년 6억 2,000만 달러, FTA 발효 이후(2004년 4월~2005년 2월) 11개월 동안 4억 9,000만 달러의 초과수입이 발생한 것으로 나타났다. 이 같은 원자재가격 상승에 따른 초과수입을 제하면 FTA 발효 이후 대칠레 수입액은 전년동기 대비 11.6% 증가한 수준(12억 7,000만 달러)으로 안정적인 증가추세를 보였다. 무역수지는 5억 3,000만 달러 적자로 오히려 전년동기 대비 20.7% 감소한 것으로 평가된다.

〈표 19-9〉 초과수입을 고려한 대칠레 교역규모

(단위 : 백만 달러)

	2004년	FTA 발효 이후 (2004년 4월~2005년 2월)
대칠레 총수입(A)	1,933.5(82.8%)	1,752.8(54.3%)
대칠레 무역지수(B)	-1,225.3(126.7%)	-1,018.0(51.3%)
6대 품목 초과수입계(C)	617.5	484.7
동과 그 제품	363.5	300.8
동광과 그 정광	194.2	113.3
화학목재펄프	11.2	9.2
베탄올	2.4	7.3
적철광	14.6	11.9
몰리브덴광과 그 정광	31.7	42.2
초과수입을 제한 대칠레 총수입(A~C)	1,316.0(24.4%)	1,268.1(11.6%)
초과수입을 제한 대칠레 무역지수(B~C)	-607.8(12.5%)	-533.3(-20.7%)

주 : ( )안은 전년동기 대비 증가율임
자료 : 무역협회(http://www.kita.net), 한국무역통계 이용 자체 추계

한편, 칠레와의 FTA 논의 당시 쟁점으로 부각되었던 농축수산품은 FTA 발효 이후 수입액이 1억 1,000만 달러로 전년동기 대비 43.1% 증가한 것으로 나타났다.

동 기간 대칠레 농축수산품 수입증가율은 한국의 총수입증가율 및 농축수산품 수입증가율보다 높은 수준이나 FTA 발효 이후 농축수산품보다는 원자재의 수입이 상대적으로 더 많이 증가하였기 때문에 대칠레 총수입증가율보다는 낮은 수준을 나타내었다.

〈표 19-10〉 대칠레 농축수산품 수입동향

(단위 : 백만 달러, %)

	2002년		2003년		2004년		FTA 발효 이후 (2004년 4월~2005년 2월)	
	금액	증가율	금액	증가율	금액	증가율	금액	증가율
대칠레 총수입	753.9	8.3	1,057.7	40.3	1,933.5	82.8	1,619.3	68.7
농축수산품 수입 (비중)	43.7 (5.8)	15.0	85.2 (8.1)	94.8	126.1 (6.5)	48.0	112.0 (6.9)	43.1

주 : 농축수산품은 HS 01~24에 해당하는 품목임. 증가율은 전년동기 대비 증가율임
자료 : 무역협회(http://www.kita.net), 한국무역통계 이용 자체 추계

전술한 바와 같이 칠레로부터의 농축수산품 수입증가의 대부분은 2가지 품목(① 삼겹살, ② 포도주)의 수입이 크게 증가한 것에 기인하고 있다. 특히, 이들 두 품목이 대칠레 농축수산품 수입에서 약 50%를 차지하고 있다는 점을 고려할 때 이들 품목의 수입증가 원인을 분석해 볼 필요가 있다.

(1) 삼겹살

삼겹살의 경우 FTA 발효 초기에는 칠레로부터의 수입이 급격하게 증가하였으나 점차 안정적인 추세를 보이고 있다. 이는 최근 광우병, 조류독감 등의 요인에 의해 닭고기와 쇠고기 등 육류의 소비가 삼겹살로 대체되어 삼겹살의 총수입 자체가 크게 증가하면서 주요 수입국인 칠레로부터의 수입 또한 증가한 것에 기인하고 있다. 또한, 삼겹살은 10년철폐품목으로 FTA 발효 첫 해에는 관세율이 26.2%에서 23.8%로 2.4% 하락하기 때문에 그에 따른 가격인하 및 수입선 전환은 크게 나타나지 않은 것으로 평가된다. 이는 동 기간 칠레 외에 한국이 삼겹살을 수입해 오고 있는 여타 국가(벨기에, 네덜란드, 프랑스, 덴마크 등)로부터의 수입증가율이 칠레로부터의 수입증가율과 큰 차이가 없다는 점에서도 명백히 나타나고 있다.

〈표 19-11〉 삼겹살의 수입동향

(단위 : 백만달러, %)

	2003년		2004년		FTA 발효 이후 (2004년 4월~2005년 2월)		
	금액	비중	금액	비중	금액	비중	증가율
전 체	115.4	-	182.6	-	182.4	-	60.7
벨 기 에	34.5	29.9	48.6	26.6	45.2	24.8	33.0
칠 레	23.1	20.0	42.9	23.5	41.6	22.8	58.4
네 덜 란 드	13.7	11.8	20.1	11.0	20.5	11.2	62.7
프 랑 스	12.2	10.6	26.7	14.6	26.6	14.6	83.6
덴 마 크	11.6	10.0	13.7	7.5	16.0	8.7	70.0

주 : 증가율은 전년동기 대비 증가율임

자료 : 무역협회(http://www.kita.net), 한국무역통계 이용 자체 추계

(2) 포도주

포도주의 경우 삼겹살과는 달리 관세철폐에 따른 무역전환효과(trade diversion effect)가 뚜렷하게 나타나고 있는 품목으로 평가된다. 최근 들어 소득수준 향상에 따른 포도주 소비대중화로 포도주의 수입이 크게 증가하고 있다. 이 같은 상황 하에서 칠레와의 FTA 발효로 칠레산 포도주(5년철폐품목)의 관세가 첫 해에 15%에서 12.5%로 인하되었다. 주류의 특성상 부가되는 여타 세금이 많기 때문에 관세인하에 따른 실질적인 가격인하 폭은 더욱 크게 나타나 가격경쟁력(price competitiveness)을 가지게 되었다. 또한, 칠레산 포도주를 접하는 기회가 증가하면서 포도주의 품질이 프랑스산과 경쟁 가능하다는 인식이 확산되면서 칠레산 포도주에 대한 수요가 더욱 크게 증가하였다. 그 결과 FTA 발효 이후 칠레로부터의 포도주 수입은 전년동기 대비 169.7% 증가하였으며 여타 국가로부터의 수입증가율보다 매우 높은 수준을 나타내었다.

〈표 19-12〉 붉은 포도주(2l 이하)의 수입동향

(단위 : 백만 달러, %)

	2003년		2004년		FTA 발효 이후 (2004년 4월~2005년 2월)		
	금액	비중	금액	비중	금액	비중	증가율
전 체	33.0	-	44.2	-	42.2	-	26.9
프 랑 스	18.0	54.7	21.3	48.1	19.2	45.4	6.7
칠 레	2.4	7.2	6.8	15.4	7.6	18.0	169.7
미 국	5.6	16.9	6.7	15.1	6.2	14.8	12.8
이 탈 리 아	3.1	9.3	3.5	7.9	3.6	8.5	25.4

주 : 증가율은 전년동기 대비 증가율임

자료 : 무역협회(http://www.kita.net), 한국무역통계 이용 자체 추계

제 3 절 시사점

한 · 칠레 FTA의 발효 1년이 경과된 현재 협정문에 명시된 양허계획을 고려하면 향후 양국은 자유무역지대(free trade area)를 형성하기까지 다수의 과제를 안고 있다. 따라서 이에 대한 성과 또는 영향을 종합적으로 평가하는 것은 아직은 이르다고 할 수 있다. 그러나 한 · 칠레 FTA의 경험과 성과는 한국의 FTA 로드맵에 중요한 영향을 미치기 때문에 제한적이나마 지난 1년 간의 교역동향을 분석·평가해 보는 것은 나름대로 의미를 부여할 수 있다.

1. 수출

FTA 발효 이후 대칠레 수출동향을 분석한 결과 발효 초기보다 시간이 경과할수록 수출이 더욱 확대되는 것으로 나타났다. 그리고 자동차, 휴대전화, 컬러TV 등 FTA 협상과정에서 수출증가를 기대했던 품목들이 칠레의 즉시철폐품목에 상당 부분 포함되었다. FTA 발효 이후 이들 품목이 매우 높은 수출증가율을 나타내는 등

기대성과를 어느 정도 거둔 것으로 평가할 수 있다. 또한, 즉시철폐품목의 수출증가 패턴을 고려해 볼 때 향후 단계적 철폐품목의 수출증가도 기대된다.

2. 수입

수입의 경우 FTA 발효 초기에는 급격한 증가양상을 나타내었으나 시간이 경과하면서 점차 안정적인 추세를 보였다. 특히, 분석결과 대칠레 수입증가와 이에 따른 무역수지 적자(trade deficit)는 FTA에 기인한 것이 아니라 국제원자재가격 상승에 따른 것으로 풀이할 수 있다. 또한, 칠레와의 FTA로 상대적으로 저렴한 가격에 안정적으로 동 제품을 공급받을 수 있는 기반이 구축된 것으로 평가된다. 한편, 농축수산품의 수입은 우려했던 만큼 크게 증가하지 않은 것으로 나타났다. 이는 대칠레 수입에서 농축수산품이 차지하는 비중이 매우 낮을 뿐만 아니라 한국이 농산품의 약 56%,[8] 임산품의 약 42%, 수산품의 약 31%를 단계적 철폐품목으로 양허하였기 때문에 FTA 발효에 따른 충격이 아직까지는 크지 않았던 것으로 판단된다. 그러나 시간이 경과할수록 농축수산업의 개방확대가 지속적으로 이루어지게 되고 이에 따라 국내업계가 받게 되는 충격의 크기가 더욱 증대될 것으로 예상된다. 따라서 주어진 양허일정에 맞추어 국내업계의 경쟁력 강화가 시급히 이루어져야 한다.

칠레와의 FTA가 발효된지 1년이 경과되었으나 아직까지 한국기업에는 FTA, 양허내용, 칠레시장 등에 대한 정보가 충분치 않은 것으로 평가된다. 특히, 한·칠레 FTA의 품목별 관세철폐계획, 원산지규정에 대해 이해하기 쉬운 자세한 정보가 제공된다면 향후 대칠레 수출이 더욱 확대될 것으로 기대된다. 또한, 현재까지는 대칠레 투자가 미미한 것으로 나타났다. 수출입은행의 조사자료에 의하면 FTA 발효 이후 대칠레 투자는 2,200만 달러(3건)로 동 기간 한국의 총해외투자에서 0.04%를 차지하는 것으로 나타났다.

FTA의 긍정적 효과를 활용하여 중남미, 나아가 미주지역으로의 진출거점을 확

8) 농산품 중 양허유형이 5년, 7년, 9년, 10년, 16년철폐 또는 10년 계절관세품목의 비중을 나타낸다.

보하기 위해서는 칠레에 대한 보다 활발한 투자가 요구된다. 이를 위해 칠레의 분야별 시장정보와 각종 규제현황, 투자제도 등에 대한 다양한 정보가 제공되어야 한다. 이밖에도 양국간 교류의 촉진은 긴밀한 동반자관계를 구축하기 위한 첩경이므로 정부 · 민간 차원의 교류를 적극적으로 추진할 필요가 있다.

제20장

한 · 중남미 경제협력 현황과 과제

한국은 국가 원수가 2005년 9월 8~13일 멕시코와 코스타리카를 순방하여 정치, 경제, 사회, 문화 등 다방면에 걸친 협력방안을 논의함으로써 중미지역과의 실질협력관계를 강화하는 성과를 거두었다. 이번 순방은 2004년 11월에 있었던 아르헨티나, 브라질, 칠레 등 남미 3개국 순방에 이은 것으로 현 정부의 대중남미 정상외교를 성공적으로 수행했다는 의미를 부여할 수 있다.

특히, 멕시코 순방 시기는 한인 이민 100주년이 되는 해인 점에서 그리고 중미통합기구인 SICA(Sistema de la Integracion Centroamericana) 8개국과의 정상회담은 1996년 한국 국가 원수의 과테말라 방문 이후 9년 만에 개최되었다는 측면에서 그 의의를 더했다.

한국과 경제규모가 비슷한 경제대국으로 성장한 멕시코와 SICA 회원국들은 지정학적인 측면(geopolitical aspect)에서 북미와 남미지역을 연결하는 전략적 요충지이며, 경제적 측면에서는 북미와 남미시장을 공략하는 우회시장 진출을 위한 전략적 투자지로서 중요성을 지니고 있다. 멕시코와 중미는 전략적 투자지역(strategic investment area)이라는 중요성 이외에도 자원부국이라는 점과 안정적인 성장지역(stable growth area)으로 부상하고 있다는 측면에서도 진출 강화를 도모해야 하는 지역으로 평가되고 있다. 또한, 국제정치외교 무대에서 공동이익(common interest)

을 위해 연대를 강화할 필요성도 증대되고 있다. 이러한 점들은 최근 미국, 유럽연합(EU), 일본, 중국, 대만 등 주요 국가들의 대멕시코 및 대중미 협력강화 노력에서 파악할 수 있다.

본장은 한국 국가 원수의 멕시코 및 중미 방문의 성과를 공동선언문을 중심으로 기술 · 평가하고 향후 양 지역간 협력 확대에 필요한 단기적인 과제들을 분석한 대외경제정책연구원의 보고서를 중심으로 살펴본다.

제 1 절 멕시코 · 중미 순방의 성과

1. 멕시코

정상회의 결과 한국과 멕시코는 2001년 6월 폭스(Vicente Fox) 대통령의 방한을 계기로 설립되어 한시적으로 운영된 '한 · 멕시코 21세기 위원회'의 최종보고서와 2004년 5월 출범한 '양국 경제관계 강화를 위한 한 · 멕시코 공동전문가그룹(KMJEG)'이 2005년 8월에 제시한 보고서를 기반으로 양국관계를 '21세기 공동번영을 위한 전략적 동반자관계'로 발전시키기로 합의하였다.

우선 양국 관계를 강화하기 위한 제도적 장치로서 형사사법공조조약, 세관상호지원협정, 광물자원협력약정, 무역구제기관간 협력약정, 정부혁신분야 협력 약정, DMB 협력 약정 등이 체결되었다.

통상 및 산업협력분야에서 양국은 향후 교역 및 투자를 더욱 확대 · 촉진시키기 위하여 조속한 시일 내에 '전략적경제보완협정(SECA : Strategic Economic Complementary Agreement)' 체결을 추진하기로 합의하였다. SECA는 다음 3가지 기본요소를 포괄하고 있다.[1)]

---

1) 양국 정상은 미래지향적인 21세기 새로운 협력관계 구상에 산업협력(industrial cooperation) 및 인적 · 기술적 자원개발을 위한 협력 증진방안도 협의하였다. 특히, 설립된 지 2년이 지난 '한 · 멕시코 IT 협력센터'를 통한 협력사례에 주목하여 센터의 경험과 성공모델을 더욱 광범위하게 IT · 과학기술 및 자원·에너지 분야에도 적용할 수 있는 방안을 모색하기로 하였다. 또한, 양국의 경제발전에 기여하고 있는 중소기업간 협력을 제고하고 농업, 수산업,

① 양국간 교역흐름의 확대와 균형에 기여하는 품목들을 포함한 경제보완 협정 협상
② 서비스와 투자의 증진과 촉진
③ 정보기술, 산업, 중소기업, 인적자원 개발, 과학기술, 관광, 통상 · 투자증진, 환경, 농수산 분야에서의 협력

통상 및 산업부문 협력 이외에도 양국은 정치, 교육, 문화 분야에서의 협력을 공고히 하고 국제무대에서 양국의 입지와 참여를 강화시키는 데 합의하였다. 국제기구에서 양국이 광범위한 분야의 다수 사안에 대하여 지닌 공통된 입장을 기반으로 협력을 강화하기 위하여 대화채널을 제도화하고 UN개혁, DDA협상, 동아시아 · 라틴아메리카 협력포럼(FEALAC), APEC 정상회의 등에서 협력을 강화할 것으로 보인다.

또한, 양국 국민의 유대강화와 상호 이해를 위해서 문화 및 교육 분야에서의 관계증진이 중요하다는 것을 인식하여 '2003~2006 한 · 멕시코 교육문화협력프로그램'에 포함된 학술기관간 협조, 학생 · 청소년 · 스포츠 교류, 장학제도, 강좌 개설, 인적자원 훈련 등 기존의 협력 프로그램들을 강화시키기로 하였다.

2. SICA

'제2차 한·SICA 정상회의'에서는 앞서 개최된 개별 정상회의로 인하여 구체적인 협력방안에 합의하기보다는 지역간 협력의 필요성이나 협력강화 가능성에 대해 공감하거나 관심을 표명하는 수준에 그쳤다. 우선 제도 및 정치적 협력에서는 1996년에 창설된 '한 · 중미 대화협의체'가 양 지역간 협력관계를 증진시키는 데 일조했다는 점에 공감하면서 이를 더욱 강화하고 양 지역간 협력 가능성을 제고할 수 있는 유용한 기구라는 데 공감한 FEALAC과 기존의 국제기구에서의 협력관계를 더욱 강화하기로 합의하였다. 경제 및 통상부문의 협력 제고를 위해서 한국의 중미경제

항공, 에너지, 천연자원, 정부조달, 사회간접자본(SOC) 등 산업별 협력을 증진할 수 있는 방안을 지속적으로 검토하기로 하였다(대외경제정책연구원, 세계경제 2005. 10. pp. 71~80 요약 · 재구성).

통합은행(CABEI) 가입에 대한 논의가 구체화되었으며 중미통합 강화와 미·중미 FTA(DR-CAFTA) 출범에 대비하여 한 · SICA 경제 통상협력 확대 필요성에 공감하였다. 이외에 양 지역간 관계강화를 위하여 국민간 이해를 심화시켜 나가는 것이 중요하다는 데 공감하여 치안, 보건, 교육, 기술, 관광, 어업, 문화, 예술, 스포츠 등 다양한 분야에서 협력과 교류를 확대해나가기로 합의하였다.

한편, 한·SICA 정상회의에 앞서 개최된 개별 정상회의에서는 다양한 분야에서 협력협정이 체결되고 향후 추진할 주요 협력방안들에 대한 논의가 이루어졌다. 엘살바도르, 코스타리카, 도미니카공화국과 IT 협력 양해각서(MOU)를 체결한데 이어 과테말라와도 MOU 체결을 추진하기로 합의하였다. 또한, 과테말라의 국책사업인 발전소 건설과 파나마운하 확장사업 등 SOC 건설(9년간 50~90억 달러 전망)에 대한 한국기업의 참여 가능성이 타진되었다. 니카라과와는 중소기업간 투자확대방안이 논의되었으며 코스타리카와는 중소기업 협력 약정이 체결되었다. 특히, 코스타리카와 생명공학(BT)분야 협력방안으로 '한 · 코스타리카 생물자원공동연구센터' 개설에 합의한 것은 중미와의 신분야 협력사업을 개발했다는 측면에서 의미를 부여할 수 있다.

이외에 SICA 회원국과의 개별 정상회의에서는 중미지역이 필요로 하는 개발협력방안에 대한 논의가 집중적으로 이루어졌다. 전술한 바와 같은 중미지역 주요 개발사업에 대한 한국기업의 참여와 IT부문 협력 그리고 CABEI에의 가입도 개발협력의 일환으로 진행될 것으로 보이나 기존의 유무상 지원을 통한 협력도 확대될 것으로 전망된다. 니카라과와 온두라스와는 2,000만 달러 EDCF 지원을 약정하였으며 코스타리카와는 '북부국경지대 개발 프로젝트' 참여를 검토하기 위하여 KOICA 전문가 그룹을 파견하기로 하였다.

제2절 한 · 멕시코 및 한 · SICA 경제협력 현황

1. 교역

1.1 한 · 멕시코

한국과 멕시코는 전통적인 우호협력관계를 기반으로 경제협력을 확대하기 위해 노력해 왔다. 1990년대 들어 양국이 시행한 대외지향적 경제정책의 결과로 경제협력관계가 한층 심화되었다. 교역규모가 가장 컸던 2004년을 기준으로 할 경우 양국간 교역은 1990년에 비하여 약 3.1배 증가하는 비약적인 발전을 보였다. 그러나 실질적으로 양국 경제규모나 교역규모와 비교할 경우 매우 미흡한 수준으로 평가할 수 있다. 즉, 2004년 양국간 교역량은 한국 총교역(한국 기준)의 0.7%와 멕시코 총교역(멕시코 기준)의 1.4%에 불과하다.

양국간 교역에서의 특징으로 다음 2가지를 지적할 수 있다.

(1) 한국의 만성적 무역흑자

1990년 3억 달러였던 무역수지 흑자(trade surplus)는 매년 확대되어 2000년에 20억 달러를 초과하고 2004년에는 사상 최대인 25억 8,000만 달러를 기록했다. 멕시코 통계기준으로 볼 때 한국에 대한 무역수지 적자는 한국통계 기준보다도 크게 나타나 2004년에 52억 4,200만 달러의 적자를 기록하였다.

(2) 한국의 대멕시코 수출품목의 편중성

한국과 멕시코간 교역에서 나타나는 또 다른 특징은 대멕시코 수출이 한국의 전통적인 일부 주력 수출품에 의존하고 있다는 점이다. 한국의 대멕시코 수출은 컴퓨터 및 부품, 가전제품, 섬유, 승용차 및 타이어 등에 집중되어 있으며 그 집중도는 매년 증가하고 있다. 그러나 최근 들어 한국산 제품들은 멕시코 내수시장에서 점유율을 확대하기보다는 오히려 밀려나고 있는 상황이다. 이는 멕시코가 시장다변화

전략(market diversification strategy)의 일환으로 FTA정책을 적극적으로 추진하면서 43개 국가와 FTA를 체결했는데 그 협정 상대국 대부분이 한국과 실질적인 경쟁관계에 있기 때문이다. FTA 미체결국인 한국으로서는 미국과 유럽연합(EU) 등 경쟁국 제품에 비하여 10~15%의 관세를 추가로 부담하고 있어 수출에 지장을 받고 있다.

〈표 20-1〉 연도별 대멕시코 수출입 추이(1995~2005)

(단위 : 백만 달러)

	1995	1996	1997	1998	1999	2000	2001	2002	2003	2004	2005. 6
수 출	941	1,191	1,471	1,405	2,017	2,391	2,149	2,231	2,455	2,994	1,735
수 입	307	408	344	191	292	378	267	295	334	411	198
무역수지	634	783	1,127	1,214	1,725	2,013	1,882	1,936	2,121	2,583	1,537

1.2 한 · SICA

SICA 8개국과의 교역은 1994년 북미자유무역협정(NAFTA) 출범 이후 미국시장 우회진출을 위해 투자가 증가하면서 급증하고 한국 투자기업들을 위한 원부자재 수출이 급증하면서 무역수지도 흑자를 유지하였다. 그러나 양자간 총교역은 1997년 한국의 외환위기(foreign exchange crisis)를 시작으로 감소하기 시작하여 최근에는 중남미지역의 지역주의(regionalism) 추세, 남미지역의 경제위기(economic crisis), 중개무역기지로서 파나마의 위상약화 등으로 연간 30억 달러를 하회하고 있다. 2004년 기준으로 SICA와의 교역량은 한국 총교역의 0.6%, 한국과 중남미 교역의 15.9%에 불과하였다. 국가별로는 현지진출 투자기업이 집중된 과테말라, 온두라스, 도미니카공화국, 그리고 선박수출을 비롯한 중계무역이 중점적으로 이루어진 파나마에 대한 수출이 두드러졌다. 대SICA 수입은 미미하나 파나마가 50% 정도를 차지하고 있으며 수출과 같이 대파나마 수입이 줄면서 전체 수입규모도 감소하고 있다. 대SICA 주요 수출품은 자동차, 선박 등을 포함한 수송기계, 직물, 섬유제품, 가정용 전자제품이며 주요 수입품은 농산물, 수송기계, 전자부품, 섬유제품 등으로 나타났다.

〈표 20-2〉 연도별 대SICA 수출입 추이(1994~2005)

(단위 : 백만 달러)

	1994	1995	1996	1998	2000	2002	2004	2005. 6
수 출	2,370	3,668	2,756	2,285	2,282	2,090	2,354	1,287
수 입	639	623	189	195	326	404	534	213
무역수지	1,731	3,045	2,556	2,090	1,956	1,596	1,820	1,074

2. 투자

2.1 한 · 멕시코

중남미지역에서 한국의 최대 투자대상국인 멕시코에 대한 투자는 NAFTA 출범 이후 본격적으로 이루어졌다. 투자금액은 연도에 따라 기복이 심한 편으로 1995년에는 한국 총 해외투자액의 1.36%를 차지했으나 1990년대 말에는 보세가공수출산업(마낄라도라) 특혜제도 폐지에 따라 외국인기업에 대한 투자환경 악화 등으로 급격하게 감소하였다. 멕시코 경제부 외국인투자국 집계(외국인투자 등록국 신고 및 마낄라도라산업 고정투자)에 따르면 1994~2005년 6월 동안에 한국의 대멕시코 직접투자 누계액은 6억 6,000만 달러로 멕시코 총 FDI의 0.4%를 나타내고 있다. 반면에 한국기준으로 2005년 7월 기준 한국의 대멕시코 직접투자 규모(순투자 기준)는 88건에 3억 2,301만 달러이다. 미국경제의 침체에 농반되어 짐체되었던 경기가 회복하면서 최근 들어 대멕시코 직접투자도 활성화되고 있다. 2004년에는 2,500만 달러가 투자되었으며 2005년 들어서는 7월까지 2004년 전체보다도 90% 이상 증가한 4,900만 달러가 투자되었다.

2.2 한 · SICA

한국의 대SICA 투자는 멕시코나 남미 지역과는 달러 섬유, 의류, 봉제 등 경공업 부문에 편중되는 양상을 보이고 있다. 이는 멕시코의 경우 국내 산업기반이 비교적 잘 구축되어 있고 브라질이나 아르헨티나의 경우 자체 내수시장규모가 커서 섬유뿐만 아니라 자동차, 기계, 플라스틱 등 다양한 분야로 진출이 이루어졌기 때문이나 중미와 카리브 지역에 대한 투자진출은 미국시장으로의 우회진출을 위한 생산시설 투자가 대부분을 차지하고 있기 때문이다. 2005년 5월말 잔존기준으로 한국의 대 SICA 총투자규모는 224건에 4억 6,178만 달러(순투자규모는 171건에 3억 4,768만 달러)를 기록하였다. 이는 총투자액 기준으로 한국의 대중남미 총투자의 11.6%에 불과한데 그나마도 1998년의 15.0%에서 상대적으로 감소하고 있는 상황이다.

3. 개발협력

중남미지역에서 한국의 해외원조(ODA) 대상국은 주로 중미와 남미 일부 국가에 집중되어 있다. 그럼에도 불구하고 대외경제협력기금(EDCF)을 기초로 수출입은행과 KOICA를 통해 이루어지고 있는 대SICA ODA는 그 규모가 미미한 수준을 보이고 있다. 수출입은행은 대SICA 차관과 CABEI에 대한 전대차관을, KOICA는 프로젝트사업 지원, 전문가 파견, 기자재 공여, 그리고 연수생 초청 등을 주요 협력사업으로 시행하고 있다. 최근 시행된 대SICA EDCF 차관 주요 지원사업은 다음과 같다

① 엘살바도르 APOPA 병원건설 및 기자재 구매(2001년)
② 온두라스 치안강화사업(2003년)
③ 니카라과 상수도확충사업(2004년)

〈표 20-3〉 한국의 대SICA 무상협력 현황

(단위 : 천 달러, 건/명)

	프로젝트 사업	물자공여	연수생 초청	전문가 파견	봉사단 파견	긴급원조	개발조사
2002	1,052.7	1,325.9	410	14.1	66.4	-	-
	6	19	90	2	6	-	-
2003	1,782.1	465.7	387.9	22.3	93.7	10.1	-
	7	17	83	2	9	1	-
2004	1,070.7	130	423	72.5	127.4	20	-
	4	-	90	5	7	1	-
2005 (계획)	1,298	-	448	56	152	-	90
	5	-	103	2	8	-	1

〈표 20-4〉 한국의 대SICA 유상협력 현황

	국 가	사 업	승인액	집행액	진행상태
			백만원	백만원	
1998	파나마	의료보건 현대화	22,668	22,463	지원완료
	니카라과	송배전망 확충	7,042	7,041	자금진출완료
	온두라스	지방배전망 확충	7,002	4,821	자금지출중
2001	엘살바도르	APOP병원 건립	33,196	-	L/A 체결
	온두라스	의료기자재 구매	2,464	-	L/A 체결
2003	니카라과	치안강화	2,952	-	A/R 체결추진
2004		상수도확충사업	19,935	-	A/R 체결추진
합 계			159,119	34,325	

제 3 절 경제협력 확대방안

멕시코와 SICA 9개국은 미주시장 진출거점 및 미래시장으로서의 중요도가 크다. 특히, 국제무대에서 한국의 입장을 지지할 수 있는 주요 협력 대상국으로 평가할 수 있다. 이에 1996년 이후 9년 만의 순방을 통해 정상회의가 개최된 것은 미국, 일본, 중국 등 강대국 중심이었던 한국의 외교기반이 한층 확대되고 외교가 전방위적으로 전개되고 있는 것으로 인식할 수 있다. 특히, 정부는 이번 중미순방이 미주시장 진출거점 확보라는 상과를 거두고 '전방위 국제협력' 확대라는 국가안보전략(national security strategy)의 일환으로서 외교무대를 더욱 확대시킨 계기가 되었다고 평가하고 있다.

그러나 이번 중미순방은 한 · 멕시코 SECA 추진 및 광물자원 협력협정, 한·코스타리카 범죄인 인도조약 서명, IT 및 에너지자원 협력의정서 체결, CABEI 가입의사 재확인 등 다양한 분야에서의 협력방안들이 구체화되었음에도 불구하고 코스타리카를 제외하고는 현지 경제계, 특히 언론 등으로부터 크게 주목받지는 못했다. 특히, 한 · 멕시코 정상회의 직후 이루어진 중국 후진타오 주석의 방문에 대한 멕시코 언론들의 반응은 크게 대조적이었다. 즉, 멕시코 언론들은 중국을 멕시코 경제에 대한 위협국가로 보는 한편으로 중요한 협력상대국으로 지칭하면서 FTA 추진 등 다양한 분야에서의 협력을 추진해야 한다고 보도하였다.

한국과 중국에 대한 현지의 이 같은 상이한 시각은 멕시코 및 SICA 회원국들이 인식하는 한국과의 경제협력 확대방안들이 한국과는 다소 차이가 있기 때문으로 판단된다. 멕시코와 SICA 회원국들은 대부분 한국과의 무역불균형(trade imbalance)을 해소하고 한국의 자본과 기술을 유치하는데 많은 관심을 가지고 있다. 반면에 이번 순방에서 한국은 시장진출에만 주목한 나머지 그러한 측면에서의 구체적인 협력방안을 제시하는 데는 미흡했던 것으로 판단된다. 이 같은 상황에서는 한 · 멕시코 SECA 추진에 상당한 어려움이 예상되고 있다. 향후 한국의 대멕시코 경제외교가 농산물 시장개방, 자원개발투자, 관광교류 확대, 인프라확충투자, 인도주의적 협력사업 등 멕시코가 수긍할 수 있는 다각적인 사업들로 병행되어야 한다는 점을 주목해야 한다.

이 같은 맥락 하에서 조속히 실천해야 할 몇 가지 경제협력과제는 다음 4가지로 집약될 수 있다.

1. 멕시코와 합의된 SECA를 조속히 출범시키기 위한 신속한 협상이 이루어져야 함

FTA 미체결로 인해 불이익을 받고 있는 주요 교역품목이라도 조기에 자유화함으로써 경쟁에서 밀려나는 사태를 방지해야 한다. 이미 한국과 멕시코는 KMJEG를 통하여 1년 정도 공동연구를 진행한 경험이 있기 때문에 일부 품목의 교역을 자유화하는 경제보완협정의 조기 타결도 가능하다고 할 수 있다. 비록 자유무역협정(FTA)보다 한 단계 낮은 경제보완협정 체결에 합의한 것은 FTA 추진에 대한 양국 간의 인식의 차이를 나타낸 것이지만 장기적인 관점에서 경제보완협정은 양국간 자유무역을 확대하고 FTA를 지향할 수 있는 기초가 될 것으로 평가된다.

2. 양 지역간 협력 가능성을 제고할 수 있는 유용한 기구라는 데 공감한 FEALAC을 발전시키고 이를 구체적으로 활용하기 위한 방안들을 마련해야 함

2001년에 공식 출범한 FEALAC은 회원국이 32개국에 이르는 대규모 지역간 협력체이나 최근까지 구체적인 프로젝트 개발이 이루어지지 않는 등 이니셔티브(initiative)가 부족하여 정상회의 수준으로 발전하지 못하고 있다. 한국도 지역간 협력 증진을 통한 외교다변화(diplomatic diversification)라는 중장기적 전략의 큰 틀 속에서 FEALAC에 중요성을 부여하여 FEALAC의 창설회원으로서 2004~2006년에 동아시아 지역조정국 역할을 수행하는 등 적극적으로 참여하고 있으나 다음 3가지 측면에서 FEALAC이 직면하고 있는 과제해결에 한계를 보이고 있다.

① 동아시아 · 중남미간 협력 증진 필요성에 대한 일반의 인식 제고
② 지역협력체로서의 FEALAC 차별성 확보
③ 회원국 간의 동질성(homogeneity)보다는 다양성(diversity)이 큰 지역협력체로서 회원국간 협력을 효율적으로 도출해 내기 위한 융통성 있는 포럼 운영

대표적으로 정부 내에서 FEALAC 담당자를 제외하고는 FEALAC에 대한 인식

이 부족한 점과 대국민 홍보가 전혀 이루어지지 않고 있는 점을 지적할 수 있다.

3. CABEI에의 조속한 가입

이번 순방에서 한국이 CABEI에의 가입희사를 재확인함으로써 현지에서는 중미지역에 대한 개발협력 강화에 대한 기대감이 제고되었다. SICA는 한국의 CABEI 가입이 중미의 통합과 경제 · 사회 발전에 크게 기여할 것이라고 평가하였다.

4. 무역불균형의 개선

순방과정에서 확인할 수 있었던 것은 멕시코와 중미국가들이 한국과의 관계에서 무역불균형 현상을 강력하게 개선시키기를 원하고 있다는 점이다. 무역불균형은 멕시코가 한국과의 FTA 추진을 거부하는 주요 요인이듯이 경제협력(economic cooperation)을 방해하는 장애요인이 되고 있다. 비록 무역불균형을 시정하기 위하여 정상적인 교역관계를 인위적으로 조작하기에는 한계가 있으나 새로운 수입상품을 개발하거나 무역수지 이외에 다른 수지를 개선하는 방안을 통하여 극복할 수 있을 것으로 판단된다. 예를 들면, 한국의 해외관광수요를 멕시코와 SICA의 관광자원과 연계시키고 양 지역간 관광산업 협력을 활성화하기 위한 인프라로서 직항로 개설 등을 적극적으로 검토할 필요가 있다.

부 록*

Ⅰ. 각국 사회개발지표

Ⅱ. 국민소득 및 지역에 의한 국가분류

Ⅲ. 국민소득 및 외채규모에 의한 국가분류

Ⅳ. NAFTA 이후 미국 · 캐나다 · 멕시코 산업의 동조화

Ⅴ. 중남미국가편람

* 수출입은행, 세계국가편람, 2005. 7. 관련자료 참조
  대외경제정책연구원, 세계경제, 2006. 3. 관련자료 참조

Ⅰ. 각국 사회개발지표

국 가 명	절대빈곤 계층비율(%) 1985~2001[1]	평균수명 (년) 2001	도로 포장률 (%) 1995~2000[1]	1,000명당 전화보급대수 (대수) 2001	일인당에너지 소비량 (석유환산 kg) 2000
Afghanistan	-	43	13.3	1	-
Albania	-	74	39.0	50	521
Algeria	22.6	71	68.9	61	956
American Samoa	-	-	-	212	-
Andorra	-	-	-	447	-
Angola	-	47	10.4	6	584
Antigua and Barbrda	-	-	-	-	-
Argentina	55	74	29.4	224	1,660
Armenia	-	74	96.3	140	542
Aruba	-	-	-	-	-
Australia	-	79	38.7	519	5,744
Austria	-	78	100.0	468	3,524
Azerbaijan	68.1	65	92.3	111	1,454
Bahamas	-	-	-	-	-
Bahrain	-	-	-	-	-
Bangladesh	33.7	62	9.5	4	142
Barbados	-	-	-	-	-
Belarus	41.9	68	89.0	279	2,432
Belgium	-	78	78.2	498	5,776
Belize	-	-	-	-	-
Benin	33.0	53	20.0	9	394
Bermuda	-	-	-	-	-
Bhutan	-	61	-	-	-
Bolivia	62.7	63	6.5	62	455
Bosnia & Herzegovina	19.5	74	52.3	111	
Botswana	-	39	55.0	91	-
Brazil	17.4	68	5.5	218	1,077
Brunei	-	-	-	-	-
Bulgaria	-	72	94.0	359	2,299
Burkina Faso	45.3	44	16.0	5	-
Burundi	36.2	42	7.1	3	-
Cambodia	36.1	54	16.2	2	-
Cameroon	40.0	49	12.5	7	421
Canada	-	79	-	676	8,156
Cape Verde	-	-	-	-	-
Central African Rep.	-	43	2.7	2	-
Chad	64.0	48	0.8	1	-
Channel Islands	-	-	-	-	-
Chile	17	76	19.4	233	1,604
China	4.6	70	22.4	137	905

국 가 명	절대빈곤 계층비율(%) 1985~2001[1)]	평균수명 (년) 2001	도로 포장률 (%) 1995~2000[1)]	1,000명당 전화보급대수 (대수) 2001	일인당에너지 소비량 (석유환산 kg) 2000
Colombia	17.7	72	14.4	171	681
Comoros	-	-	76.5	-	-
Congo. Rep	-	51	9.7	7	296
Congo. Democratic Republic of	-	45	-	0	292
Cost Rica	22.0	78	22.0	230	861
Côte' d'Ivoire	36.8	46	9.7	18	433
Croatia	-	74	84.6	365	1,775
Cuba	-	77	49.0	51	1,180
Cyprus	-	-	-	-	-
Czech Republic	-	75	100.0	375	3,931
Denmark	-	77	100.0	719	3,643
Djibouti	45.1	-	-	-	-
Dominica	-	76	-	-	-
Dominican Rep.	20.6	67	49.4	110	932
Ecuador	35.0	70	18.9	104	647
Egypt, Brab Rep.	16.7	68	78.1	104	726
띠 Salvador	48.3	70	19.8	93	651
Equatorial Guinea	-	-	-	-	-
Eritra	53.0	51	21.8	8	-
Estonia	8.9	71	20.1	352	3,303
Ethiopia	44.2	42	12.0	4	291
Faeroe Islands	-	-	-	-	-
Fiji	-	-	49.2	-	-
Finland	-	78	64.5	548	6,409
France	-	79	100.0	573	4,366
French Polynesia	-	-	-	-	-
Gabon	-	53	9.9	26	1,271
Gambia, The	64.0	53	35.4	26	-
Georgia	11.1	73	93.5	159	533
Germany	-	78	99.1	634	4,131
Ghana	31.4	56	29.6	12	400
Greece	-	78	91.8	529	2,635
Greenland	-	-	-	-	-
Grenada	-	-	-	-	-
Guam	-	-	-	-	-
Guatemala	57.9	65	34.5	65	628
Guinea	40.0	46	16.5	3	-
Guinea-Bissau	48.7	45	10.3	10	-
Guyana	43.2	-	-	-	-
Haiti	65.0	52	24.3	10	256
Honduras	53.0	66	20.4	47	469
Hong Kong, China	-	80	100.0	580	2,319
Hungary	17.3	72	43.4	374	2,448
Iceland	-	-	-	-	-
India	28.6	63	45.7	38	494

국 가 명	절대빈곤 계층비율(%) 1985~2001[1)]	평균수명 (년) 2001	도로 포장률 (%) 1995~2000[1)]	1,000명당 전화보급대수 (대수) 2001	일인당에너지 소비량 (석유환산 kg) 2000
Indonesia	27.1	66	46.3	35	706
Iran, Islamic Rep.	-	69	56.3	169	1,771
Iraq	-	62	84.3	29	1,190
Ireland	-	77	94.1	485	3,854
Isle of Man	-	-	-	-	-
Israel	-	79	100.0	476	3,241
Italy	-	79	100.0	471	2,974
Jamaica	18.7	76	70.1	197	1,524
Japan	-	81	46	597	4,136
Jordan	11.7	72	100.0	127	1,061
Kazakhstan	34.6	63	94.7	113	2,594
Kenya	42.0	46	12.1	10	515
Kiribati	-	-	-	-	-
Korea, Dem. Rep.	-	61	6.4	22	207
Korea, Rep.	-	74	74.5	486	4,119
Kuwait	-	77	80.6	240	10,529
Kyrgyzstan	64.1	66	91.1	78	497
Lao PDR	38.6	54	-	10	-
Latvia	-	70	38.6	308	1,541
Lebanon	-	71	84.9	195	1,169
Lesotho	49.2	43	18.3	10	-
Liberia	-	47	6.2	2	-
Libya	-	72	57.2	109	3,107
Liechtenstein	-	-	-	-	-
Lithuania	-	73	91.3	313	2,032
Luxembourg	-	-	-	-	-
Macao, China	-	-	-	-	-
Macedonia, FYR	-	73	63.8	263	-
Madagascar	71.3	55	11.6	4	-
Malawi	65.3	38	18.5	5	-
Malaysia	15.5	73	75.8	196	2,126
Maldives	-	-	-	-	-
Mali	-	41	12.1	4	-
Malta	-	-	-	-	-
Marshall Islands	-	-	-	-	-
Mauritania	46.3	51	11.3	7	-
Mauritius	10.6	72	97.0	257	-
Mayotte	-	-	-	-	-
Mexico	10.1	73	32.8	137	1,567
Micronesia, Fed. Sts.	-	-	-	-	-
Moldova	23.3	67	87.0	154	671
Mongolia	36.3	65	3.5	52	-
Morocco	19.0	68	56.4	41	359
Mozambique	69.4	42	18.7	4	403
Myanmar	-	57	12.2	6	262

국 가 명	절대빈곤 계층비율(%) 1985~2001[1)]	평균수명 (년) 2001	도로 포장률 (%) 1995~2000[1)]	1,000명당 전화보급대수 (대수) 2001	일인당에너지 소비량 (석유환산 kg) 2000
Namibia	-	44	13.6	66	587
Nepal	42.0	59	30.8	13	343
Netherlands	-	78	90.0	621	4,762
Netherlands Antilles	-	-	-	-	-
New Caledonia	-	-	-	-	-
New Zealand	-	78	62.8	477	4,864
Nicaragua	47.9	69	11.0	31	542
Niger	63.0	46	7.9	2	-
Nigeria	34.1	46	30.9	5	710
N. Mariana Is.	-	-	-	-	-
Norway	-	79	76.0	720	5,704
Oman	-	74	30.0	90	4,046
Pakistan	32.6	63	43.0	23	463
Palau	-	-	-	-	-
Panama	37.3	75	34.6	148	892
Papua New Guinea	37.5	57	3.5	12	-
Paraguay	21.8	71	9.5	51	715
Peru	49.0	70	12.8	78	489
Philippines	36.8	70	21.0	42	554
Poland	23.8	74	68.3	295	2,328
Portugal	-	76	86.0	427	2,459
Puerto Rico	-	76	100.0	336	-
Qatar	-	-	-	-	-
Romania	21.5	70	49.5	184	1,619
Russian Federation	30.9	66	67.4	243	4,218
Rwanda	51.2	40	8.3	3	-
Sao Tome and Principe	-	-	68.1	-	-
Saudi Arabia	-	73	30.1	145	5,081
Senegal	33.4	52	29.3	25	324
Seychelles	-	-	-	-	-
Sierra Leone	68.0	37	7.9	5	-
Singapore	-	78	100.0	471	6,120
Slovak Republic	-	73	86.7	288	3,234
Slovenia	-	76	99.9	401	3,288
Solomon Islands	-	-	-	-	-
Somalia	-	47	11.8	4	-
South Africa	-	47	20.3	112	2,514
Spain	-	78	99.0	431	3,084
Sri Lanka	25.0	73	-	44	437
St. Kitts and Nevis	-	-	-	-	-
St. Lucia	-	-	-	-	-
St. Vincent	-	-	-	-	-
Sudan	-	58	36.3	14	-
Suriname	-	-	-	-	-
Swaziland	40.0	45	-	31	-

국 가 명	절대빈곤 계층비율(%) 1985~2001[1)]	평균수명 (년) 2001	도로 포장률 (%) 1995~2000[1)]	1,000명당 전화보급대수 (대수) 2001	일인당에너지 소비량 (석유환산 kg) 2000
Sweden	-	80	78.4	739	5,354
Switzerland	-	80	-	746	3,704
Syrian Arab Rep.	-	70	23.1	103	1,137
Tsjikistan	-	67	-	36	470
Tanzania	41.6	44	4.2	4	457
Thailand	13.1	69	97.5	99	1,212
Togo	32.3	49	31.6	10	333
Tonga	-	-	-	-	-
Trinidad and Tobago	21.0	72	51.1	240	6,660
Tunisia	7.6	72	64.8	109	825
Turkey	-	70	34.0	285	1,181
Turkmenistan	-	65	81.2	80	2,627
Uganda	55.0	43	6.7	3	-
Ukraine	31.7	68	96.7	212	2,820
United Arab Emirates	-	75	100.0	40	10,175
United Kingdom	-	77	100.0	588	3,962
United States	-	78	58.8	667	8,148
Uruguay	-	74	90.0	283	923
Uzbekistan	-	67	87.3	66	1,930
Vanuatu	-	-	-	-	-
Venezuela	31.3	74	33.6	109	2,452
Vietnam	50.9	69	25.1	38	471
Virgin Islands(U.S.)	-	-	-	-	-
WestBank and Gaza	-	72	-	78	-
Western Samoa	-	-	-	-	-
Yemen Rep.	41.8	57	11.5	22	201
Yugoslavia, Fed. Rep.	-	73	62.3	229	-
Zambia	72.9	37	-	8	619
Zimbabwe	34.9	39	47.4	19	209

주 : 1) 기간 중 최근 연도치임
2) - 자료 없음
자료 : World Bank, World Bank Atlas, 2003.

Ⅱ. 국민소득 및 지역[1)]에 의한 국가분류

1. 저소득국[2)] : 총 64개국

지 역	저소득국(low income)	
사하라이남 아프리카	Angola	Burundi
	Burkina Faso	Central African Rep.
	Cameroon	Comoros
	Chad	Cote d'Ivoire
	Congo, Rep.	Eritrea
	Congo, Dem. Rep.	Eguatorial
	Ethiopia	Ghana
	Gambia, The	Guinea
	Guinea-Bissau	Kenya
	Liberia	Lesotho
	Madagascar	Malawi
	Mali	Mauritania
	Niger	Mozambigue
	Rwanda	Nigeria
	Senegal	Sao Tome and Principe
	Somalia	Sierra Leone
	Tanzania	Sudan
	Uganda	Togo
	Zimbabwe	Zambia
	Benin	
북아프리카, 중동	Yemen Rep.	
아 시 아	Afghanistan	Bangladesh
	Bhutan	Cambodia
	Indonesia	India
	Lao PDR	Korea Dem. Rep.
	Myanmar	Mongolia
	Pakistan	Nepal
	Papua New Guinea	Solomon Islands
	Vietnam	
미 주	Nicaragua	Haiti
유 럽	Armenia	Azerbaijian
	Georgia	Kyrgyz Rep.
	Moldova	Tajikistan
	Uzbekistan	Ukraine

2. 중소득국 : 총 94개국

지 역	하위중소득국[3)] (lower middle income)	상위중소득국[4)] (upper middle income)
사하라이남 아프리카	Cape Verde Namibia Swaziland South Africa	Botswana Gabon Mauritius Mayotte Seychelles
북아프리카, 중동	Algeria Djibouti Egypt, Arab Rep. Iran Iraq Jordan Morocco West Bank and Gaza Syrian Arab Rep. Tunisia	Bahrain Lebanon Libya Malta Oman Saudi Arabia
아 시 아	China Fiji Kiribati Maldives Marshall Islands Micronesia Fed. Sts. Philippines Samoa Srilanka Thailand Tonga Vanuatu	American Samoa Malaysia Palau
유 럽	Albania Belarus Bosnia and Herzegovina Bulgaria Kazakhstan Macedonia, FYR Romania Russian Federation Turkey Turk Menistan Yugoslavia Fed. Rep.	Croatia Czech Rep. Estonia Hungary Isle of Man Latvia Lithuania Poland Slovak Rep.
미 주	Belize Bolivia Colombia Cuba	Antigua and Barbuda Argentina Barbados Brazil

지 역	하위중소득국[3) (lower middle income)	상위중소득국[4) (upper middle income)
미 주	Dominican Rep.	Chile
	Ecuador	Costa Rica
	El Salvador	Dominica
	Guatemala	Grenada
	Guyana	Mexico
	Honduras	Panama
	Jamaica	Puerto Rico
	Paraguay	St. Kitts and Nevis
	Peru	St. Lucia
	St. Vincent and the Grenadines	Trinidad and Tobago
	Suriname	Uruguay
		Venezuela

3. 고소득국[5)] : 총 51개국

지 역	OECD국 (OECD Countries)	비 OECD국 (Non-OECD Countries)
사하라이남 아프리카		
북아프리카, 중동		Brhrain Israel Kuwait Qatar United Arab Emirates
아 시 아	Australia Japan Korea, Rep. of New Zealand	Brunei French Polynesia Guam Hong Kong, China Macao, China New Caledonia N. Mariana Is. Singapore Taiwan, China
유 럽	Austria Belgium Denmark Finland France Germany Greece Iceland Ireland Italy Luxembourg Netherlands Norway Portugal Spain Sweden Switzerland United Kindom	Andorra Channel Islands Cyprus Faeroe Islands Greenland Liechtenstein Monaco San Marino

지 역	OECD국 (OECD Countries)	비 OECD국 (Non-OECD Countries)
미 주	Canada United States	Aruba Bahamas, The Bermuda Cayman Islands Netherlands Antilles Virgin Islands(U.S.)

주 : 1) 본문의 지역분류와 다소 차이가 있음
2) 저소득국 : 2000년기준 1인당 GNI가 755달러 이하인 국가
3) 하위중소득국 : 2000년기준 1인당 GNI가 756~2,995달러인 국가
4) 상위중소득국 : 2000년기준 1인당 GNI가 2,996~9,265달러인 국가
5) 고소득국 : 2000년기준 1인당 GNI가 9,266달러 이상인 국가
자료 : World Bank, Global Development Finance, 2003

Ⅲ. 국민소득 및 외채규모에 의한 국가분류

	중채무국 (Severely indebted)	고채무국 (Moderately indebted)	경채무국 (Less indebted)
저소득국	Angola Benin Burkina Faso Burundi Central African Rep. Chad Comoros Congo, Dem. Rep. Congo, Rep. Côte d'Ivoire Ethiopia Guinea Guinea-Bissau Indonesia Kyrgyz Republic Lao PDR Liberia Madagascar Malawi Mauritania Myanmar Nicaragua Niger Nigeria Pakistan Rwanda Sao Tomé and Principe Sierra Leone Somalia Sudan Zambia	Bhutan Cambodia Cameroon Gambia, The Ghana Haiti Kenya Mali Mongolia Papua New Guinea Senegal Tanzania Togo Uganda Uzbekistan Zimbabwe	Armenia Azerbaijan Bangladesh Equatorial Guinea Eritrea Georgia India Lesotho Mozambique Nepal Solomon Islands Ukraine Vietnam Yemen, Republic of Tanzania
중소득국	Ecuador Guyana Jordan Peru Syrian Arab Rep. Belize Lebanon Panama Uruguay Yugoslavia, Red. Rep. of	Algeria Belize Bolivia Bosnia and Herzegovina Bulgaria Colombia Honduras Jamaica Papua New Guinea Philippines	Albania Belarus Cape Verde China Djibouti Dominican Republic Egypt, Arab Rep. El Salvador Fiji Guatemala

	중채무국 (Severely indebted)	고채무국 (Moderately indebted)	경채무국 (Less indebted)
중소득국	Argentina Brazil Gabon	Russian Federation Samoa St. Vincent and the Grenadines Thailand Tunisia Turkmenistan Dominica Grenada Kazakhstan Latvia Slvac Republic St. Kitts and Nevis Chile Croatia Estonia Hungary Malaysia Turkey	Iran, Islamic Rep. Lithuania Macedonia FYR Maldives Moroco Paraguay Romania Sri Lanka Swaziland Tonga Vanuatu Bostswana Costa Rica Czech Republic Aljeria Barbados Bosnia and Herzegovina Malta, Mauritius Morocco Venezuela, R.B. de
상위중소득국 (Upper Middle Income)			Mexico Oman Poland Seychelles South Africa St. Lucia Trinidad and Tobago

Ⅳ. NAFTA 이후 미국 · 캐나다 · 멕시코 산업의 동조화

NAFTA는 미국 경제를 핵심으로 회원국 간의 거시경제지표 동조화(synchronization of macroeconomic indicators)를 심화시켰다. 특히, 멕시코가 미국 및 캐나다와 동조화가 심한 것으로 인식되어 있다. 캐나다는 한대기후나 산악지대에 속하는 지역이 많아 인구의 85% 이상이 미국과의 경계지역에 거주하고 있다. 캐나다의 대(對)미국 주요 수출품목(HS 2단위 기준)으로는 기계 및 설비, 자동차 및 부품, 금속화학, 원유 및 천연가스와 임산물 등이다. 주요 수입품목 또한 기계 및 설비, 자동차 및 부품, 금속화학 등이 있다. 지역별 교역을 보면 대미국 교역비중이 높은 편이다. 2005년 기준 수출 80%, 수입 또한 60% 이상을 상회하는 것처럼 대미국 의존도가 높은 상태이며 2005년 중 대미국 무역수지는 765억 달러의 대규모 흑자를 기록하였다.

멕시코의 대미국 주요 수출품으로는 전기기기, 자동차와 부품, 광물성 연료, 기계 및 설비 등이 있다. 주요 대미국 수입품목 또한 전기기기, 기계설비 및 설비, 자동차, 플라스틱 및 광물성 연료 등이 있다. 그리고 지역별 교역을 살펴보면 NAFTA(북미자유무역협정) 이후부터 2005년까지 평균 대미국 수출비중이 86% 이상이며, 대미국 수입 또한 70%를 상회하여 캐나다와 마찬가지로 대미국 의존도가 높은 상태이다.

NAFTA 이후 각국의 거시경제의 동조화 현상을 제조업분야를 중심으로 분석한 대외경제정책연구원의 보고서를 중심으로 살펴보고자 한다.

1. NAFTA 회원국의 교역 현황

NAFTA 이후 미국의 대캐나다 수출비중은 증가하고 있으나 수입비중은 감소하고 있는 추세를 보이고 있다. 반면에 대멕시코 수출과 수입비중은 모두 증가하고 있다. 즉, NAFTA 이전 캐나다가 미국시장에서 차지하는 수출과 수입비중은 각각

21.2%, 18.8%였으나 2005년 기준 수출과 수입이 차지하는 비중은 각각 23.4%, 17.2%로 각각 2.2%포인트 증가, 1.6%포인트 하락하였다. 그러나 멕시코의 경우 미국 내 수출과 수입이 차지하는 비중은 NAFTA 이전에는 각각 8.9%, 6.6%에서 2005년 기준 13.3%, 10.2%로 각각 4.4%포인트, 3.8%포인트 증가한 것으로 나타났다.

한편, NAFTA 이후 캐나다와 미국과의 품목별(HS 2단위 기준) 수출입동향을 살펴보면 수출입 비중 모두 일반차량, 원자로, 보일러와 기계 및 설비, 광물성연료 및 광물유 등이 높은 것을 알 수 있다. 특히, 미국의 대캐나다 수입에 있어 일반차량 비중은 점차 감소하고 있으나 광물성 연료, 광물유 등이 수입에서 차지하는 비중이 1993년 10% 수준에서 2005년 기준 22.5%로 2배 이상 상승하였다. 또한, 멕시코와 미국의 품목별 수출입 경우도 전기기기, 일반차량, 광물성 연료, 기계 및 설비 등의 비중이 높게 나타났다.

〈표 1〉 미국과 캐나다 교역품목(2005년 기준)

순위	미국의 대캐나다 수출품	미국의 대캐나다 수입품
1	일반차량 및 그 부분품과 부속품	광물성연료, 광물유, 이들의 증류물, 역청물질, 광물성왁스
2	원자로, 보일러와 기계류 및 이들의 부속품	일반 차량 및 그 부분품과 부속품
3	전기기기와 그 부분품	원자로, 보일러와 기계류 및 이들의 부속품
4	플라스틱 및 그 제품	목재와 그 제품 및 목탄
5	광물성 연료, 광물유, 이들의 증류물, 역청물질, 광물성 왁스	전기기기와 그 부분품
6	광학기기, 사진용기기, 영화용기기, 측정기기, 정밀기기 등	플라스틱 및 그 제품
7	식료품	지와 판지, 제지용펄프, 지 또는 판지의 제품
8	철강제품	식료품
9	철강	알루미늄과 그 제품
10	지와판지, 제지용펄프, 지 또는 판지의 제품	항공기와 우주선 및 이들의 부분품
11	가구와 침구, 램프와 조명기구, 조명용사인, 조립식건물	가구와 침구, 램프와 조명기구, 조명용사인, 조립식 건물
12	유기화학품	기타 지역특산품
13	고무와 그 제품	철강제품
14	항공기와 우주선 및 이들의 부분품	철강
15	의료용품	고무와 그 제품

주: 순위는 2005년 기준 수출입 금액순이며, HS 2단위 기준
자료: 한국무역협회

〈표 2〉 미국과 멕시코 교역품목(2005년 기준)

순위	미국의 대멕시코 수출품	미국의 대멕시코 수입품
1	전기기기와 그 부분품	전기기기와 그 부분품
2	원자로, 보일러와 기계류 및 이들의 부분품	일반 차량 및 그 부분품과 부속품
3	일반차량 및 그 부분품과 부속품	광물성연료, 광물유, 이들의 증류물, 역청물질, 광물성왁스
4	플라스틱 및 그 제품	원자로, 보일러와 기계류 및 이들의 부분품
5	광물성연료, 광물유, 이들의 증류물, 역청물질, 광물성왁스	광학기기, 사진용기기, 영화용기기, 측정기기, 정밀기기 등
6	지역특산품	가구와 침구, 램프와 조명기구, 조명용 사인
7	광학기기, 사진용기기, 영화용기기, 측정기기, 정밀기기 등	기타
8	유기화학품	의류와 그 부속품
9	지와 판지, 제지용펄프, 지 또는 판지의 제품	식용의 채소, 뿌리, 괴경
10	철강의 제품	플리스틱 및 그 제품
11	철강의 제품	메리야스 및 뜨개질 편물의 의류와 그 부품
12	알루미늄과 그 부분품	철강의 제품
13	곡물	철강
14	식물성 편조물용 재료, 기타 식물성생산품	음료, 알코올, 식초
15	고무와 그 제품	지역특산품

주: 순위는 현재 수출입 금액순이며, HS 2단위 기준
자료: 한국무역협회

2. NAFTA 이후 산업별 동조화

NAFTA는 미국 경제를 축으로 회원국 간의 거시경제지표 동조화를 심화시켰다. 특히, 멕시코가 미국 및 캐나다와 동조화가 심한 것으로 인식되어 있다. 대외경제정책연구원은 교역비중이 높은 기계 및 설비, 자동차, 석유 등을 중심으로 미국, 캐나다와 멕시코 간의 산업별 동조화 현상을 살펴보기 위하여 상관관계를 분석한 바 있다. 〈표 3〉에서 알 수 있듯이 미국과 캐나다의 상관관계는 산업별 · 시기별로 차이점을 보이고 있다. NAFTA 이전에는 기계 및 설비, 석유가 음의 관계(negative relationship)를 나타내고 있으나 NAFTA 이후에는 기계 및 설비, 석유, 고무 등이 양의 관계(positive relationship)로 전환되었으며 계수 값도 0.30으로 제고되어 양 산업에서 동조화가 심화되었음을 알 수 있다. 그러나 자동차는 CUSFTA 이전 음의 값을 가졌으나 이후 0.05로 동조성이 거의 없는 것으로 분석되었다.

〈표 3〉 미국과 캐나다 산업별 상관계수

	기계 및 설비	자동차	석유	고무
1981년~1988년	-0.52	-0.17	-0.13	-0.20
1981년~1993년	-0.35	0.05	-0.15	0.02
1994년~2005년	0.30	0.05	0.11	0.10

주: 1) 분석기간은 2005년 12월까지 월별자료이며, 전년동월 대비 증가율을 사용함
2) 미국과 캐나다는 1989년 CUSFTA를 체결한 후 1994년부터 NAFTA 협정을 체결함

미국과 멕시코의 경우에도 산업별·시기별로 차이가 존재하는데, NAFTA 이전에는 동조성이 약하거나 섬유산업의 경우 계수가 음(-)의 값을 나타내었다. 그러나 NAFTA 이후에는 모두 양(+)의 값으로 전환되었는데 기계 및 설비 0.48, 석유 0.18, 섬유 0.33으로 이는 동조성이 더욱 커졌음을 보여준다. 이 같은 결과는 NAFTA 이후 미국과 캐나다보다는 미국과 멕시코 간의 산업별 경기동조성이 더욱 증대된 것으로 분석된다.

〈표 4〉 미국과 멕시코 산업별 상관계수

	제조업	기계 및 설비	석유	섬유
1981년~1993년	0.12	0.10	-0.08	-0.28
1994년~2005년	0.59	0.48	0.18	0.33

주: 분석기간은 2005년 12월까지의 월별자료이며, 전년동월 대비 증가율을 사용함
자료: FRB, 멕시코 통계청

전술한 바와 같이 NAFTA 이후 미국을 중심으로 산업별 경기동조화가 증대되었음을 알 수 있다. 한편, 대외경제정책연구원은 일정시차가 존재하는 경우의 관계를 살펴보기 위하여 NAFTA 이후 미국과 캐나다의 교역비중이 높은 품목을 대상으로 하여 산업별 시차상 관계수를 분석하였다(시차상관계수는 일정 시차가 존재하는 두 변수 사이의 상관관계를 측정하는 지표임).

미국과 캐나다의 산업별 시차상관계수를 살펴보면 기계 및 설비산업이 4~5분기

가 가장 큰 시차상관계수를 나타내고 자동차산업은 6분기, 석유산업은 1분기, 고무산업은 1~2분기 선행하여 가장 높은 시차상관관계를 나타내었다.

〈표 5〉 NAFTA 이후 미국과 캐나다간 산업별 시차별 상관계수

	시차 (0분기)	시차 (1분기)	시차 (2분기)	시차 (3분기)	시차 (4분기)	시차 (5분기)	시차 (6분기)	시차 (7분기)	시차 (8분기)	시차 (9분기)
기계 및 설비	0.30	0.35	0.36	0.41	0.51	0.59	0.42	0.08	-0.06	-0.03
자동차	0.05	-0.09	-0.15	-0.13	-0.02	0.13	0.28	0.16	-0.02	-0.03
석유	0.11	0.34	0.32	0.07	-0.18	-0.27	-0.19	-0.11	0.01	0.01
고무	0.10	0.46	0.59	0.43	0.17	-0.02	-0.10	-0.12	-0.10	-0.05

주: 분석기간은 1994년 1월부터 2005년 12월까지 월별자료이며, 전년동월 대비 증가율을 사용함
자료: FRB, 캐나다 통계청

미국의 기계 및 설비와 자동차산업은 5~6분기 후에 캐나다 산업과 연관성이 높고 석유산업과 고무산업은 1~2분기 이후 캐나다 산업과 연관성이 큰 것을 알 수 있다. 한편, NAFTA 이후 미국과 멕시코간 산업별 시차상관관계는 모두 2분기부터 가장 큰 상관관계를 나타내고 있다. 즉, 미국과 멕시코간 제조업, 기계 및 설비, 석유화학, 섬유 등은 이 기간부터 관련성이 큼을 나타낸다. 이 같은 사실은 NAFTA 이후 미국, 캐나다와 멕시코의 경우 산업별 동조성이 존재하고, 미국과 캐나다는 각 산업별로 시차를 두고 발생하나 미국과 멕시코의 경우 2분기에 상관계수(correlation coefficient)가 큰 값을 가진다는 의미는 산업별 동조성이 신속히 전파됨을 의미한다고 할 수 있다.

〈표 6〉 NAFTA 이후 미국과 멕시코간 산업별 시차별 상관계수

	시차 (0분기)	시차 (1분기)	시차 (2분기)	시차 (3분기)	시차 (4분기)	시차 (5분기)	시차 (6분기)	시차 (7분기)	시차 (8분기)	시차 (9분기)
제조업	0.59	0.46	0.29	0.23	0.25	0.29	0.25	0.17	0.10	0.08
기계및 설비	0.48	0.43	0.27	0.13	0.14	0.26	0.30	0.21	0.11	0.11
석유화학	0.18	0.09	0.10	0.12	0.05	-0.01	-0.09	-0.00	0.10	0.17
섬유	0.33	0.17	0.10	0.08	0.20	0.27	0.32	0.31	0.20	0.20

주: 분석기간은 1994년 1월부터 2005년 12월까지 월별자료이며, 전년동월 대비 증가율을 사용함
자료: FRB, 멕시코 통계청

3. 시사점

NAFTA 이후 회원국 간의 제조업을 중심으로 동조화를 분석해 보았다. 전술한 바와 같이 미국과 캐나다의 경기동조성은 산업별·시기별로 차이점을 보였으며 NAFTA 이후에 기계 및 설비, 석유 등이 동조화가 이루어진 것으로 분석되었다. 미국과 멕시코의 경우에도 NAFTA 이후에는 기계 및 설비, 석유, 섬유 등 제조업 분야에서 동조성이 커졌음을 알 수 있다. 또한, 산업별 시차상관관계는 모두 2분기부터 가장 큰 상관관계를 가지고 있어 파급효과 또한 신속히 전파됨을 나타낸 NAFTA 이후 미국과 멕시코간 산업별 동조성이 우리에게 주는 시사점은 크다고 할 수 있다. 외환위기(foreign exchange crisis) 이후 한미간 경기동조성이 이전에 비해 커졌다는 것은 주지의 사실이다. 따라서 한미 FTA가 체결되면 멕시코의 사례와 같이 산업별 동조화 현상이 현저하게 나타나며 그 시차 또한 신속해질 것으로 기대된다. 즉, 한미 FTA를 통해 경제가 통합된다는 의미는 어떤 측면에서는 통합 이전에 비해 외생적인 충격(external shock)에 대해 위험분산의 역할을 하는 긍정적인 측면도 있다.

반면에 어느 일국에 가해진 충격이 각국에 더욱 신속히 전파되어 경제통합(economic integration)이 없었다면 경험하지 않았을 충격도 겪어야 하는 부작용이 야기될 수도 있다. 전체적으로 평가할 때 한미 FTA 체결이 양국경제에 득이 되는 것은 주지의 사실이다. 수출의존도(export dependence)와 원자재 수입비중이 높은 한국경제에 있어서 미국은 세계 최대의 시장이며 가장 경쟁이 치열한 시장으로 평가할 수 있다. 따라서 한미 FTA는 미국시장에 대한 안정적인 접근, 기업간 투자 및 교역활성화(investment and trade vitalization) 등을 통한 향후 동북아 통합의 선점효과를 발생시킬 것으로 기대된다. 따라서 전술한 부작용은 한미간 FTA를 추진함과 동시에 타국과의 적극적인 FTA를 통한 다변화로 충격을 분산시켜야 할 필요가 있다.

V. 중남미국가편람

1. 앤티가바부다(Antigua and Barbuda)

1.1 일반 개황

일반	위　　치 : 동부 카리브해, 푸에르토리코 남동쪽 면　　적 : 440㎢ (한반도의 1/650) 기　　후 : 열대성 인　　구 . 75,100명(2004) 수　　도 : St. John's(36,000명) 민　　족 : 아프리카계 흑인 및 혼혈 언　　어 : 영어 종　　교 : 성공회
정치	독 립 일 : 1981. 11. 1(영국) 정 부 형 태 : 내각책임제 (입헌군주제) 국 가 원 수 : 영국 여왕 (Winter Baldwin Spencer 수상) 의　　회 : 양원제 (상원 17석, 하원 17석) 주 요 정 당 : 앤티가노동당 (ALP), 연합진보당 (UPP) 국제기구가입 : UN, OECS, CARICOM, OAS, WTO 등
경제	G D P : 8억 달러 (2004) 1인당 GDP : 10,479달러 (2004) 화 폐 단 위 : East Caribbean dollar (EC $) 회 계 연 도 : 4. 1 ~ 3. 31 산 업 구 조 : (2002) 농업 4%, 제조업 19%, 관광업 및 서비스업 77% 주 요 수 출 품 : 설탕, 바나나, 채소·과일류, 석유제품 주 요 수 입 품 : 식료품, 소비재, 자본재 주요부존자원 : 설탕, 면화 등 농산자원 및 관광자원 경제개발계획 : 관광산업 육성 경 제 적 강 점 : 관광자원 풍부, CBI 수혜국 경 제 적 약 점 : 높은 대외의존도, 편중된 산업구조

1.2 주요 경제지표

	단 위	2000	2001	2002	2003	2004e
1 인 당 G D P	달러	9,833	9,841	9,729	10,098	10,479
경 제 성 장 률	%	3.3	1.5	2.1	4.9	4.1
총 통 화 증 가 율	%	6.3	5.3	5.9	16.1	6.4
소비자 물가상승률	%	0.7	1.5	1.9	2.5	3.0
환 율 (달러당, 연말)	EC$	2.7	2.7	2.7	2.7	2.7
경 상 수 지	백만 달러	-66	-64	-87	-81	..
상 품 수 지	백만 달러	-322	-297	-311	-316	..
수 출	백만 달러	16	17	17	18	..
수 입	백만 달러	338	314	329	334	..
서 비 스 수 지	백만 달러	262	231	217	..	..
자 본 수 지	백만 달러	81	72	99	..	..
외 환 보 유 고	백만 달러	64	80	88	114	120
총 외 채 잔 액	백만 달러	465	475	480	..	..
총외채잔액/GNI	%	69.9	67.9	60.0	..	..
D. S. R.	%	45.0	46.0	42.0	..	..
단기외채 / 총외채	%	..	..	..	..	..

1.3 한국과의 관계

외 교 관 계 수 립	1981. 11. 1 수교 (북한과는 1973. 11. 27)			
주 요 협 정 체 결	사증면제협정(1994. 11)			
무 역 현 황	2002	2003	2004	주 요 품 목
수 출 (천 달러)	50,962	3,037	2,693	자동차, 기계류, 전자제품
수 입 (천 달러)	459	560	255	채소 · 과일류, 석유
투 자 실 적	(2004년말 기준, 순투자기준) : 없음			

2. 아르헨티나(Republic of Argentina)

2.1 일반 개황

일반	위　　　치 : 남미대륙의 최남단, 대서양 연안 면　　　적 : 2,737천 ㎢ (한반도의 13배) 기　　　후 : 아열대(북부), 한대(남부), 온대(중부) 인　　　구 : 39백만 명 (2004) 수　　　도 : Buenos Aires (730만 명) 민　　　족 : 백인 (97%), 메스티조 (3%) 언　　　어 : 스페인어 종　　　교 : 가톨릭 (92%)
정치	독 립 일 : 1816. 7. 9 (스페인) 정 부 형 태 : 대통령중심제 (공화제) 국 가 원 수 : Néstor Kirchner 대통령 의　　　회 : 양원제 (상원 71석, 하원 255석) 주 요 정 당 : 사회정의당 (페론당 : PJ), 급진당 (UCR), 평등당 (ARI) 국제기구가입 : UN, FAO, IMF, IBRD, WHO, IDB, IFC, IDA, MERCOSUR 등
경제	G D P : 1,530억 달러 (2004) 1인당 GDP : 3,954달러 (2004) 화 폐 단 위 : Peso (PS) 회 계 연 도 : 1. 1. ~ 12. 31 산 업 구 조 : (2003) 농림수산업 10.5%, 제조업 35.8%, 서비스업 53.7% 주 요 수 출 품 : 채소, 식료품, 광물, 수송장비 주 요 수 입 품 : 기계 및 전자설비, 수송설비, 화학제품 주요부존자원 : 석유, 천연가스, 농산자원 경제개발계획 : 비상경제대책 시행중 경 제 적 강 점 : 풍부한 자원보유 경 제 적 약 점 : 과중한 외채부담, 낮은 대외신인도

2.2 주요 경제지표

	단 위	2000	2001	2002	2003	2004e
1 인 당 G D P	달러	7,670	7,163	2,687	3,375	3,954
경 제 성 장 률	%	-0.8	-4.4	-10.9	-8.8	9.0
총 통 화 증 가 율	%	1.5	-19.4	19.7	29.6	21.5
소비자 물가상승률	%	-0.9	-1.1	25.9	13.4	4.4
환 율 (달러당, 연말)	Ps	1.00	1.00	3.32	2.91	2.96
경 상 수 지	백만 달러	-8,989	-3,855	8,600	7,390	3,000
상 품 수 지	백만 달러	2,452	7,385	17,178	16,448	13,300
수 출	백만 달러	26,341	26,543	25,651	29,566	34,500
수 입	백만 달러	23,889	19,158	8,473	13,118	21,200
서 비 스 수 지	백만 달러	-4,323	-3,944	-1,665	-1,563	-1,900
자 본 수 지	백만 달러	7,959	-14,815	-20,176	-15,742	..
외 환 보 유 고	백만 달러	25,414	14,542	10,395	13,145	18,007
총 외 채 잔 액	백만 달러	147,468	154,081	149,989	166,207	..
총외채잔액/GNI	%	53.3	59.1	157.0	136.0	..
D. S. R.	%	70.8	66.0	18.3	36.8	26.2
단기외채 / 총외채	%	19.2	13.0	10.1	13.8	..

2.3 한국과의 관계

외 교 관 계 수 립	1973. 2. 15 수교 (북한과는 1973. 6. 수교후 1977. 6. 14 단교)			
주 요 협 정 체 결	문화협정(1970), 투자보장협정(1994), 범죄인 인도조약(1995), 항공협정(1996) 원자력협력협정(1997), 과학기술협력협정(2003), 외교관·관용사증면제각서(2004)			
무 역 현 황	2002	2003	2004	주 요 품 목
수 출 (천 달러)	51,471	161,439	239,144	화학제품, 섬유, 전기기기, 기계류
수 입 (천 달러)	376,491	435,670	421,499	농수산물, 모피, 양모, 화학제품
투 자 실 적	(2004년말 기준, 순투자기준) : 34건, 106,111천 달러 (수산업, 광업)			

3. 아루바(Aruba)

3.1 일반 개황

일반	위 치 : 베네수엘라 북부, 카리브해 면 적 : 193 ㎢ 기 후 : 아열대 인 구 : 97,600명 (2004) 수 도 : Oranjestad (20,045명) 민 족 : 혼혈, 카리브인디언, 흑인 언 어 : 네덜란드어, 스페인어, 영어 종 교 : 가톨릭 (82%), 기독교 (8%), 힌두교, 회교 등
정치	독 립 일 : - (네덜란드자치령) 정 부 형 태 : 자치정부 (의회민주제) 국 가 원 수 : 네덜란드 여왕 (Nelson Oduber 수상) 의 회 : 단원제 (21석) 주 요 정 당 : 국민선거운동 (MEP), 아루바국민당 (AVP), 자유아루바회 (OLA) 국제기구가입 : EU (준회원), WTO (준회원), ILO, IMF
경제	G D P : 21억 달러 (2004) 1인당 GDP : 21,844달러 (2004) 화 폐 단 위 : Aruban Florin (Afl) 회 계 연 도 : 1. 1 ~ 12. 31 산 업 구 조 : 관광, 정유업 주 요 수 출 품 : 식품・동물, 기계・전자제품 주 요 수 입 품 : 기계・전자제품, 화학제품, 음식료품, 원유 주요부존자원 : 관광자원 경제개발계획 : - 경 제 적 강 점 : 관광자원, CBI 수혜국 경 제 적 약 점 : 높은 대외의존도

3.2 주요 경제지표

	단 위	2000	2001	2002	2003	2004e
1 인 당 GDP	달러	20,227	20,735	20,496	21,274	21,844
경 제 성 장 률	%	3.7	-0.7	-2.5	1.4	3.5
총 통 화 증 가 율	%	2.0	6.4	10.5	9.0	2.7
소비자 물가상승률	%	4.0	2.9	3.3	3.6	2.5
환 율 (달러당, 연말)	Afl	1.79	1.79	1.79	1.79	1.79
경 상 수 지	백만 달러	234	334	-326	-141	-371
상 품 수 지	백만 달러	-58	53	-530	-334	-675
수 출	백만 달러	2,522	2,418	1,483	2,045	1,919
수 입	백만 달러	2,580	2,365	2,013	2,379	2,594
서 비 스 수 지	백만 달러	371	379	390	316	..
자 본 수 지	백만 달러	-259	-237	349	97	..
외 환 보 유 고	백만 달러	208	294	340	295	295
총 외 채 잔 액	백만 달러	..	..	..	..	..
총외채잔액/GNI	%	..	..	..	..	..
D. S. R.	%	..	..	..	..	..
단기외채 / 총외채	%	..	..	..	..	..

3.3 한국과의 관계

외 교 관 계 수 립	-			
주 요 협 정 체 결	없음			
무 역 현 황	2002	2003	2004	주 요 품 목
수 출 (천 달러)	5,788	9,490	11,491	자동차용부품, 기계류, 전기기기, 화학제품
수 입 (천 달러)	-	-	49	광물, 전기기기
투 자 실 적	(2004년말 기준, 순투자기준) : 없음			

4. 바하마(The Commonwealth of the Bahamas)

4.1 일반 개황

일반	위 치 : 플로리다주 하단에서 쿠바 및 아이티 북단, 북부 카리브해 면 적 : 14천 ㎢ (한반도의 1/16) 기 후 : 아열대 인 구 : 315천 명 (2004) 수 도 : Nassau (212천 명) 민 족 : 흑인 (85%), 백인 (12%), 기타 (3%) 언 어 : 영어 종 교 : 기독교, 성공회, 가톨릭
정치	독 립 일 : 1973. 7. 10 (영국) 정 부 형 태 : 내각책임제 (입헌군주제) 국 가 원 수 : 영국 여왕 (Perry Christie 수상) 의 회 : 양원제 (상원 16석, 하원 40석) 주 요 정 당 : 진보 자유당 (PLP), 자유국민당 (FNM), 민주개혁연합 (CDR) 국제기구가입 : UN, IMF, IFC, CARICOM, OAS, CDB 등
경제	G D P : 56억 달러 (2004) 1인당 GDP : 17,670달러 (2004) 화 폐 단 위 : Bahamian dollar (B$) 회 계 연 도 : 7. 1 ~ 6. 30 산 업 구 조 : (1995) 금융·서비스업 24%, 무역업 16%, 운송·통신업 12% 주 요 수 출 품 : 농수산물, 동물, 기계·운송장비 주 요 수 입 품 : 기계·운송장비, 음식료품, 연료 주요부존자원 : 관광 및 수산자원 풍부 경제개발계획 : 관광산업, 농수산업 및 공업개발 경 제 적 강 점 : 관광자원, CBI 수혜국 경 제 적 강 점 : 과도한 대미의존도

4.2 주요 경제지표

	단 위	2000	2001	2002	2003	2004e
1인당 GDP	달러	15,609	15,196	16,591	17,070	17,670
경제성장률	%	4.9	-2.0	0.7	1.9	2.5
총통화증가율	%	9.3	4.9	3.0	3.7	9.2
소비자 물가상승률	%	1.6	2.0	2.2	3.0	0.8
환 율 (달러당, 연말)	B$	1.0	1.0	1.0	1.0	1.0
경 상 수 지	백만 달러	-518	-584	-339	-417	-346
상 품 수 지	백만 달러	-1,334	-1,341	-1,152	-1,203	-1,349
수 출	백만 달러	576	423	446	425	469
수 입	백만 달러	1,910	1,764	1,598	1,628	1,818
서비스수지	백만 달러	1,029	891	980	902	..
자 본 수 지	백만 달러	413	218	363	360	..
외환보유고	백만 달러	341	311	372	482	665
총외채잔액	백만 달러	426	404	512	603	559
총외채잔액/GNI	%	8.1	7.8	7.8	9.9	..
D. S. R.	%	3.8	4.8	5.8	13.7	3.1
단기외채 / 총외채	%	..	..	..	..	..

4.3 한국과의 관계

<table>
<tr><td>외교관계수립</td><td colspan="4">1985. 7. 8 수교 (북한과는 1991. 5. 16)</td></tr>
<tr><td>주요협정체결</td><td colspan="4">사증면제에 관한 각서 교환(1988)</td></tr>
<tr><td>무 역 현 황</td><td>2002</td><td>2003</td><td>2004</td><td>주 요 품 목</td></tr>
<tr><td>수 출 (천 달러)
수 입 (천 달러)</td><td>967,271
13</td><td>908,985
184</td><td>997,567
12,737</td><td>선박, 자동차, 기계류
농수산물, 철강·금속제품, 석유</td></tr>
<tr><td>투 자 실 적</td><td colspan="4">(2004년말 기준, 순투자기준) : 1건, 1,900천 달러 (제조업)</td></tr>
</table>

5. 바베이도스(Barbados)

5.1 일반 개황

일반	위 치 : 동부 카리브해
	면 적 : 431 ㎢ (한반도의 1/512)
	기 후 : 아열대
	인 구 : 272,300명 (2004)
	수 도 : Bridgetown
	민 족 : 흑인 (90%), 백인 (4%), 기타 (6%)
	언 어 : 영어
	종 교 : 성공회 (67%), 가톨릭 (4%) 등
정치	독 립 일 : 1966. 11. 30 (영국)
	정 부 형 태 : 내각책임제 (입헌군주제)
	국 가 원 수 : 영국 여왕 (Owen Seymour Arthur 수상)
	의 회 : 양원제 (상원 21석, 하원 30석)
	주 요 정 당 : 바베이도스노동당 (BLP), 민주노동당 (DLP)
	국제기구가입 : UN, IMF, IFC, IDB, CARICOM, OAS, CDB, WTO 등
경제	G D P : 28억 달러 (2004)
	1인당 GDP : 10,334달러 (2004)
	화 폐 단 위 : Barbadian dollar (Bd$)
	회 계 연 도 : 4. 1 ~ 3. 31
	산 업 구 조 : (2002) 도·소매업 20%, 금융·서비스업 25%, 관광업 15%
	주 요 수 출 품 : 설탕, 전기·전자제품, 화학제품, 음식료품
	주 요 수 입 품 : 식품·음료, 자본재, 건축자재
	주요부존자원 : 석유, 천연가스, 관광자원
	경제개발계획 : -
	경 제 적 강 점 : 물가안정, 관광자원, CBI 수혜국
	경 제 적 강 점 : 협소한 내수시장, 높은 대외의존도

5.2 주요 경제지표

	단 위	2000	2001	2002	2003	2004e
1 인 당 GDP	달러	9,673	9,578	9,560	9,800	10,334
경 제 성 장 률	%	3.4	-2.8	-0.4	2.2	3.4
총 통 화 증 가 율	%	9.4	2.4	15.8	6.8	12.2
소비자 물가상승률	%	2.4	2.6	0.2	1.6	2.0
환 율 (달러당, 연말)	Bd$	2.0	2.0	2.0	2.0	2.0
경 상 수 지	백만 달러	-145	-111	-171	-215	-224
상 품 수 지	백만 달러	-884	-809	-1,029	-945	-876
수 출	백만 달러	272	259	241	250	268
수 입	백만 달러	1,156	1,068	1,270	1,195	1,144
서 비 스 수 지	백만 달러	603	570	550	647	··
자 본 수 지	백만 달러	286	283	35	··	··
외 환 보 유 고	백만 달러	467	684	662	730	571
총 외 채 잔 액	백만 달러	548	701	712	712	685
총외채잔액/GNI	%	20.0	28.7	29.3	28.7	··
D. S. R.	%	16.3	14.6	15.5	17.5	16.4
단기외채 / 총외채	%	0	0	0	0	··

5.3 한국과의 관계

외 교 관 계 수 립	1977. 11. 15 수교 (북한과는 1977. 12. 5)			
주 요 협 정 체 결	문화협정(1981), 경제기술협력협정(1981), 사증면제협정(1984)			
무 역 현 황	2002	2003	2004	주 요 품 목
수 출 (천 달러)	3,345	33,081	23,363	자동차, 섬유, 기계
수 입 (천 달러)	111	5	0.2	전자 · 전기류, 목재펄프
투 자 실 적	(2004년말 기준, 순투자기준) : 1건, 436천 달러 (무역업)			

6. 벨리즈(Belize)

6.1 일반 개황

일반	위 치 : 멕시코, 과테말라, 대서양과 접경 면 적 : 23천 ㎢ (한반도의 1/10) 기 후 : 아열대 인 구 : 281,115명 (2004) 수 도 : Belmopan (12,300명) 민 족 : 메스티조 (49%), 크레올 (25%), 마야 (11%), 기타 (15%) 언 어 : 영어, 크레올어, 스페인어 종 교 : 가톨릭 (50%), 성공회 (27%)
정치	독 립 일 : 1981. 9. 21 (영국) 정 부 형 태 : 내각책임제 (입헌군주제) 국 가 원 수 : 영국 여왕 (Said Musa 수상) 의 회 : 양원제 (상원 8석, 하원 29석) 주 요 정 당 : 국민연합당 (PUP), 연합민주당 (UDP) 국제기구가입 : UN, IMF, IBRD, CARICOM, WTO, OAS, UNESCO, CDB 등
경제	G D P : 10억 달러 (2004) 1인당 GDP : 3,557달러 (2004) 화 폐 단 위 : Belizean dollar (BZ$) 회 계 연 도 : 4. 1 ~ 3. 31 산 업 구 조 : (2001) 농림수산업 16%, 제조업 14%, 상업 21%, 운송·통신업 11% 주 요 수 출 품 : 설탕, 감귤, 바나나, 수산물 주 요 수 입 품 : 기계류, 식품, 연료, 공산품 주요부존자원 : 보크사이트, 금, 형석, 사탕수수, 바나나 경제개발계획 : 사회간접자본 개발 경 제 적 강 점 : CBI 수혜국 경 제 적 약 점 : 높은 대외의존도, 부족한 노동력

6.2 주요 경제지표

	단 위	2000	2001	2002	2003	2004e
1 인 당 GDP	달러	3,020	3,089	3,204	3,377	3,557
경 제 성 장 률	%	12.1	4.9	4.1	9.4	4.0
총 통 화 증 가 율	%	12.4	12.3	-1.7	4.7	8.6
소비자 물가상승률	%	0.7	1.1	2.2	2.6	3.1
환 율 (달러당, 연말)	BZ$	2.0	2.0	2.0	2.0	2.0
경 상 수 지	백만 달러	-139	-185	-163	-181	-175
상 품 수 지	백만 달러	-192	-214	-190	-210	-201
수 출	백만 달러	212	275	310	316	346
수 입	백만 달러	404	489	500	526	547
서 비 스 수 지	백만 달러	53	53	53	74	..
자 본 수 지	백만 달러	89	172	151	164	..
외 환 보 유 고	백만 달러	116	105	107	76	39
총 외 채 잔 액	백만 달러	607	700	834	1,058	..
총외채잔액/GNI	%	78.2	88.3	98.0	117.7	..
D. S. R.	%	18.5	20.2	36.5	..	..
단기외채 / 총외채	%	8.2	7.3	5.4	6.1	..

6.3 한국과의 관계

외 교 관 계 수 립	1987. 4. 14 수교 (북한과는 1991. 6. 20)			
주 요 협 정 체 결	경제기술협력협정(1987)			
무 역 현 황	2002	2003	2004	주 요 품 목
수 출 (천 달러)	4,776	3,771	14,492	선박, 기계류, 타이어
수 입 (천 달러)	3,060	1,322	5,066	수산물, 화학제품, 선박
투 자 실 적	(2004년말 기준, 순투자기준) : 1건, 3,437천 달러 (서비스업)			

7. 버뮤다(Bermuda)

7.1 일반 개황

일반	위　　치 : 서대서양 (150여 개 작은 섬으로 구성) 면　　적 : 55 ㎢ (한반도의 1/4) 기　　후 : 온난다습 인　　구 : 62,300명 (2004) 수　　도 : Hamilton (11,300명) 민　　족 : 흑인 (58%), 백인 (36%), 기타 (6%) 언　　어 : 영어, 포르투갈어 종　　교 : 성공회 (27%), 가톨릭 (15%) 등
정치	독 립 일 : 없음 (영국자치령) 정 부 형 태 : 자치정부 (대표민주제) 국 가 원 수 : 영국 여왕 (John Vereker 총독) 의　　회 : 양원제 (상원 11석, 하원 36석) 주 요 정 당 : 진보노동당 (PLP), 연합버뮤다당 (UBP) 국제기구가입 : CARICOM (준회원), IOC, WCO 등
경제	G D P : 40억 달러 (2004) 1인당 GDP : 64,414달러 (2004) 화 폐 단 위 : Bermudian dollar (Bda $) 회 계 연 도 : 4. 1 ~ 3. 31 산 업 구 조 : (2002) 관광업 50%, 제조업 10% 주 요 수 출 품 : 꽃, 럼주, 제조품, 단순가공 화학제품 주 요 수 입 품 : 제조품, 기계류, 수송설비, 식품, 가축 주요부존자원 : 석회석, 관광자원 경제개발계획 : - 경 제 적 강 점 : 물가안정, 관광자원, 역외금융센터로서의 유리한 입지조건 경 제 적 약 점 : 부존자원 빈약, 노동력 부족, 산업구조 편중

7.2 주요 경제지표

	단 위	2000	2001	2002	2003	2004e
1 인 당 G D P	달러	54,790	55,238	56,809	58,497	64,414
경 제 성 장 률	%	1.9	-0.4	1.0	2.1	2.8
총 통 화 증 가 율	%	..	..	..	..	..
소비자 물가상승률	%	2.7	2.9	2.3	3.2	3.5
환 율 (달러당, 연말)	Bda $	1.0	1.0	1.0	1.0	1.0
경 상 수 지	백만 달러	169	145	67	126	134
상 품 수 지	백만 달러	-668	-684	-690	-781	-831
수 출	백만 달러	51	36	55	52	55
수 입	백만 달러	719	720	745	833	886
서 비 스 수 지	백만 달러	..	..	..	..	..
자 본 수 지	백만 달러	..	..	..	..	..
외 환 보 유 고	백만 달러	..	..	..	..	..
총 외 채 잔 액	백만 달러	..	..	..	..	..
총외채잔액/GNI	%	..	..	..	..	..
D. S. R.	%	..	..	..	..	..
단기외채 / 총외채	%	..	..	..	..	..

7.3 한국과의 관계

외 교 관 계 수 립	-			
주 요 협 정 체 결	없 음			
무 역 현 황	2002	2003	2004	주 요 품 목
수 출 (천 달러)	361,406	163,413	646,413	기계, 의류, 자동차, 선박
수 입 (천 달러)	-	4,574	5,494	전기기기, 철강제품
투 자 실 적	(2004년말 기준, 순투자기준) : 11건, 1,475백만 달러 (서비스업)			

8. 볼리비아(Republic of Bolivia)

8.1 일반 개황

일반	위 치 : 남미대륙 중서부 면 적 : 1,099천 ㎢ (한반도의 5배) 기 후 : 열대(저지대), 고산기후(고지대) 인 구 : 9백만 명 (2004) 수 도 : La Paz (974천 명) 민 족 : 백인 (15%), 메스티조 (30%), 원주민 (55%) 언 어 : 스페인어 종 교 : 가톨릭 (95%)
정치	독 립 일 : 1825. 8. 6 (스페인) 정 부 형 태 : 대통령중심제 국 가 원 수 : Eduardo Rodríguez 대통령 (과도정부) 의 회 : 양원제 (상원 27석, 하원 130석) 주 요 정 당 : 민족주의민주행동당(ADN), 좌익혁명운동당(MIR), 민족주의혁명운동당(MNR) 국제기구가입 : UN, IMF, IBRD, ANCOM, IFC, IDA, OAS, ILO 등
경제	G D P : 85억 달러 (2004) 1인당 GDP : 944달러 (2004) 화 폐 단 위 : Boliviano (Bs) 회 계 연 도 : 1. 1~12. 31 산 업 구 조 : (2003) 제조업 34%, 농업 16%, 광업 11% 주 요 수 출 품 : 아연, 금, 대두, 천연가스 주 요 수 입 품 : 자본재, 원·부자재, 소비재 주요부존자원 : 주석, 납, 아연, 천연가스 경제개발계획 : 경제안정화정책 시행 중 경 제 적 강 점 : 광물자원 풍부 경 제 적 약 점 : 자본·기술 부족, 사회간접자본 미비

8.2 주요 경제지표

	단 위	2000	2001	2002	2003	2004e
1 인 당 GDP	달러	1,012	963	894	857	944
경 제 성 장 률	%	2.3	1.5	2.8	2.9	3.6
총 통 화 증 가 율	%	0.4	2.2	-6.9	13.9	2.2
소비자 물가상승률	%	4.6	1.6	0.9	3.3	4.4
환 율 (달러당, 연말)	Bs	6.39	6.82	7.49	7.83	8.05
경 상 수 지	백만 달러	-446	-274	-352	36	305
상 품 수 지	백만 달러	-364	-212	-234	-177	433
수 출	백만 달러	1,246	1,285	1,298	1,573	2,129
수 입	백만 달러	1,610	1,497	1,532	1,396	1,696
서 비 스 수 지	백만 달러	-244	-164	-177	-179	..
자 본 수 지	백만 달러	461	447	727	..	..
외 환 보 유 고	백만 달러	879	841	531	663	817
총 외 채 잔 액	백만 달러	5,785	4,692	5,004	5,684	5,700
총외채잔액/GNI	%	70.8	60.1	65.9	75.1	..
D. S. R.	%	36.5	27.2	25.3	26.8	20.1
단기외채 / 총외채	%	7.0	8.1	7.4	2.0	..

8.3 한국과의 관계

<table>
<tr><td>외 교 관 계 수 립</td><td colspan="4">1965. 4. 25 수교 (북한과는 미수교)</td></tr>
<tr><td>주 요 협 정 체 결</td><td colspan="4">문화협정(1971), 경제 · 기술협력협정(1986), 투자보장협정(1996)</td></tr>
<tr><td rowspan="2">무 역 현 황
수 출 (천 달러)
수 입 (천 달러)</td><td>2002</td><td>2003</td><td>2004</td><td>주 요 품 목</td></tr>
<tr><td>7,782
8,133</td><td>6,586
23,121</td><td>5,711
43,067</td><td>섬유, 자동차, 타이어, 의약품
광물, 가죽제품, 의류</td></tr>
<tr><td>투 자 실 적</td><td colspan="4">(2004년말 기준, 순투자기준) : 6건, 58,715천 달러 (광업)</td></tr>
</table>

9. 브라질(Federative Republic of Brazil)

9.1 일반 개황

일 반	위 치 : 남미 중부 및 동부 면 적 : 8,547천 ㎢ (한반도의 43배) 기 후 : 열대 (북부), 아열대 (중부), 온대 (남부) 인 구 : 179백만 명 (2004) 수 도 : Brasilia (182만 명) 민 족 : 백인 (62%), 물라토 (27%), 흑인 (6%), 기타 (5%) 언 어 : 포르투갈어 종 교 : 가톨릭 (92%), 기독교 (5%)
정 치	독 립 일 : 1822. 9. 7 (포르투갈) 정 부 형 태 : 대통령 중심제 (연방공화제) 국 가 원 수 : Luiz Ignacio Lula da Silva 대통령 의 회 : 양원제 (상원 81석, 하원 513석) 주 요 정 당 : 노동자당 (PT), 사회민주당 (PSDB), 자유전선당 (PFL) 국제기구가입 : UN, WTO, IMF, IBRD, IFC, IDA, IDB, OAS, MERCOSUR 등
경 제	G D P : 6,048억 달러 (2004) 1인당 GDP : 3,377달러 (2004) 화 폐 단 위 : Real (R) 회 계 연 도 : 1. 1 ~ 12. 31 산 업 구 조 : (2004) 농업 10.1%, 제조업 38.9%, 서비스업 51.0% 주 요 수 출 품 : 운송장비 및 부품, 대두, 철강, 커피 주 요 수 입 품 : 기계 · 전기제품, 유류, 수송장비, 화학제품 주요부존자원 : 철광석, 임산자원, 보크사이트, 마그네슘, 석탄 경제개발계획 : 경제구조조정정책 시행 중 경 제 적 강 점 : 부존자원 풍부 경 제 적 강 점 : 과중한 외채부담, 높은 실업률

9.2 주요 경제지표

	단 위	2000	2001	2002	2003	2004e
1 인 당 G D P	달러	3,503	2,922	2,615	2,834	3,377
경 제 성 장 률	%	4.3	1.3	1.9	0.5	5.2
총 통 화 증 가 율	%	3.9	12.5	24.1	3.6	19.2
소비자 물가상승률	%	7.0	6.8	8.5	14.7	6.6
환 율 (달러당, 연말)	R	1.955	2.320	3.533	2.888	2.654
경 상 수 지	백만 달러	-24,225	-23,215	-7,637	4,016	11,600
상 품 수 지	백만 달러	-698	2,650	13,121	24,801	33,700
수 출	백만 달러	55,085	58,222	60,362	73,084	96,500
수 입	백만 달러	55,783	55,572	47,241	48,283	62,800
서 비 스 수 지	백만 달러	-7,162	-7,759	-4,957	-5,100	-4,800
자 본 수 지	백만 달러	29,649	20,295	-3,476	334	··
외 환 보 유 고	백만 달러	32,488	35,729	37,409	49,108	52,736
총 외 채 잔 액	백만 달러	239,187	226,790	228,638	235,431	220,800
총외채잔액/GNI	%	41.0	46.4	51.6	49.6	··
D. S. R.	%	92.6	74.8	68.2	63.3	51.0
단기외채 / 총외채	%	12.9	12.5	10.2	8.3	··

9.3 한국과의 관계

외 교 관 계 수 립	1959. 10. 31 수교 (북한과는 2001. 3. 9)			
주 요 협 정 체 결	무역협정(1963), 문화협정(1967), 이중과세방지협정(1991), 과학기술협력협정(1992) 투자보장협정(1995), 관광협력협정(1997), 사증면제협정(2001), 범죄인인도조약(2002)			
무 역 현 황	2002	2003	2004	주 요 품 목
수 출 (천 달러)	1,247,242	1,137,426	1,784,642	전자・전기, 섬유, 자동차
수 입 (천 달러)	1,247,972	1,619,198	2,195,407	철광석, 철강제품, 농산물, 목재펄프
투 자 실 적	(2004년말 기준, 순투자기준) : 36건, 296,628천 달러(무역업, 제조업)			

10. 케이만 군도(The Cayman Islands)

10.1 일반 개황

일반	위 치 : 카리브해상 자메이카 북서부 면 적 : 259 ㎢ 기 후 : 아열대 인 구 : 44,270명 (2004) 수 도 : George Town (4,000 명, Grand Cayman 섬) 민 족 : 흑인 및 백인 혼혈계(40%), 유럽인(20%), 아프리카계(20%), 기타(20%) 언 어 : 영어 종 교 : 기독교 (98%)
정치	독 립 일 : - (영국자치령) 정 부 형 태 : 자치정부 국 가 원 수 : 영국 여왕 (Bruce Dinwiddy 총독) 의 회 : 단원제 (15석) 주 요 정 당 : 연합민주당 (UDP), 민중진보운동 (PPM) 국제기구가입 : CDB, IOC, CARICOM(준회원)
경제	G D P : 19억 달러 (2002) 1인당 GDP : 44,362달러 (2002) 화 폐 단 위 : Cayman Island dollar (CI$) 회 계 연 도 : 4. 1 ~ 3. 31 산 업 구 조 : 상업, 금융, 관광업 주 요 수 출 품 : 곡물류, 육류, 새우, 보석류 주 요 수 입 품 : 식료품, 석유관련제품, 기계, 운송장비 주요부존자원 : 관광자원 경제개발계획 : - 경 제 적 강 점 : 역외금융시장 발달 경 제 적 약 점 : -

10.2 주요 경제지표

	단 위	2000	2001	2002	2003	2004e
1 인 당 G D P	달러	35,943	35,804	44,362	..	..
경 제 성 장 률	%	1.0	0.6	1.7	..	..
총 통 화 증 가 율	%	..	..	..	..	..
소비자 물가상승률	%	2.7	1.1	2.4	2.8	..
환 율 (달러당, 연말)	CI $	0.83	0.82	0.82	0.82	0.82
경 상 수 지	백만 달러	..	..	..	..	..
상 품 수 지	백만 달러	..	..	..	..	..
수 출	백만 달러	..	..	..	..	..
수 입	백만 달러	..	..	..	..	..
서 비 스 수 지	백만 달러	..	..	..	..	..
자 본 수 지	백만 달러	..	..	..	..	..
외 환 보 유 고	백만 달러	..	..	..	..	..
총 외 채 잔 액	백만 달러	..	..	..	..	..
총외채잔액/GNI	%	..	..	..	..	..
D. S. R.	%	..	..	..	..	..
단기외채 / 총외채	%	..	..	..	..	..

10.3 한국과의 관계

외 교 관 계 수 립	-			
주 요 협 정 체 결	없 음			
무 역 현 황	2002	2003	2004	주 요 품 목
수 출 (천 달러) 수 입 (천 달러)	1,592 18	79,880 16	175,814 8	선박, 자동차, 가죽제품 가구, 기계류
투 자 실 적	(2004년말 기준, 순투자기준) : 22건, 290,182천 달러(수산업, 서비스업)			

11. 칠레(Republic of Chile)

11.1 일반 개황

일반	위 치 : 남미대륙의 태평양 연안 면 적 : 757천 ㎢ (한반도의 3.5배) 기 후 : 온대 인 구 : 15백만 명 (2004) 수 도 : Santiago (5,258천 명) 민 족 : 메스티조 (66%), 백인 (29%), 원주민 (5%) 언 어 : 스페인어 종 교 : 가톨릭 (90%), 기독교 (10%)
정치	독 립 일 : 1810. 9. 18 (스페인) 정 부 형 태 : 대통령중심제 (공화제) 국 가 원 수 : Ricardo Ragos 대통령 의 회 : 양원제 (상원 48석, 하원 120석) 주 요 정 당 : 기민당 (PDC), 급진사회민주당 (PRSD), 사회당 (PS) 국제기구가입 : UN, IMF, IBRD, IDB, IFC, IDA, OAS, ILO, WHO 등
경제	G D P : 941억 달러 (2004) 1인당 GDP : 6,110 달러 (2004) 화 폐 단 위 : Peso (Ps) 회 계 연 도 : 1. 1 ~ 12. 31 산 업 구 조 : (2004) 제조업 46.6%, 서비스업 47.1%, 농업 6.3% 주 요 수 출 품 : 광물, 농산물 주 요 수 입 품 : 중간재, 자본재, 소비재 주요부존자원 : 동, 철강석, 몰리브덴, 수산물 경제개발계획 : - 경 제 적 강 점 : 부존자원 풍부 경 제 적 약 점 : 제조업 기반 취약

11.2 주요 경제지표

	단 위	2000	2001	2002	2003	2004e
1 인 당 GDP	달러	4,939	4,437	4,315	4,559	6,110
경 제 성 장 률	%	4.5	3.4	2.2	3.7	6.1
총 통 화 증 가 율	%	6.1	2.3	-0.3	8.1	9.8
소비자 물가상승률	%	3.8	3.6	2.5	2.8	1.1
환 율 (달러당, 연말)	Ps	573	656	712	599	560
경 상 수 지	백만 달러	-898	-1,100	-580	-1,102	1,390
상 품 수 지	백만 달러	2,119	1,844	2,386	3,522	9,019
수 출	백만 달러	19,210	18,272	18,180	21,524	32,025
수 입	백만 달러	17,091	16,428	15,794	18,002	23,006
서 비 스 수 지	백만 달러	-719	-844	-701	-617	-580
자 본 수 지	백만 달러	829	1,761	2,097	-630	-519
외 환 보 유 고	백만 달러	14,686	14,041	14,814	15,211	15,495
총 외 채 잔 액	백만 달러	37,289	38,631	41,219	43,231	43,900
총외채잔액/GNI	%	51.3	60.7	63.6	62.5	..
D. S. R.	%	24.8	27.9	32.6	27.6	21.8
단기외채 / 총외채	%	16.6	13.7	14.1	17.4	..

11.3 한국과의 관계

외 교 관 계 수 립	1962. 6. 12 수교 (북한과는 1972. 6. 1수교 1973. 9. 19 단교후 1992. 9. 25 재수교)			
주 요 협 정 체 결	항공협정(1979), 경제 · 기술협력협정(1982), 문화협정(1983) 과학기술협정(1994), 투자보장협정(1996), 자유무역협정(2003), 사증면제교환각서(2004)			
무 역 현 황	2002	2003	2004	주 요 품 목
수 출 (천 달러)	453,999	517,187	708,287	섬유, 전자 · 전기제품, 자동차, 기계류
수 입 (천 달러)	753,935	1,057,723	1,933,548	동, 목재, 수산물, 유기화학제품
투 자 실 적	(2004년말 기준, 순투자기준) : 25건, 41,968천 달러(제조업, 무역업)			

12. 콜롬비아(Republic of Colombia)

12.1 일반 개황

일반	위　　치 : 남미 북서부, 베네수엘라 및 브라질과 접경 면　　적 : 1,039천 ㎢ (한반도의 5배) 기　　후 : 열대 (해안), 온대 (초원) 인　　구 : 45백만 명 (2004) 수　　도 : Bogotá (6.3백만 명) 민　　족 : 메스티조 (58%), 백인 (20%), 물라토 (14%), 흑인 (4%), 기타 (4%) 언　　어 : 스페인어 종　　교 : 가톨릭 (국교, 96%)
정치	독 립 일 : 1810. 7. 20 (스페인) 정 부 형 태 : 대통령중심제 (공화제) 국 가 원 수 : Alvaro Uribe Vélez 대통령 의　　회 : 양원제 (상원 102석, 하원 165석) 주 요 정 당 : 보수당 (PC), 자유당 (PL) 국제기구가입 : UN, IMF, ANCOM, IFC, IDA, IDB, OAS 등
경제	G D P : 974억 달러 (2004) 1인당 GDP : 2,150달러 (2004) 화 폐 단 위 : Peso (Ps) 회 계 연 도 : 1. 1 ~ 12. 31 산 업 구 조 : (2004) 서비스업 53.4%, 제조업 33.9%, 농업 12.7% 주 요 수 출 품 : 유류, 커피, 석탄, 금, 니켈 주 요 수 입 품 : 중간재, 자본재, 소비재 주요부존자원 : 석탄, 석유, 커피 경제개발계획 : 인프라시설 확충, 외국인투자 개방 경 제 적 강 점 : 농산·광물자원 풍부 경 제 적 약 점 : 수출구조 취약, 정치·사회 불안

12.2 주요 경제지표

	단 위	2000	2001	2002	2003	2004e
1 인 당 G D P	달러	1,989	1,915	1,876	1,790	2,150
경 제 성 장 률	%	2.9	1.5	1.9	4.0	4.0
총 통 화 증 가 율	%	14.7	16.0	13.6	9.9	18.2
소비자 물가상승률	%	9.2	8.0	6.4	7.1	5.9
환 율 (달러당, 연말)	Ps	2,187.0	2,301.3	2,864.8	2,780.8	2,412.1
경 상 수 지	백만 달러	737	-1,114	-1,371	-1,191	-1,300
상 품 수 지	백만 달러	2,632	579	238	435	900
수 출	백만 달러	13,722	12,848	12,316	13,693	16,800
수 입	백만 달러	11,090	12,269	12,078	13,258	15,900
서 비 스 수 지	백만 달러	-1,282	-1,433	-1,466	-1,513	-1,800
자 본 수 지	백만 달러	490	2,477	1,310	829	..
외 환 보 유 고	백만 달러	8,409	9,659	10,190	10,188	12,769
총 외 채 잔 액	백만 달러	33,934	36,248	33,201	32,979	38,700
총외채잔액/GNI	%	41.7	45.8	42.8	43.9	..
D. S. R.	%	27.7	35.2	40.1	32.8	25.8
단기외채 / 총외채	%	8.5	9.1	11.0	10.8	..

12.3 한국과의 관계

외 교 관 계 수 립	1962. 3. 10 수교 (북한과는 1988. 10. 24)			
주 요 협 정 체 결	문화협정(1976), 과학기술협정(1981), 사증면제협정(1981), 무역협정(1985) IDB관련 대콜롬비아 기술협력협정(2005)			
무 역 현 황	2002	2003	2004	주 요 품 목
수 출 (천 달러) 수 입 (천 달러)	272,185 48,905	296,559 76,143	459,476 106,339	자동차, 전자・전기제품, 화학제품 커피, 광물, 의류
투 자 실 적	(2004년말 기준, 순투자기준) : 9건, 17,699천 달러 (제조업, 무역업)			

13. 코스타리카(Republic of Costa Rica)

13.1 일반 개황

일반	위 치 : 북으로 니카라과, 남으로 파나마와 접경
	면 적 : 51천 ㎢ (한반도의 1/4)
	기 후 : 열대 (저지대), 온대 (고지대)
	인 구 : 4백만 명 (2004)
	수 도 : San Jose (1.2백만 명)
	민 족 : 백인(메스티조 포함) (94%), 흑인 (3%0, 기타 (3%)
	언 어 : 스페인어
	종 교 : 가톨릭 (국교)
정치	독 립 일 : 1821. 9. 15 (스페인)
	정 부 형 태 : 대통령중심제 (공화제)
	국 가 원 수 : Abel Pacheco 대통령
	의 회 : 단원제 (57석)
	주 요 정 당 : 기독사회통합당 (PUSC), 국민해방당 (PLN)
	국제기구가입 : UN, IMF, IBRD, IDB, IFC, IDA, OAS, CACM, WTO 등
경제	G D P : 181억 달러 (2004)
	1인당 GDP : 4,209달러 (2004)
	화 폐 단 위 : Colón (C)
	회 계 연 도 : 1. 1 ~ 12. 31
	산 업 구 조 : (2003) 농림수산업 8.5%, 광공업 29.7%, 서비스업 61.8%
	주 요 수 출 품 : 공산품, 바나나, 육류 및 어류, 커피
	주 요 수 입 품 : 원자재, 소비재, 자본재
	주요부존자원 : 농수산자원, 금, 은, 보크사이트
	경제개발계획 : 외자도입을 통한 경제활성화 및 수출증대
	경 제 적 강 점 : CBI 수혜국
	경 제 적 약 점 : 외채부담 과중, 수출구조 편중

13.2 주요 경제지표

	단 위	2000	2001	2002	2003	2004e
1 인 당 G D P	달러	4,211	4,100	4,098	4,143	4,209
경 제 성 장 률	%	1.8	1.0	2.9	6.5	4.2
총 통 화 증 가 율	%	18.4	10.4	20.9	16.7	33.8
소비자 물가상승률	%	11.0	11.2	9.2	9.5	12.3
환 율 (달러당, 연말)	C	318.02	341.67	378.72	418.53	458.61
경 상 수 지	백만 달러	-706	-713	-916	-967	-846
상 품 수 지	백만 달러	-211	-820	-1,267	-1,169	-1,579
수 출	백만 달러	5,813	4,923	5,270	6,125	6,234
수 입	백만 달러	6,024	5,743	6,537	7,294	7,813
서 비 스 수 지	백만 달러	614	776	688	839	..
자 본 수 지	백만 달러	683	-34	320	845	653
외 환 보 유 고	백만 달러	1,318	1,330	1,497	1,836	1,918
총 외 채 잔 액	백만 달러	4,456	4,650	4,834	5,424	6,000
총외채잔액/GNI	%	30.3	29.8	29.7	32.7	..
D. S. R.	%	7.9	9.6	8.5	12.3	7.8
단기외채 / 총외채	%	21.4	25.0	31.0	30.0	..

13.3 한국과의 관계

외 교 관 계 수 립	1962. 8. 15 수교 (북한과는 1974. 2. 10 수교후 1983. 12. 2 단교)			
주 요 협 정 체 결	문화협정(1966), 무역협정(1974), 과학기술협정(1979) 사증면제협정(1981), 투자보장협정(2000)			
무 역 현 황	2002	2003	2004	주 요 품 목
수 출 (천 달러)	111,202	80,695	122,374	섬유, 전자 · 전기제품, 자동차
수 입 (천 달러)	39,245	66,482	28,591	커피, 원당, 전자제품
투 자 실 적	(2004년말 기준, 순투자기준) : 14건, 20,532천 달러(제조업, 수산업)			

14. 쿠바(Republic of Cuba)

14.1 일반 개황

일반	위 치 : 카리브해 면 적 : 111천 ㎢ (한반도의 1/2) 기 후 : 아열대성 인 구 : 11백만 명 (2004) 수 도 : Havana (230만 명) 민 족 : 백인 (37%), 물라토 (51%), 흑인 (11%), 중국계 (1%) 언 어 : 스페인어 종 교 : 가톨릭 (85%), 기타 (15%)
정치	독 립 일 : 1889. 12. 10 (스페인) 정 부 형 태 : 대통령중심제 (사회주의 정치체제) 국 가 원 수 : Fidel Castro Ruz 대통령 의 회 : 단원제 (609석) 주 요 정 당 : 쿠바공산당 (PCC) 국제기구가입 : UN, WTO, ILO, WHO, UNESCO 등
경제	G D P : 324억 달러 (2004) 1인당 GDP : 2,867달러 (2004) 화 폐 단 위 : Peso (Ps) 회 계 연 도 : 1. 1 ~ 12. 31 산 업 구 조 : (2003) 서비스업 68.3%, 제조업 16.0%, 농수산업 6.5% 주 요 수 출 품 : 니켈, 설탕, 수산품, 담배 주 요 수 입 품 : 기계설비, 연료, 음식료품, 화학제품 주요부존자원 : 코발트, 니켈, 철광석, 구리, 망간 경제개발계획 : 중농정책 경 제 적 강 점 : 농산자원 및 광물자원 풍부 경 제 적 약 점 : 세계경제로부터 고립, 획일적 경제체제로 이한 기술생산성 열위

14.2 주요 경제지표

	단 위	2000	2001	2002	2003	2004e
1 인 당 G D P	달러	2,152	2,491	2,539	2,672	2,867
경 제 성 장 률	%	6.1	3.0	1.5	2.9	3.9
총 통 화 증 가 율	%	..	..	..	..	..
소비자 물가상승률	%	-2.6	-4.1	8.8	0.6	1.0
환 율 (달러당, 연말)	Ps	22	23	26	26	26
경 상 수 지	백만 달러	-776	-553	-293	-155	146
상 품 수 지	백만 달러	-3,203	-3,178	-2,724	-2,971	-3,094
수 출	백만 달러	1,675	1,660	1,436	1,654	2,192
수 입	백만 달러	4,878	4,838	4,160	4,625	5,286
서 비 스 수 지	백만 달러	..	..	..	..	..
자 본 수 지	백만 달러	..	..	..	..	..
외 환 보 유 고	백만 달러	..	..	..	..	..
총 외 채 잔 액	백만 달러	11,900	11,800	11,900	12,000	12,700
총외채잔액/GNI	%	49.4	42.3	43.9	..	..
D. S. R.	%	15.4	15.8	16.9	15.4	14.3
단기외채 / 총외채	%	..	..	..	..	..

14.3 한국과의 관계

외 교 관 계 수 립	1959년 외교관계 단절 (북한과는 1960. 8. 29 수교)			
주 요 협 정 체 결	-			
무 역 현 황	2002	2003	2004	주 요 품 목
수 출 (천 달러)	-	-	-	-
수 입 (천 달러)	-	-	-	-
투 자 실 적	(2004년말 기준, 순투자기준) : 없음			

15. 도미니카연방(Commonwealth of Dominica)

15.1 일반 개황

일반	위　　치 : 카리브해 동부(Windward) 면　　적 : 750 ㎢ (한반도의 1/294) 기　　후 : 온난다습 인　　구 : 72,000명 (2004) 수　　도 : Roseau (17,000명) 민　　족 : 흑인/카리브인디언 (95%) 언　　어 : 영어, 프랑스어 방언 (Patois) 종　　교 : 가톨릭 (77%), 기독교 (15%)
정치	독 립 일 : 1978. 11. 3 (영국) 정 부 형 태 : 내각책임제 (영국식 의회체제) 국 가 원 수 : 영국 여왕 (Roosevelt Skerrit 수상) 의　　회 : 단원제 (30석) 주 요 정 당 : 연합노동자당 (UWP), 도미니카자유당 (DFP), 노동당 (DLP) 국제기구가입 : UN, IMF, OAS, CARICOM 등
경제	G D P : 3억 달러 (2004) 1인당 GDP : 3,639달러 (2004) 화 폐 단 위 : East Caribbean dollar (EC$) 회 계 연 도 : 7. 1 ~ 6. 30 산 업 구 조 : (2002) 농업 18%, 제조업 24%, 기타 58% 주 요 수 출 품 : 바나나, 비누, 코코넛, 과일 주 요 수 입 품 : 식료품, 공산품, 기계 · 운송장비 주요부존자원 : 농산자원, 관광자원, 수력자원 경제개발계획 : 농업, 건설, 가내공업 등에 중점투자 경 제 적 강 점 : 물가안정, 관광자원, CBI 수혜국 경 제 적 약 점 : 산업구조 편중

15.2 주요 경제지표

	단 위	2000	2001	2002	2003	2004e
1 인 당 G D P	달러	3,671	3,652	3,544	3,529	3,639
경 제 성 장 률	%	1.4	-4.2	-4.7	-0.3	2.0
총 통 화 증 가 율	%	-2.1	6.5	10.2	6.4	5.6
소비자 물가상승률	%	0.9	1.5	0.2	1.6	2.3
환 율 (달러당, 연말)	EC$	2.7	2.7	2.7	2.7	2.7
경 상 수 지	백만 달러	-52	-49	-38	-44	..
상 품 수 지	백만 달러	-76	-72	-59	-72	..
수 출	백만 달러	55	43	43	39	..
수 입	백만 달러	131	115	102	111	..
서 비 스 수 지	백만 달러	37	25	26	..	..
자 본 수 지	백만 달러	54	43	29	..	..
외 환 보 유 고	백만 달러	29	31	45	48	42
총 외 채 잔 액	백만 달러	167	216	229	294	..
총외채잔액/GNI	%	69.7	88.0	98.7	123.1	..
D. S. R.	%	7.3	12.7	8.0	..	..
단기외채 / 총외채	%	11.4	10.2	11.2	25.0	..

15.3 한국과의 관계

외 교 관 계 수 립	1978 . 11. 3 수교 (북한과는 1979. 9. 18 수교, 1981. 1 .28 단교후, 1991. 1. 21 재수교)			
주 요 협 정 체 결	비자면제협정(1990)			
무 역 현 황	2002	2003	2004	주 요 품 목
수 출 (천 달러)	14,487	9,939	9,761	섬유, 전자 · 전기제품
수 입 (천 달러)	131	162	266	철강류, 직물, 광물
투 자 실 적	(2004년말 기준, 순투자기준) : 없음			

16. 도미니카공화국(Dominican Republic)

16.1 일반 개황

일 반	위 치 : 카리브해 중앙, 쿠바 남동쪽 면 적 : 49천 ㎢ (한반도의 1/4) 기 후 : 아열대 인 구 : 9백만 명 (2004) 수 도 : Santo Domingo (240만 명) 민 족 : 메스티조 및 물라토 (73%), 백인 (16%), 흑인 (11%) 언 어 : 스페인어 종 교 : 가톨릭 (95%), 기독교 (3%), 기타 (2%)
정 치	독 립 일 : 1844. 2. 27 (아이티) 정 부 형 태 : 대통령중심제 (공화제) 국 가 원 수 : Leonel Fernandez 대통령 의 회 : 양원제 (상원 32석, 하원 150석) 주 요 정 당 : 도미니카자유당 (PLD), 도미니카혁명당 (PRD), 기독사회개혁당 (PRSC) 국제기구가입 : UN, IMF, IFC, IDA, IDB, CARICOM, CDB, OECS 등
경 제	G D P : 189억 달러 (2004) 1인당 GDP : 2,077달러 (2004) 화 폐 단 위 : Dominican Peso (Ps) 회 계 연 도 : 1. 1 ~ 12. 31 산 업 구 조 : (2004) 제조업 15.5%, 농수산업 11.7%, 건설업 10.7% 주 요 수 출 품 : 니켈, 설탕, 코코아, 커피, 금, 은 주 요 수 입 품 : 식품, 석유, 섬유, 화학제품, 의약품 주요부존자원 : 니켈, 금, 은, 보크사이트, 철, 임산자원 경제개발계획 : 외국인투자 유치 경 제 적 강 점 : CBI 수혜국 경 제 적 약 점 : 취약한 수출구조, 과다한 외채부담

16.2 주요 경제지표

	단 위	2000	2001	2002	2003	2004e
1 인 당 GDP	달러	2,329	2,465	2,613	1,841	2,077
경 제 성 장 률	%	7.3	2.9	4.1	-0.4	2.0
총 통 화 증 가 율	%	17.4	26.9	10.3	63.1	9.1
소비자 물가상승률	%	7.7	8.9	5.2	27.5	51.4
환 율 (달러당, 연말)	Ps	16.7	17.2	21.2	37.3	31.1
경 상 수 지	백만 달러	-1,027	-741	-798	867	1,401
상 품 수 지	백만 달러	-3,742	-3,503	-3,699	-2,444	-2,211
수 출	백만 달러	5,737	5,276	5,183	5,439	5,693
수 입	백만 달러	9,479	8,779	8,882	7,883	7,904
서 비 스 수 지	백만 달러	1,888	1,703	1,771	1,794	2,328
자 본 수 지	백만 달러	1,597	1,723	1,289	..	..
외 환 보 유 고	백만 달러	627	1,099	468	253	797
총 외 채 잔 액	백만 달러	4,541	5,135	6,249	6,291	7,700
총외채잔액/GNI	%	24.3	25.0	30.6	41.1	..
D. S. R.	%	4.6	5.7	6.0	7.7	4.8
단기외채 / 총외채	%	25.9	25.2	32.4	17.2	..

16.3 한국과의 관계

외 교 관 계 수 립	1962. 6. 25 수교 (북한과는 미수교)			
주 요 협 정 체 결	문화협정(1968), 과학기술협력협정(1982), 사증면제협정(1982) 체육교류 각서교환(1983)			
무 역 현 황	2002	2003	2004	주 요 품 목
수 출 (천 달러)	185,017	81,526	73,867	섬유, 기계, 자동차, 전자제품
수 입 (천 달러)	21,808	71,844	121,849	광물, 섬유, 화학제품
투 자 실 적	(2004년말 기준 순투자기준) : 5건, 4,019천 달러 (제조업)			

17. 에쿠아도르(Republic of Ecuador)

17.1 일반 개황

일반	위 치 : 남미대륙 태평양연안 면 적 : 277천 ㎢ (한반도의 1.3배) 기 후 : 열대 (해안, 동부), 온대 (중부산맥) 인 구 : 13백만 명 (2004) 수 도 : Quito (1.4백만 명) 민 족 : 메스티조 (65%), 인디언 (25%), 유럽계 (7%), 기타 (3%) 언 어 : 스페인어, 케추아어 종 교 : 가톨릭 (95%)
정치	독 립 일 : 1809. 8. 10 (스페인) 정 부 형 태 : 대통령중심제 국 가 원 수 : Lucio Gutierrez 대통령 의 회 : 단원제 (100석) 주 요 정 당 : 애국사회당 (PSP), 기독사회당 (PSC), 민주좌익당 (ID) 국제기구가입 : UN, IMF, IBRD, IDB, ANCOM, IFC, IDA, OAS 등
경제	G D P : 303억 달러 (2004) 1인당 GDP : 2,331달러 (2004) 화 폐 단 위 : US Dollar (US$) 회 계 연 도 : 1. 1 ~ 12. 31 산 업 구 조 : (2004) 농업 7.4%, 제조업 31.1%, 서비스업 61.5% 주 요 수 출 품 : 유류, 바나나, 새우 주 요 수 입 품 : 원자재, 자본재, 소비재 주요부존자원 : 석유, 천연가스 경제개발계획 : 경제구조조정정책 시행 중 경 제 적 강 점 : 석유, 천연가스, 금, 은, 등 광물자원 풍부 경 제 적 약 점 : 기술인력 부족, 석유 중심의 산업구조

17.2 주요 경제지표

	단 위	2000	2001	2002	2003	2004e
1 인 당 G D P	달러	1,296	1,685	1,920	2,118	2,331
경 제 성 장 률	%	2.8	5.1	3.4	2.7	6.9
총 통 화 증 가 율	%	11.0	31.8	-0.7	18.9	24.2
소비자 물가상승률	%	96.1	37.7	12.5	7.9	2.7
환 율 (달러당, 연말)	$	1.37	1.30	1.26	1.36	1.55
경 상 수 지	백만 달러	921	-695	-1,359	-455	-100
상 품 수 지	백만 달러	1,394	-398	-998	71	200
수 출	백만 달러	5,137	4,781	5,198	6,197	7,700
수 입	백만 달러	3,743	5,179	6,196	6,268	7,500
서 비 스 수 지	백만 달러	-420	-572	-709	-691	-700
자 본 수 지	백만 달러	-6,604	712	1,142	341	..
외 환 보 유 고	백만 달러	924	816	689	786	987
총 외 채 잔 액	백만 달러	13,717	14,481	16,452	16,864	17,200
총외채잔액/GNI	%	94.4	73.5	71.5	65.5	58.6
D. S. R.	%	25.9	28.9	28.8	27.9	21.4
단기외채 / 총외채	%	5.8	9.6	14.1	10.5	8.3

17.3 한국과의 관계

외 교 관 계 수 립	1962 . 10. 5 수교 (북한과는 미수교)			
주 요 협 정 체 결	경제기술협력협정(1983), 외교관 · 관용사증면제협정(1983) 어업협력협정(1984), 문화협정(1985)			
무 역 현 황	2002	2003	2004	주 요 품 목
수 출 (천 달러) 수 입 (천 달러)	167,493 315,198	178,088 257,667	263,020 443,838	자동차, 전자제품, 석유화학제품 석유, 광물, 커피
투 자 실 적	(2004년말 기준, 순투자기준) : 4건, 5,237천 달러 (제조업, 무역업)			

18. 엘살바도르(Republic of El Salvador)

18.1 일반 개황

일반	위 치 : 중미 면 적 : 21천 ㎢ (한반도의 1/10) 기 후 : 열대 (해안), 아열대 (고지대) 인 구 : 7백만 명 (2004) 수 도 : San Salvador (1,500천 명) 민 족 : 메스티조 (90%), 백인 (9%), 인디안 (1%) 언 어 : 스페인어 종 교 : 가톨릭 (83%), 기독교 및 기타 (17%)
정치	독 립 일 : 1821. 9. 15 (스페인) 정 부 형 태 : 대통령중심제 (단일공화제) 국 가 원 수 : Antonio Saca 대통령 의 회 : 단원제 (84석) 주 요 정 당 : 국민공화연합 (ARENA), 민족해방전선 (FMLN) 국제기구가입 : UN, IMF, IFC, IDA, OAS, ICAO, ILO, CACM, WTO 등
경제	G D P : 157억 달러 (2004) 1인당 GDP : 2,379달러 (2004) 화 폐 단 위 : Colón (C) 회 계 연 도 : 1. 1 ~ 12. 31 산 업 구 조 : (2003) 농림수산업 9.5%, 제조업 31.2%, 서비스업 59.3% 주 요 수 출 품 : 커피, 직물, 새우 주 요 수 입 품 : 중간재, 소비재, 자본재 주요부존자원 : 농산자원(커피, 설탕, 콩) 경제개발계획 : 외국인투자 유치를 통한 경제개발계획 시행 중 경 제 적 강 점 : 농산자원 풍부, CBI 수혜국 경 제 적 약 점 : 정치·사회 불안, 광물자원 빈약

18.2 주요 경제지표

	단 위	2000	2001	2002	2003	2004e
1 인 당 GDP	달러	2,129	2,222	2,184	2,292	2,379
경 제 성 장 률	%	2.2	1.7	2.1	1.8	1.8
총 통 화 증 가 율	%	1.0	3.7	-3.1	2.3	1.6
소비자 물가상승률	%	2.3	3.8	1.9	2.1	4.5
환 율 (달러당, 연말)	C	8.755	8.750	8.750	8.750	8.750
경 상 수 지	백만 달러	-431	-150	-412	-734	-590
상 품 수 지	백만 달러	-1,740	-1,932	-1,871	-2,274	-2,618
수 출	백만 달러	2,963	2,892	3,021	3,162	3,295
수 입	백만 달러	4,703	4,824	4,892	5,436	5,913
서 비 스 수 지	백만 달러	-235	-250	-240	-169	..
자 본 수 지	백만 달러	397	429	896	1,202	..
외 환 보 유 고	백만 달러	1,890	1,710	1,589	1,906	1,888
총 외 채 잔 액	백만 달러	4,528	5,313	6,002	7,080	..
총외채잔액/GNI	%	35.2	39.2	42.9	46.3	..
D. S. R.	%	6.7	6.8	7.7	9.3	8.8
단기외채 / 총외채	%	36.3	35.9	19.4	24.8	..

18.3 한국과의 관계

외 교 관 계 수 립	1962. 8. 30 수교 (북한과는 미수교)			
주 요 협 정 체 결	문화협정(1970), 무역협정(1970), 사증면제협정(1997), 투자보장협정(1998)			
무 역 현 황	2002	2003	2004	주 요 품 목
수 출 (천 달러) 수 입 (천 달러)	72,914 2,274	74,115 7,946	68,517 3,014	기계, 섬유, 타이어, 자동차 커피, 광물, 전기기기, 섬유
투 자 실 적	(2004년말 기준, 순투자기준) : 10건, 17,369천 달러 (제조업)			

19. 그레나다(Grenada)

19.1 일반 개황

일반	위치	카리브해 동부 (Windward)
	면적	345천 ㎢ (한반도의 1/643)
	기후	아열대
	인구	102,800명 (2004)
	수도	St George's (8,000명)
	민족	흑인 (82%), 기타 (18%)
	언어	영어, 프랑스어 방언 (Patois)
	종교	가톨릭 (53%), 성공회 (33%) 등
정치	독립일	1974. 2. 7 (영국)
	정부형태	내각책임제 (영국식 대표체제)
	국가원수	영국 여왕 (Keith Mitchell 수상)
	의회	양원제 (상원 13석, 하원 15석)
	주요정당	신국가당 (NNP), 국가민주의회 (NDC)
	국제기구가입	UN, IMF, IFC, CARICOM, OAS, CDB 등
경제	GDP	4억 달러 (2004)
	1인당 GDP	3,979달러 (2004)
	화폐단위	East Caribbean dollar (EC$)
	회계연도	1. 1 ~ 12. 31
	산업구조	(2000) 농업 8%, 제조업 24%, 서비스업 68%
	주요수출품	농산물 (바나나, 사탕수수)
	주요수입품	식품, 기계류, 기초소비재
	주요부존자원	농산 및 관광자원
	경제개발계획	-
	경제적강점	관광자원, CBI 수혜국
	경제적약점	산업구조 취약

19.2 주요 경제지표

	단 위	2000	2001	2002	2003	2004e
1 인 당 G D P	달러	4,032	3,889	3,931	4,114	3,979
경 제 성 장 률	%	7.2	-3.8	-1.1	3.4	-3.0
총 통 화 증 가 율	%	15.1	10.8	8.4	6.6	20.5
소비자 물가상승률	%	2.2	3.2	1.5	1.6	2.2
환 율 (달러당, 연말)	EC$	2.7	2.7	2.7	2.7	2.7
경 상 수 지	백만 달러	-82	-88	-109	-105	..
상 품 수 지	백만 달러	-143	-138	-151	-151	..
수 출	백만 달러	78	59	40	41	..
수 입	백만 달러	221	197	191	192	..
서 비 스 수 지	백만 달러	65	51	45	..	..
자 본 수 지	백만 달러	96	90	140	..	..
외 환 보 유 고	백만 달러	58	64	88	83	122
총 외 채 잔 액	백만 달러	201	240	366	376	..
총외채잔액/GNI	%	54.1	64.4	97.6	96.8	..
D. S. R.	%	5.8	8.2	13.6	..	..
단기외채 / 총외채	%	10.7	23.2	19.7	19.3	..

19.3 한국과의 관계

외 교 관 계 수 립	1974. 8. 1 수교 (북한과는 1979. 5. 9 수교, 1985. 1. 15 단교 후 1991. 9. 20 재수교)			
주 요 협 정 체 결	사증면제협정(1990)			
무 역 현 황	2002	2003	2004	주 요 품 목
수 출 (천 달러) 수 입 (천 달러)	671 9	857 3	1,409 3	기계, 타이어, 차량, 전기제품, 가구
투 자 실 적	(2004년말 기준, 순투자기준) : 없음			

20. 과테말라(Republic of Guatemala)

20.1 일반 개황

일반	위 치 : 중미 북부, 멕시코 아래
	면 적 : 109천 ㎢ (한반도의 1/2)
	기 후 : 열대(해안), 온대(고지대)
	인 구 : 13백만 명 (2004)
	수 도 : Guatemala City (1,133천 명)
	민 족 : 메스티조 (55%), 인디언 (43%), 기타 (2%)
	언 어 : 스페인어, 마야어
	종 교 : 가톨릭 (90%)
정치	독 립 일 : 1821. 9. 15 (스페인)
	정 부 형 태 : 대통령중심제 (단일공화제)
	국 가 원 수 : Oscar Berger Perdomo 대통령
	의 회 : 단원제 (158석)
	주 요 정 당 : 과테말라 공화당 (FRG), 민족진보당 (PAN), 신국민연합 (ANN)
	국제기구가입 : UN, IMF, IBRD, IDB, IFC, IDA, WTO, OAS, ICAO, ILO, IAEA 등
경제	G D P : 269억 달러 (2004)
	1인당 GDP : 2,118달러 (2004)
	화 폐 단 위 : Quetzal (Q)
	회 계 연 도 : 1. 1 ~ 12. 31
	산 업 구 조 : (2003) 농수산업 22.7%, 상업 24.8%, 제조업 12.8%
	주 요 수 출 품 : 커피, 설탕, 바나나, 석유
	주 요 수 입 품 : 원·부자재, 소비재, 자본재, 중간재
	주요부존자원 : 니켈, 동
	경제개발계획 : 경제구조조정정책 시행 중
	경 제 적 강 점 : 농산자원 풍부, CBI 수혜국, 미국과 FTA 체결
	경 제 적 약 점 : 기술인력 및 자본 부족

20.2 주요 경제지표

	단 위	2000	2001	2002	2003	2004e
1 인 당 GDP	달러	1,675	1,752	1,950	1,927	2,118
경 제 성 장 률	%	3.6	2.3	2.2	2.1	2.7
총 통 화 증 가 율	%	35.5	18.1	11.8	15.0	9.4
소비자 물가상승률	%	6.0	7.6	8.0	5.5	7.5
환 율 (달러당, 연말)	Q	7.73	8.00	7.81	8.04	7.75
경 상 수 지	백만 달러	-1,049	-1,237	-1,193	-1,100	-1,102
상 품 수 지	백만 달러	-1,660	-2,278	-2,950	-2,900	-3,456
수 출	백만 달러	3,082	2,864	2,628	2,800	3,443
수 입	백만 달러	4,742	5,142	5,578	5,700	6,899
서 비 스 수 지	백만 달러	48	117	79	-68	..
자 본 수 지	백만 달러	1,606	1,640	1,321	1,290	..
외 환 보 유 고	백만 달러	1,737	2,284	2,291	2,825	3,418
총 외 채 잔 액	백만 달러	4,265	4,528	4,676	4,981	5,800
총외채잔액/GNI	%	22.4	21.7	20.4	20.4	21.7
D. S. R.	%	8.7	9.0	7.2	9.5	8.4
단기외채 / 총외채	%	22.1	21.0	19.9	25.2	..

20.3 한국과의 관계

외 교 관 계 수 립	1962 . 10. 24 수교 (북한과는 미수교)			
주 요 협 정 체 결	무역협정 (1977), 문화협정 (1978), 투자보장협정 (2002), 외교관 · 관용사증면제각서 (2003)			
무 역 현 황	2002	2003	2004	주 요 품 목
수 출 (천 달러)	501,241	522,693	550,065	섬유류, 자동차, 전기제품
수 입 (천 달러)	105,559	65,701	62,123	커피, 섬유, 사탕수수당
투 자 실 적	(2004년말 기준, 순투자기준) : 58건, 56,164천 달러 (제조업)			

21. 가이아나(Cooperative Republic of Guyana)

21.1 일반 개황

일반	위 치 : 남미대륙 동북단 면 적 : 215천 ㎢ (한반도 크기) 기 후 : 열대 (내륙), 아열대 (해안) 인 구 : 0.8백만 명 (2004) 수 도 : Georgetown (190천 명) 민 족 : 인디언 (50%), 흑인 (36%) 언 어 : 영어, 힌두어 종 교 : 기독교 (50%), 힌두교 (35%), 이슬람교 (10%)
정치	독 립 일 : 1966. 5. 26 (영국) 정 부 형 태 : 대통령중심제 (공화제) 국 가 원 수 : Bharrat Jagdeo 대통령 의 회 : 단원제 (65석) 주 요 정 당 : 국민진보당 (PPP-Civic), 국민회의(PNC-R) 국제기구가입 : UN, IMF, IBRD, CARICOM, IFC, IDA, IDB, ILO, OAS 등
경제	G D P : 8억 달러 (2004) 1인당 GDP : 1,000달러 (2004) 화 폐 단 위 : Guyanese dollar (G$) 회 계 연 도 : 1. 1 ~ 12. 31 산 업 구 조 : (2003) 농림수산업 28.9%, 광업 10.1%, 운송 10.1% 등 주 요 수 출 품 : 설탕, 금, 보크사이트 및 알루미늄, 쌀 주 요 수 입 품 : 자본재, 중간재, 소비재 주요부존자원 : 보크사이트, 금, 다이아몬드 경제개발계획 : - 경 제 적 강 점 : 보크사이트 등 광물자원 풍부 경 제 적 약 점 : 수출 및 산업구조 취약

21.2 주요 경제지표

	단 위	2000	2001	2002	2003	2004e
1 인 당 G D P	달러	923	919	937	970	1,000
경 제 성 장 률	%	-1.4	2.3	1.1	-0.7	1.6
총 통 화 증 가 율	%	8.3	8.6	5.7	7.8	8.5
소비자 물가상승률	%	6.1	2.6	5.3	6.0	4.7
환 율 (달러당, 연말)	G$	184.8	189.5	191.8	194.3	200.0
경 상 수 지	백만 달러	-115	-134	-110	-91	-91
상 품 수 지	백만 달러	-80	-94	-68	-59	-85
수 출	백만 달러	505	490	495	513	589
수 입	백만 달러	585	584	563	572	674
서 비 스 수 지	백만 달러	-24	-20	-24	-20	..
자 본 수 지	백만 달러	131	134	123	84	..
외 환 보 유 고	백만 달러	296	285	280	272	225
총 외 채 잔 액	백만 달러	1,373	1,318	1,382	1,447	..
총외채잔액/GNI	%	207.9	201.6	206.4	207.3	..
D. S. R.	%	9.9	6.4	10.7	..	..
단기외채 / 총외채	%	8.9	8.7	9.5	8.7	..

21.3 한국과의 관계

외 교 관 계 수 립	1968. 6. 13 수교, 1978. 7. 신임장 제정 거부후 1989. 1. 관계정상화 (북한과는 1974. 5. 18)			
주 요 협 정 체 결	무역협정(1973), 경제기술협력협정(1973), 입국사증면제조치 시행(1993)			
무 역 현 황	2002	2003	2004	주 요 품 목
수 출 (천 달러)	1,357	1,840	3,417	전기기기, 철강제품, 자동차
수 입 (천 달러)	2,836	37	1,391	알루미늄괴(광), 목재
투 자 실 적	(2004년말 기준, 순투자기준) : 1건, 3,600천 달러 (임업)			

22. 아이티(Republic of Haiti)

22.1 일반 개황

일반	위 치 : 카리브해 면 적 : 28천 ㎢ (한반도의 1/8) 기 후 : 열대성 인 구 : 8백만 명 (2004) 수 도 : Port-au-Prince (1백만 명) 민 족 : 흑인 (95%), 몰라토 및 백인 (5%) 언 어 : 프랑스어, 크레올어 종 교 : 가톨릭 (80%), 기독교 (16%)
정치	독 립 일 : 1804. 1. 1 (프랑스) 정 부 형 태 : 대통령중심제 (공화제) 국 가 원 수 : Boniface Alexandre 대통령 의 회 : 양원제 (상원 27석, 하원 83석) 주 요 정 당 : 투쟁국민조직 (OPL), 라바라스가족당 (FL) 국제기구가입 : UN, IMF, IFC, IDA, OAS 등
경제	G D P : 37억 달러 (2004) 1인당 GDP : 435달러 (2004) 화 폐 단 위 : Gourde (G) 회 계 연 도 : 10. 1 ~ 9. 30 산 업 구 조 : 농업 26.5%, 상업 26.4%, 제조업 7.6% 등 주 요 수 출 품 : 공산품, 커피, 코코아, 망고 주 요 수 입 품 : 식품, 기계·운송장비, 공산품, 연료 주요부존자원 : 보크사이트, 구리, 관광자원 경제개발계획 : 노동집약공업 육성 및 농업생산성 제고 주력 경 제 적 강 점 : CBI 수혜국 경 제 적 약 점 : 정정 불안, 사회간접자본시설 미비

22.2 주요 경제지표

	단 위	2000	2001	2002	2003	2004e
1 인 당 G D P	달러	494	453	383	336	435
경 제 성 장 률	%	0.9	-1.1	-0.9	0.4	-3.8
총 통 화 증 가 율	%	20.1	14.1	22.8	39.1	5.2
소비자 물가상승률	%	13.7	14.2	9.9	39.3	22.8
환 율 (달러당, 연말)	G	22.52	26.34	37.61	42.08	37.23
경 상 수 지	백만 달러	-71	-98	-48	-13	15
상 품 수 지	백만 달러	-756	-750	-710	-783	-810
수 출	백만 달러	331	305	273	333	373
수 입	백만 달러	1,087	1,055	983	1,116	1,183
서 비 스 수 지	백만 달러	-92	-103	-104	-123	..
자 본 수 지	백만 달러	..	..	..	..	..
외 환 보 유 고	백만 달러	182	141	81	62	114
총 외 채 잔 액	백만 달러	1,169	1,253	1,248	1,308	1,200
총외채잔액/GNI	%	29.2	34.8	35.9	45.0	31.8
D. S. R.	%	6.9	4.8	6.3	10.7	9.7
단기외채 / 총외채	%	7.7	14.8	12.3	8.9	..

22.3 한국과의 관계

외 교 관 계 수 립	1962. 9. 22 수교 (북한과는 미수교)			
주 요 협 정 체 결	무역협정 (1977) 경제·기술·문화 및 과학협력협정 (1985) 사증면제협정 (1990)			
무 역 현 황	2002	2003	2004	주 요 품 목
수 출 (천 달러) 수 입 (천 달러)	1,5863 3	17,521 43	11,688 373	섬유, 전기제품, 기계, 자동차 의류, 전기기기, 철
투 자 실 적	(2004년말 기준, 순투자기준) : 없음			

23. 온두라스(Republic of Honduras)

23.1 일반 개황

일반	위 치 : 중미 카리브 연안 면 적 : 113천 ㎢ (한반도의 1/2) 기 후 : 열대 (해안), 온대 (내륙) 인 구 : 7백만 명 (2004) 수 도 : Tegucigalpa (814천 명) 민 족 : 메스티조 (90%), 인디언 (7%), 흑인 (2%), 백인 (1%) 언 어 : 스페인어, 영어 종 교 : 가톨릭 (97%), 기독교 (3%)
정치	독 립 일 : 1821. 9. 15 (스페인) 정 부 형 태 : 대통령중심제 (단일공화제) 국 가 원 수 : Ricardo Maduro Joest 대통령 의 회 : 단원제 (128석) 주 요 정 당 : 자유당 (PL), 국민당 (PN) 국제기구가입 : UN, IMF, IBRD, IDB, IFC, IDA, OAS, ICAO, CACM, WTO 등
경제	G D P : 75억 달러 (2004) 1인당 GDP : 1,056달러 (2004) 화 폐 단 위 : Lempira (La) 회 계 연 도 : 1. 1 ~ 12. 31 산 업 구 조 : (2004) 농업 13.3%, 제조업 20.5%, 서비스업 55.4% 주 요 수 출 품 : 커피, 바나나, 새우 및 가재, 금 주 요 수 입 품 : 원자재, 기계 및 운수장비, 식료품 주요부존자원 : 금, 은, 납, 아연 경제개발계획 : 경제구조조정정책 시행 중 경 제 적 강 점 : 농산자원 풍부, CBI 수혜국 경 제 적 약 점 : 대외채무 과중, 사회간접자본 미비

23.2 주요 경제지표

	단 위	2000	2001	2002	2003	2004e
1 인 당 G D P	달러	894	926	955	971	1,056
경 제 성 장 률	%	5.7	2.6	2.5	3.0	5.0
총 통 화 증 가 율	%	24.4	17.5	13.7	15.8	20.7
소비자 물가상승률	%	11.1	9.7	7.7	7.7	8.1
환 율 (달러당, 연말)	La	15.14	15.92	16.92	17.75	18.63
경 상 수 지	백만 달러	-245	-302	-218	-279	-391
상 품 수 지	백만 달러	-1,263	-1,394	-1,449	-1,713	-2,098
수 출	백만 달러	1,436	1,374	1,360	1,373	1,581
수 입	백만 달러	2,699	2,768	2,809	3,086	3,679
서 비 스 수 지	백만 달러	-115	-173	-95	-77	..
자 본 수 지	백만 달러	0.5	197	163	1.02	..
외 환 보 유 고	백만 달러	1,302	1,404	1,512	1,417	1,957
총 외 채 잔 액	백만 달러	5,570	5,050	5,395	5,641	5,900
총외채잔액/GNI	%	96.1	80.8	84.1	83.2	80.8
D. S. R.	%	12.9	11.2	12.1	14.2	10.8
단기외채 / 총외채	%	6.7	6.5	9.7	8.2	..

23.3 한국과의 관계

외 교 관 계 수 립	1973. 4. 1 수교 (북한과는 미수교)			
주 요 협 정 체 결	문화협정 (1970), 투자보장협정 (2001)			
무 역 현 황	2002	2003	2004	주 요 품 목
수 출 (천 달러)	137,614	132,639	143,890	자동차, 타이어, 직물, 전자제품
수 입 (천 달러)	10,538	12,171	15,390	커피, 면화, 수산물, 광물
투 자 실 적	(2004년말 기준, 순투자기준) : 32건, 65,997천 달러(제조업, 수산업)			

24. 자메이카(Jamaica)

24.1 일반 개황

일반	위치	카리브해 중부
	면적	11천 ㎢ (한반도의 1/20)
	기후	열대성, 온대성 (내륙)
	인구	3백만 명 (2004)
	수도	Kingston (75만 명)
	민족	흑인 (91%), 기타 (9%)
	언어	영어
	종교	기독교 (61%), 가톨릭 (4%), 기타 (35%)
정치	독립일	1962. 8. 6 (영국)
	정부형태	내각책임제 (입헌군주제)
	국가원수	영국 여왕 (PJ Patterson 수상)
	의회	양원제 (상원 21석, 하원 60석)
	주요정당	인민국가당 (PNP), 자메이카노동당 (JLP)
	국제기구가입	UN, IMF, IFC, WTO, CDB, CARICOM 등
경제	GDP	88억 달러 (2004)
	1인당 GDP	3,259달러 (2004)
	화폐단위	Jamaican dollar (J$)
	회계연도	4. 1. ~ 3. 31.
	산업구조	(2003) 제조업 12.8%,통신운수업 12.3%,건설업 9.5%, 농수산업 5.3% 등
	주요수출품	알루미늄, 설탕, 보크사이트, 바나나
	주요수입품	원자재, 소비재, 자본재
	주요부존자원	보크사이트, 관광자원, 사탕수수, 바나나
	경제개발계획	경제개발계획 추진 및 CBI를 통한 수출증대
	경제적강점	보크사이트 및 관광자원 풍부, CBI 수혜국
	경제적약점	수출구조 취약

24.2 주요 경제지표

	단 위	2000	2001	2002	2003	2004e
1 인 당 GDP	달러	2,692	2,923	3,076	3,038	3,259
경 제 성 장 률	%	0.8	1.5	1.1	2.3	1.2
총 통 화 증 가 율	%	13.0	8.6	12.0	10.5	14.0
소비자 물가상승률	%	8.2	7.0	7.1	10.3	13.6
환 율 (달러당, 연말)	J$	45.4	47.3	50.8	60.5	61.5
경 상 수 지	백만 달러	-367	-758	-1,074	-761	-618
상 품 수 지	백만 달러	-1,442	-1,618	-1,870	-1,943	-1,884
수 출	백만 달러	1,562	1,454	1,309	1,386	1,636
수 입	백만 달러	3,004	3,072	3,179	3,329	3,520
서 비 스 수 지	백만 달러	603	383	315	565	··
자 본 수 지	백만 달러	856	1,638	890	312	··
외 환 보 유 고	백만 달러	1,054	1,899	1,644	1,195	1,846
총 외 채 잔 액	백만 달러	4,705	5,363	5,479	5,584	6,000
총외채잔액/GNI	%	61.7	69.9	69.8	74.2	67.4
D. S. R.	%	15.0	15.9	18.0	17.0	16.1
단기외채 / 총외채	%	16.7	17.3	14.1	17.6	··

24.3 한국과의 관계

외 교 관 계 수 립	1973. 10. 13 수교 (북한과는 1974. 10. 9)			
주 요 협 정 체 결	무역협정(1979), 문화협정(1981), 경제기술협력협정(1982), 사증면제협정(1993)			
무 역 현 황	2002	2003	2004	주 요 품 목
수 출 (천 달러)	13,261	12,015	12,683	기계, 자동차, 타이어
수 입 (천 달러)	4,826	846	586	커피, 향신료, 기계, 광물
투 자 실 적	(2004년말 기준, 순투자기준) : 6건, 5,723천 달러 (제조업)			

25. 멕시코(United Mexican States)

25.1 일반 개황

일반	위 치 : 북으로 미국, 남으로는 과테말라, 벨리즈와 접경 면 적 : 1,964천 ㎢ (한반도의 9배) 기 후 : 열대성(남부), 온대성(고지대) 인 구 : 105백만 명 (2004) 수 도 : Mexico City (1,780만 명) 민 족 : 메스티조 (60%), 인디언 (30%), 백인 (9%), 기타 (1%) 언 어 : 스페인어, 마야어 등 종 교 : 가톨릭 (89%), 기독교 (6%), 기타 (5%)
정치	독 립 일 : 1810. 9. 16 (스페인) 정 부 형 태 : 대통령중심제 국 가 원 수 : Vicente Fox Quesada 대통령 의 회 : 양원제 (상원 128석, 하원 500석) 주 요 정 당 : 제도혁명당 (PRI), 국민행동당 (PAN), 민주혁명당 (PRD) 국제기구가입 : UN, INF, OECD, IDB, WTO, APEC, CDB, NAFTA 등
경제	G D P : 6,765억 달러 (2004) 1인당 GDP : 6,443달러 (2004) 화 폐 단 위 : Peso (Ps) 회 계 연 도 : 1. 1 ~12. 31 산 업 구 조 : (2004) 농업 4.1%, 제조업 26.4%, 서비스업 69.5% 등 주 요 수 출 품 : 공산품, 원유, 농산품, 광물 주 요 수 입 품 : 중간재, 자본재, 소비재 주요부존자원 : 석유, 은, 동, 구리 등 지하자원 경제개발계획 : 긴축재정, 무역자유화정책 경 제 적 강 점 : 석유, 은 능 광불자원 풍부, NAFTA 회원국 경 제 적 약 점 : 과중한 대외채무

25.2 주요 경제지표

	단 위	2000	2001	2002	2003	2004e
1 인 당 G D P	달러	5,820	6,140	6,330	6,160	6,443
경 제 성 장 률	%	6.6	-0.2	0.8	1.4	4.4
총 통 화 증 가 율	%	15.8	12.5	8.9	7.2	10.4
소비자 물가상승률	%	9.5	6.4	5.0	4.6	4.7
환 율 (달러당, 연말)	Ps	9.57	9.14	10.31	11.24	11.26
경 상 수 지	백만 달러	-18,212	-18,194	-13,789	-8,952	-8,800
상 품 수 지	백만 달러	-8,003	-9,953	-7,916	-5,624	-8,600
수 출	백만 달러	166,455	158,443	160,763	164,922	188,600
수 입	백만 달러	174,458	168,396	168,679	170,546	197,200
서 비 스 수 지	백만 달러	-3,604	-4,493	-4,920	-5,529	-4,600
자 본 수 지	백만 달러	22,760	25,676	22,570	17,650	··
외 환 보 유 고	백만 달러	35,142	44,384	49,895	57,740	62,778
총 외 채 잔 액	백만 달러	150,313	145,674	140,164	140,004	145,400
총외채잔액/GNI	%	26.5	23.9	22.0	22.8	22.0
D. S. R.	%	30.4	25.5	22.7	20.9	17.0
단기외채 / 총외채	%	12.6	10.0	7.1	6.6	··

25.3 한국과의 관계

<table>
<tr><td>외 교 관 계 수 립</td><td colspan="4">1962. 1. 26 수교 (북한과는 1980. 9. 19)</td></tr>
<tr><td>주 요 협 정 체 결</td><td colspan="4">문화협정(1966), 무역협정(1966), 일반사증면제협정(1979), 경제과학기술협정(1977), 과학협력협정(1990)
이중과세방지협정(1994), 범죄인도조약(1996), 외교관 · 관용사증면제협정(1997), 투자보장협정(2000)</td></tr>
<tr><td>무 역 현 황</td><td>2002</td><td>2003</td><td>2004</td><td>주 요 품 목</td></tr>
<tr><td>수 출 (천 달러)
수 입 (천 달러)</td><td>2,230,817
295,350</td><td>2,455,014
333,747</td><td>2,993,949
411,289</td><td>전자 · 전기 제품, 자동차, 섬유
석유화학제품, 기계류, 동광</td></tr>
<tr><td>투 자 실 적</td><td colspan="4">(2004년말 기준, 순투자기준) : 85건, 283,981천 달러(제조업, 무역업)</td></tr>
</table>

26. 네덜란드령 안틸레스(Netherlands Antilles)

26.1 일반 개황

일반	위　　치 : 카리브해 남부 (베네수엘라 북쪽) 면　　적 : 800 ㎢ (한반도의 1/231) 기　　후 : 아열대 인　　구 : 180,600명 (2004) 수　　도 : Willemstad (140,000명) 민　　족 : 흑인혼혈 (85%), 카리브인디언, 백인, 인도인 언　　어 : 네덜란드어, 영어, 스페인어, 혼합방언 (Papiamento) 종　　교 : 가톨릭, 기독교, 유대교, 안식일교
정치	독 립 일 : - (네덜란드 자치령) 정 부 형 태 : 의회민주제 국 가 원 수 : 네덜란드 여왕 (Etienne YS 수상) 의　　회 : 단원제 (상원 22석) 주 요 정 당 : 안틸레스혁명당 (PAR), 국가민주당 (PNP) 국제기구가입 : CBI, WTO, CARICOM, IMF, ILO 등
경제	G D P : 28억 달러 (2004) 1인당 GDP : 15,504달러 (2004) 화 폐 단 위 : Netherlands Antilles Guilder (NAG) 회 계 연 도 : 1. 1 ~ 12. 31 산 업 구 조 : (2003) 금융 및 기타서비스업 54%, 상업 15.2%, 운송업 9% 주 요 수 출 품 : 석유관련제품 주 요 수 입 품 : 연유, 식품, 공산품 등 주요부존자원 : 인산염, 소금, 관광자원 경제개발계획 : - 경 제 적 강 점 : 물가안정, 관광자원 풍부, CBI수혜국 경 제 적 약 점 : 취약점 산업기반, 빈약한 부존자원, 높은 실업률

26.2 주요 경제지표

	단 위	2000	2001	2002	2003	2004e
1 인 당 GDP	달러	11,899	11,675	11,485	12,962	15,504
경 제 성 장 률	%	-2.7	-0.2	0.4	1.4	1.5
총 통 화 증 가 율	%	2.8	14.7	11.4	7.2	..
소비자 물가상승률	%	5.8	1.8	0.4	2.0	1.6
환 율 (달러당, 연말)	NAG	1.79	1.79	1.79	1.79	1.79
경 상 수 지	백만 달러	-209	-83	-18	-63	-131
상 품 수 지	백만 달러	-954	-855	-1,016	-1,030	-1,154
수 출	백만 달러	572	629	516	567	585
수 입	백만 달러	1,526	1,484	1,532	1,597	1,739
서 비 스 수 지	백만 달러	880	883	859	894	..
자 본 수 지	백만 달러	-92	389	60	-26	..
외 환 보 유 고	백만 달러	261	301	406	373	430
총 외 채 잔 액	백만 달러	..	..	..	..	..
총외채잔액/GNI	%	..	..	..	..	..
D. S. R.	%	..	..	..	..	..
단기외채 / 총외채	%	..	..	..	..	..

26.3 한국과의 관계

외 교 관 계 수 립	-			
주 요 협 정 체 결	없 음			
무 역 현 황	2002	2003	2004	주 요 품 목
수 출 (천 달러)	2,644	2,017	7,148	기계, 자동차, 섬유, 타이어
수 입 (천 달러)	1,252	165	214	전기기기, 면직물
투 자 실 적	(2004년말 기준, 순투자기준) : 없음			

27. 니카라과(Repudlic of Nicaragua)

27.1 일반 개황

일반	위 치	북으로 온두라스, 남으로는 코스타리카와 접경
	면 적	121천 ㎢ (한반도의 3/5)
	기 후	열대, 온대 (고지대)
	인 구	6백만 명 (2004)
	수 도	Managua (820천 명)
	민 족	메스티조 (69%), 백인 (17%), 흑인(9%), 인디오 (5%)
	언 어	스페인어, 영어 (대서양연안)
	종 교	가톨릭 (85%), 기독교 (15%)
정치	독 립 일	1821. 9. 15 (스페인)
	정 부 형 태	대통령중심제
	국 가 원 수	Enrique Bolanos Geyer 대통령
	의 회	단원제 (92석)
	주 요 정 당	자유헌정당 (PLC), 산디니스타 민족해방전선 (FSLN)
	국제기구가입	UN, IMF, IFC, IDA, ILO, OAS, CACM, WHO, CAFTA 등
경제	G D P	44억 달러 (2004)
	1인당 GDP	786달러 (2004)
	화 폐 단 위	Cordoba (C)
	회 계 연 도	1. 1 ~ 12. 31
	산 업 구 조	(2002) 농림수산업 23.0%, 제조업 19.7%, 서비스업 49.6%
	주 요 수 출 품	커피, 새우, 육류, 설탕
	주 요 수 입 품	원·부자재, 소비재, 자본재, 원유
	주요부존자원	커피, 원면 등 농산자원
	경제개발계획	경제구조조정계획 시행 중
	경 제 적 강 점	농산자원 풍부, CBI 수혜국
	경 제 적 약 점	정치 불안, 광물자원 빈약

27.2 주요 경제지표

	단 위	2000	2001	2002	2003	2004e
1 인 당 G D P	달러	784	769	775	745	786
경 제 성 장 률	%	4.2	3.0	1.0	2.3	5.1
총 통 화 증 가 율	%	9.4	40.9	13.3	12.6	..
소비자 물가상승률	%	11.5	7.3	3.7	5.3	8.5
환 율 (달러당, 연말)	C	13.06	13.84	14.67	15.55	16.33
경 상 수 지	백만 달러	-792	-785	-781	-780	-795
상 품 수 지	백만 달러	-921	-897	-936	-972	-1,112
수 출	백만 달러	881	911	917	1,049	1,245
수 입	백만 달러	1,802	1,808	1,853	2,021	2,357
서 비 스 수 지	백만 달러	-122	-130	-109	-123	..
자 본 수 지	백만 달러	372	353	234	252	..
외 환 보 유 고	백만 달러	488	380	448	502	668
총 외 채 잔 액	백만 달러	6,853	6,408	6,485	6,915	3,100
총외채잔액/GNI	%	182.9	168.3	166.2	173.9	70.4
D. S. R.	%	19.7	22.7	9.9	24.1	15.0
단기외채 / 총외채	%	13.3	10.5	8.5	8.6	..

27.3 한국과의 관계

외 교 관 계 수 립	1962. 1. 26 수교 (북한과는 1979. 8. 21)			
주 요 협 정 체 결	문화협정(1968), 사증면제협정(1995), 투자보장협정(2000)			
무 역 현 황	2002	2003	2004	주 요 품 목
수 출 (천 달러)	85,455	73,683	177,092	섬유, 자동차, 기계
수 입 (천 달러)	63	325	3,926	섬유, 기계, 의료용품, 수산물
투 자 실 적	(2004년말 기준, 순투자기준) : 12건, 16,025천 달러 (제조업)			

28. 파나마(Republic of Panama)

28.1 일반 개황

일반	위 치 : 중미와 남미 연결지점 면 적 : 76천 ㎢ (한반도의 1/3) 기 후 : 열대 인 구 : 3백만 명 (2004) 수 도 : Panama City (1.3백만 명) 민 족 : 메스티조 및 물라토 (70%), 백인 (10%), 인디언 (10%), 기타 (10%) 언 어 : 스페인어 종 교 : 가톨릭 (85%), 기독교 (15%)
정치	독 립 일 : 1903. 11. 3 (콜롬비아) 정 부 형 태 : 대통령중심제 (공화제) 국 가 원 수 : Martin Torrijos 대통령 의 회 : 단원제 (78석) 주 요 정 당 : 민주혁명당 (PRD), 자유공화민족운동 (Molirena), 자유국민당 (PLN) 국제기구가입 : UN, IMF, IBRD, IDB, IFC, ICAO, OAS, ILO, WTO 등
경제	G D P : 137억 달러 (2004) 1인당 GDP : 4,281 달러 (2004) 화 폐 단 위 : Balboa (B) 회 계 연 도 : 1. 1 ~ 12. 31 산 업 구 조 : (2003) 농업 5.7%, 제조업 13.8%, 서비스업 80.5% 주 요 수 출 품 : 바나나, 새우, 설탕, 커피 주 요 수 입 품 : 자본재, 식료품, 석유화학제품 주요부존자원 : 동, 몰리브덴 등 광물자원, 농수산자원 경제개발계획 : 경제구조조정정책 시행 중 경 제 적 강 점 : 지리적 교통요지, 역외금융시장 발달, CBI 수혜국 경 제 적 약 점 : 높은 대외의존도

28.2 주요 경제지표

	단 위	2000	2001	2002	2003	2004e
1 인 당 GDP	달러	3,448	3,551	3,566	4,161	4,281
경 제 성 장 률	%	2.5	0.6	2.2	4.3	5.4
총 통 화 증 가 율	%	10.0	8.4	-0.2	4.7	8.4
소비자 물가상승률	%	1.4	0.3	1.0	1.4	2.2
환 율 (달러당, 연말)	B	1.0	1.0	1.0	1.0	1.0
경 상 수 지	백만 달러	-673	-170	-96	-437	-1,104
상 품 수 지	백만 달러	-1,142	-697	-1,035	-1,113	-1,585
수 출	백만 달러	5,839	5,992	5,315	5,049	5,886
수 입	백만 달러	6,981	6,689	6,350	6,162	7,471
서 비 스 수 지	백만 달러	854	890	968	1,254	1,295
자 본 수 지	백만 달러	-100	1,279	-76	30	..
외 환 보 유 고	백만 달러	707	1,075	1,166	993	611
총 외 채 잔 액	백만 달러	7,046	8,246	8,298	8,770	9,000
총외채잔액/GNI	%	64.0	73.6	69.5	72.7	65.7
D. S. R.	%	9.7	12.5	19.6	14.1	15.3
단기외채 / 총외채	%	6.6	5.6	4.5	5.0	..

28.3 한국과의 관계

외 교 관 계 수 립	1962. 9. 30 수교 (북한과는 미수교)			
주 요 협 정 체 결	문화협정(1974), 항공협정(1979), 파나마운하 영구중립 의정서 가입(1980) 사증면제협정(2002), 투자보장협정(2001)			
무 역 현 황	2002	2003	2004	주 요 품 목
수 출 (천 달러)	1,184,395	1,252,298	1,263,797	선박, 전기, 자동차, 석유화학제품
수 입 (천 달러)	143,253	179,125	293,866	선박, 전기기기, 광물
투 자 실 적	(2004년말 기준, 순투자기준) : 36건, 138,872천 달러(제조업, 무역업)			

29. 파라과이(Republic of Paraguay)

29.1 일반 개황

일반	위 치 : 남미대륙 중심부 면 적 : 407천 ㎢ (한반도의 2배) 기 후 : 아열대 인 구 : 6백만 명 (2004) 수 도 : Asuncion (550만 명) 민 족 : 메스티조 (95%), 유럽계 (3%), 동양계 (1%), 기타 (1%) 언 어 : 스페인어, 과라니어 종 교 : 가톨릭 (국교)
정치	독 립 일 : 1811. 5. 14 (스페인) 정 부 형 태 : 대통령중심제 국 가 원 수 : Nicanor Duarte Frutos 대통령 의 회 : 양원제 (상원 45석, 하원 80석) 주 요 정 당 : 콜로라도당 (PC), 급진자유당 (PLRA) 국제기구가입 : UN, IMF, IDB, IFC, IDA, OAS, MERCOSUR 등
경제	G D P : 65억 달러 (2004) 1인당 GDP : 1,083 달러 (2004) 화 폐 단 위 : Guarani (G) 회 계 연 도 : 1. 1 ~ 12. 31 산 업 구 조 : (2002) 제조업 24.2%, 농림수산업 27.2%, 서비스업 48.6% 주 요 수 출 품 : 콩, 면화, 목재, 육류 주 요 수 입 품 : 소비재, 자본재, 중간재 주요부존자원 : 농임산자원 경제개발계획 : - 경 제 적 강 점 : 수력발전 잠재력 높음 경 제 적 약 점 : 높은 대외의존도, 계층간·지역간 빈부 격차

29.2 주요 경제지표

	단 위	2000	2001	2002	2003	2004e
1 인 당 G D P	달러	1,345	1,232	948	1,000	1,083
경 제 성 장 률	%	-0.4	2.7	-2.3	2.6	2.9
총 통 화 증 가 율	%	4.9	6.3	3.7	7.6	14.2
소비자 물가상승률	%	9.0	7.3	10.5	14.2	4.3
환 율 (달러당, 연말)	G	3,527	4,682	7,104	6,115	6,250
경 상 수 지	백만 달러	-290	-266	73	146	42
상 품 수 지	백만 달러	-679	-556	-280	-261	-417
수 출	백만 달러	2,225	1,951	1,858	2,260	3,082
수 입	백만 달러	2,904	2,507	2,138	2,521	3,499
서 비 스 수 지	백만 달러	182	165	219	242	..
자 본 수 지	백만 달러	30	163	59	233	..
외 환 보 유 고	백만 달러	633	584	489	811	1,001
총 외 채 잔 액	백만 달러	3,099	2,820	2,956	3,210	3,200
총외채잔액/GNI	%	40.1	41.1	53.5	53.2	49.2
D. S. R.	%	11.4	13.3	12.5	11.8	10.3
단기외채 / 총외채	%	18.7	16.4	16.4	17.2	..

29.3 한국과의 관계

외 교 관 계 수 립	1962. 6. 15 수교 (북한과는 미수교)			
주 요 협 정 체 결	문화협정(1973), 광학 및 기술협력협정(1975), 무역협정(1981), 외교관 및 관용여권 사증면제 협정(1982), 투자보장협정(1992), 범죄인인도조약(1996)			
무 역 현 황	2002	2003	2004	주 요 품 목
수 출 (천 달러)	21,345	27,140	38,360	기계, 섬유, 자동차, 화학제품
수 입 (천 달러)	563	947	4,952	목재류, 광물, 면직물
투 자 실 적	(2004년말 기준, 순투자기준) : 5건, 3,458천 달러 (제조업)			

30. 페루(Republic of Peru)

30.1 일반 개황

일반	위치	남미 태평양연안
	면적	1,285천 ㎢ (한반도의 6배)
	기후	온대 (해안고지대), 열대 (정글)
	인구	28백만 명 (2004)
	수도	Lima (5,708천 명)
	민족	인디언 (50%), 메스티조 (37%), 백인 (13%)
	언어	스페인어, 케추아어, 아이마라어
	종교	가톨릭 (90%)
정치	독립일	1821. 7. 28 (스페인)
	정부형태	대통령중심제 (공화제)
	국가원수	Alejandro Toledo 대통령
	의회	단원제 (120석)
	주요정당	페루가능성당 (PP), 아메리카혁명동맹 (APRA), 도덕독립전선 (FIM)
	국제기구가입	UN, IMF, IBRD, IDB, IFC, IDA, OAS 등
경제	GDP	684억 달러 (2004)
	1인당 GDP	2,487 달러 (2004)
	화폐단위	Nuevo Sol (NS)
	회계연도	1. 1 ~ 12. 31
	산업구조	(2004) 농업 6.7%, 제조업 25.7%, 서비스업 59.1%
	주요수출품	구리, 생선사료, 농산물, 원유
	주요수입품	중간재, 자본재, 소비재
	주요부존자원	금, 동 아연, 원유, 천연가스, 임산자원
	경제개발계획	-
	경제적강점	광물 등 부존자원 풍부
	경제적약점	높은 실업률, 지역·계층간 빈부 격차

30.2 주요 경제지표

	단 위	2000	2001	2002	2003	2004e
1 인 당 G D P	달러	2,047	2,037	2,111	2,230	2,487
경 제 성 장 률	%	2.9	0.2	4.9	3.8	5.1
총 통 화 증 가 율	%	-0.4	2.1	5.1	-2.4	3.1
소비자 물가상승률	%	3.8	2.0	0.2	2.3	3.7
환 율 (달러당, 연말)	NS	3.53	3.44	3.51	3.46	3.28
경 상 수 지	백만 달러	-1,559	-1,159	-1,127	-1,061	-72
상 품 수 지	백만 달러	-411	-195	306	731	2,728
수 출	백만 달러	6,955	7,026	7,723	8,986	12,546
수 입	백만 달러	7,366	7,221	7,417	8,255	9,818
서 비 스 수 지	백만 달러	-738	-881	-986	-931	-957
자 본 수 지	백만 달러	949	1,521	1,929	967	2,375
외 환 보 유 고	백만 달러	8,373	8,671	9,338	9,776	12,176
총 외 채 잔 액	백만 달러	28,710	27,612	28,106	29,857	29,700
총외채잔액/GNI	%	55.6	52.6	51.1	51.0	43.3
D. S. R.	%	25.6	22.0	32.8	21.6	18.6
단기외채 / 총외채	%	13.8	11.0	8.3	8.5	8.8

30.3 한국과의 관계

외 교 관 계 수 립	1963. 4. 1 수교 (북한과는 1989. 11. 21)			
주 요 협 정 체 결	무역협정(1976), 사증면제협정(1982), 문화협정(1983), 경제과학기술협력협정(1984) 투자보장협정(1993), 남극과학기술 및 보급협력협정(1996), 관광협력협정(2002)			
무 역 현 황	2002	2003	2004	주 요 품 목
수 출 (천 달러)	195,834	204,397	245,026	가전제품, 자동차, 석유화학제품
수 입 (천 달러)	204,570	194,417	283,116	아연, 동, 커피, 수산물
투 자 실 적	(2004년말 기준, 순투자기준) : 18건, 328,493천 달러 (광업)			

31. 푸에르토리코(Commonwealth of Puerto Rico)

31.1 일반 개황

일반	위 치 : 카리브해 면 적 : 9천 ㎢ (한반도의 1/25) 기 후 : 열대성 인 구 : 4백만 명 (2004) 수 도 : San Juan (43만 명) 민 족 : 스페인계 언 어 : 스페인어, 영어 종 교 : 가톨릭 (85%), 기독교 (15%)
정치	녹 립 일 : - (미국자치령) 정 부 형 태 : 미국식 대표체제 국 가 원 수 : Anibal Acevedo Vila 총독 의 회 : 양원제 (상원 27석, 하원 51석) 주 요 정 당 : 신진보당 (PNP), 대중민주당 (PPD), 푸에르토리코독립당 (PIP) 국제기구가입 : -
경제	G D P : 497억 달러 (2004) 1인당 GDP : 12,646 달러 (2004) 화 폐 단 위 : US dollar (US$) 회 계 연 도 : 7. 1 ~ 6. 30 산 업 구 조 : (2002) 제조업 66.4%, 상업 17.3%, 운송업 11.2% 등 주 요 수 출 품 : 화학제품, 식품, 기계류 주 요 수 입 품 : 화학제품, 기계류, 수송장비, 식품 주요부존자원 : 소량의 광물자원, 관광자원 경제개발계획 : - 경 제 적 강 점 : 미국 시장진출 용이 경 제 적 약 점 : 높은 대미 의존도

31.2 주요 경제지표

	단 위	2000	2001	2002	2003	2004e
1 인 당 G D P	달러	10,866	11,783	11,912	12,153	12,646
경 제 성 장 률	%	2.9	1.5	-0.5	1.9	2.8
총 통 화 증 가 율	%	..	..	..	..	..
소비자 물가상승률	%	5.7	8.2	4.5	8.1	8.9
환 율 (달러당, 연말)	US $	1.0	1.0	1.0	1.0	1.0
경 상 수 지	백만 달러	..	..	..	..	..
상 품 수 지	백만 달러	11,423	17,752	18,187	21,425	16,182
수 출	백만 달러	38,466	46,901	47,172	55,175	55,080
수 입	백만 달러	27,043	29,149	28,985	33,750	38,898
서 비 스 수 지	백만 달러	..	..	..	..	..
자 본 수 지	백만 달러	..	..	..	..	..
외 환 보 유 고	백만 달러	..	..	..	..	..
총 외 채 잔 액	백만 달러	..	..	..	..	..
총외채잔액/GNI	%	..	..	..	..	..
D. S. R.	%	..	..	..	..	..
단기외채 / 총외채	%	..	..	..	..	..

31.3 한국과의 관계

외 교 관 계 수 립	-			
주 요 협 정 체 결	없 음			
무 역 현 황	2002	2003	2004	주 요 품 목
수 출 (천 달러)	162,274	149,128	177,197	기계, 전자, 자동차
수 입 (천 달러)	102,568	118,342	121,990	철강, 의료용품, 전자기기
투 자 실 적	(2004년말 기준, 순투자기준) : 1건, 52,426천 달러 (도소매업)			

32. 세인트키츠네비스(Federation Of Saint Kitts and Nevis)

32.1 일반 개황

일반	위 치 : 카리브해 동부 (Leeward) 면 적 : 269천 ㎢ (한반도의 1/844) 기 후 : 열대성 인 구 : 38,958 명 (2005) 수 도 : Basseterre (15,000 명) 민 족 : 흑인 (95%) 언 어 : 영어 종 교 : 성공회, 기독교, 가톨릭 등
정치	독 립 일 : 1983. 9. 19 (영국) 정 부 형 태 : 내각책임제 (입헌군주제) 국 가 원 수 : 영국 여왕 (Denzil Douglas 수상) 의 회 : 단원제 (14석) 주 요 정 당 : 인민행동당 (PAM), StKitts-Nevis노동당 (SKNLP) 국제기구가입 : UN, IMF, IFC, Caricom, CDB, OAS 등
경제	G D P : 4억 달러 (2003) 1인당 GDP : 6,971 달러 (2003) 화 폐 단 위 : East Caribbean dollar (EC$) 회 계 연 도 : 1. 1 ~ 12. 31 산 업 구 조 : (2002) 농업 7%, 제조업 20%, 서비스업 72% 주 요 수 출 품 : 기계류, 식료품, 전자제품 주 요 수 입 품 : 기계류, 제조품, 식료품, 연료 주요부존자원 : 사탕수수, 관광자원 경제개발계획 : 해외투자유치, 관광업육성 경 제 적 강 점 : CBI 수혜국 경 제 적 약 점 : -

32.2 주요 경제지표

	단 위	2000	2001	2002	2003	2004e
1 인 당 GDP	달러	7,235	7,060	6,884	6,971	..
경 제 성 장 률	%	6.2	2.3	0.8	2.0	..
총 통 화 증 가 율	%	27.8	1.3	9.6	13.8	17.6
소비자 물가상승률	%	2.0	1.5	2.1	1.5	..
환 율 (달러당, 연말)	EC$	2.7	2.7	2.7	2.7	..
경 상 수 지	백만 달러	-62	-96	-122	..	..
상 품 수 지	백만 달러	-85	-94	-113	..	..
수 출	백만 달러	46	52	55	..	..
수 입	백만 달러	141	166	177	..	..
서 비 스 수 지	백만 달러	24	33	..	..	..
자 본 수 지	백만 달러	71.7	108.8	..	..	..
외 환 보 유 고	백만 달러	45	56	65	65	..
총 외 채 잔 액	백만 달러	156	218	263	310	..
총외채잔액/GNI	%	52.4	71.6	85.6	103.7	..
D. S. R.	%	12.9	12.9	22.6	..	..
단기외채 / 총외채	%	1.1	0.6	0.7	0.5	..

32.3 한국과의 관계

외 교 관 계 수 립	1983. 9. 19 수교 (북한과는 1991. 11. 23)			
주 요 협 정 체 결	사증면제협정(1990)			
무 역 현 황	2002	2003	2004	주 요 품 목
수 출 (천 달러)	219	154	227	자동차, 플라스틱
수 입 (천 달러)	23	15	20	섬유
투 자 실 적	(2004년말 기준, 순투자기준) : 없음			

33. 세인트루시아(Saint Lucia)

33.1 일반 개황

일반	위 치 : 카리브해 동부 (Windward) 면 적 : 616천 ㎢ (한반도의 1/359) 기 후 : 열대 해양성 인 구 : 171,500 명 (2003) 수 도 : Castries (57,000 명) 민 족 : 흑인 (90%), 혼혈 (6%), 인도인 (3%), 백인 (1%) 언 어 : 영어, 프랑스어 (Patois) 종 교 : 가톨릭 (90%), 기독교 (7%)
정치	독 립 일 . 1979. 2. 22 (영국) 정 부 형 태 : 내각책임제 (입헌군주제) 국 가 원 수 : 영국 여왕 (Kenny Anthony 수상) 의 회 : 양원제 (상원 11석, 하원 17석) 주 요 정 당 : 세인트루시아노동당 (SLP), 연합노동자당 국제기구가입 : UN, IMF, IFC, Caricom, CDB, OAS 등
경제	G D P : 699백만 달러 (2003) 1인당 GDP : 4,077 달러 (2003) 화 폐 단 위 : East Caribbean dollar (EC$) 회 계 연 도 : 4. 1 ~ 3. 31 산 업 구 조 : (2002) 농업 30%, 제조업 47%, 서비스업 69% 주 요 수 출 품 : 바나나, 의류, 코코아외 식료품 주 요 수 입 품 : 제조품, 기계류, 식품·가축 등 주요부존자원 : 관광자원, 바나나 경제개발계획 : 외국인투자 유치, 관광업 육성, 소규모 제조산업 육성 경 제 적 강 점 : 물가안정, CBI 수혜국 경 제 적 약 점 : 높은 대외의존도와 실업률

33.2 주요 경제지표

	단 위	2000	2001	2002	2003	2004e
1 인 당 GDP	달러	4,703	4,041	4,002	4,077	..
경 제 성 장 률	%	0.2	-4.6	0.1	2.0	..
총 통 화 증 가 율	%	5.5	4.4	2.1	8.4	8.3
소비자 물가상승률	%	3.8	0.1	1.6	0.9	..
환 율 (달러당, 연말)	EC$	2.7	2.7	2.7	2.7	2.7
경 상 수 지	백만 달러	-64	-50	-45	..	..
상 품 수 지	백만 달러	-259	-227	-212	..	..
수 출	백만 달러	53	45	64	..	..
수 입	백만 달러	312	272	276	..	..
서 비 스 수 지	백만 달러	197	170	134	..	..
자 본 수 지	백만 달러	85	70	90	..	..
외 환 보 유 고	백만 달러	77	87	92	105	130
총 외 채 잔 액	백만 달러	235	235	415	368	..
총외채잔액/GNI	%	36.8	38.8	65.5	57.2	..
D. S. R.	%	7.7	7.0	7.2	..	..
단기외채 / 총외채	%	28.8	29.6	49.2	36.2	..

33.3 한국과의 관계

외 교 관 계 수 립	1979. 2. 23 수교 (북한과는 1979. 9. 13 수교, 1988. 3. 24 단교후 1990. 7. 16 재수교)			
주 요 협 정 체 결	사증면제에 관한 각서교환(1990)			
무 역 현 황	2002	2003	2004	주 요 품 목
수 출 (천 달러)	666	757	1,240	기계류, 자동차, 섬유
수 입 (천 달러)	-	11	83	섬유
투 자 실 적	(2004년말 기준, 순투자기준) : 2건, 500천 달러 (제조업)			

34. 세인트빈센트 그레나딘(Saint Vincent and the Grenadines)

34.1 일반 개황

일반	위 치	카리브해 동부 (Windward)
	면 적	388 ㎢ (한반도의 1/569)
	기 후	열대 해양성
	인 구	117,534 명 (2004)
	수 도	Kingstown (26,500 명)
	민 족	흑인 (65%), 혼혈 (19%), 백인 (4%), 인도인 (6%)
	언 어	영어, 프랑스어방언(Patois)
	종 교	성공회, 기독교, 가톨릭 등
정치	독 립 일	1979. 10. 27 (영국)
	정 부 형 태	내각책임제 (입헌군주제)
	국 가 원 수	영국 여왕 (Ralph Gonsalves 수상)
	의 회	단원제 (21석)
	주 요 정 당	신민주당 (NDP), 연합노동당 (ULP)
	국제기구가입	UN, IMF, IFC, CARICOM, CDB, OAS 등
경제	G D P	4억 달러 (2003)
	1인당 GDP	3,318 달러 (2003)
	화 폐 단 위	East Caribbean dollar (EC$)
	회 계 연 도	1. 1 ~ 12. 31
	산 업 구 조	(2002) 농업 14%, 제조업 8%, 관광업 15%
	주 요 수 출 품	바나나, 감자, 밀가루, 테니스라켓
	주 요 수 입 품	식품, 소비재, 기계류
	주요부존자원	농산자원 및 관광자원
	경제개발계획	관광산업 육성
	경 제 적 강 점	물가안정, 농산자원풍부, CBI 수혜국
	경 제 적 약 점	광물자원 빈약, 높은 실업률

34.2 주요 경제지표

	단 위	2000	2001	2002	2003	2004e
1 인 당 GDP	달러	3,060	3,018	3,050	3,318	..
경 제 성 장 률	%	2.0	-0.1	1.4	2.0	..
총 통 화 증 가 율	%	5.5	5.2	5.2	4.5	10.2
소비자 물가상승률	%	0.2	0.8	0.8	0.3	2.9
환 율 (달러당, 연말)	EC$	2.7	2.7	2.7	2.7	2.7
경 상 수 지	백만 달러	-28	40	46	..	..
상 품 수 지	백만 달러	-93	-110	-117	..	..
수 출	백만 달러	51	41	39	..	..
수 입	백만 달러	144	151	156	..	..
서 비 스 수 지	백만 달러	66	72	76	..	..
자 본 수 지	백만 달러	30	59	23	..	..
외 환 보 유 고	백만 달러	55	61	52	50	74
총 외 채 잔 액	백만 달러	195	194	206	230	..
총외채잔액/GNI	%	61.9	59.0	60.1	64.5	..
D. S. R.	%	7.3	7.8	7.6	..	..
단기외채 / 총외채	%	16.0	16.1	15.7	14.6	..

34.3 한국과의 관계

<table>
<tr><td>외 교 관 계 수 립</td><td colspan="4">1979. 10. 28 수교 (북한과는 1981. 4. 3 수교, 1988. 1. 30 단교후 1990. 8. 17 재수교)</td></tr>
<tr><td>주 요 협 정 체 결</td><td colspan="4">사증면제에 관한 각서교환 (1990)</td></tr>
<tr><td>무 역 현 황</td><td>2002</td><td>2003</td><td>2004</td><td>주 요 품 목</td></tr>
<tr><td>수 출 (천 달러)
수 입 (천 달러)</td><td>499
1</td><td>988
1</td><td>26,878
13</td><td>기계류, 선박, 자동차
섬유</td></tr>
<tr><td>투 자 실 적</td><td colspan="4">(2004년말 기준, 순투자기준) : 1건, 870천 달러 (농림어업)</td></tr>
</table>

35. 수리남(Republic of Suriname)

35.1 일반 개황

일반	위 치 : 남미 동북부, 대서양 연안
	면 적 : 164천 ㎢ (한반도의 3/4)
	기 후 : 열대
	인 구 : 487,000 명 (2004)
	수 도 : Paramaribo (194,000 명)
	민 족 : 힌두계 (37%), 크리올 (35%), 자바인 (15%)
	언 어 : 화란어, 영어, 힌두어, 자바어, 중국어
	종 교 : 기독교 (50%), 힌두교 (27%), 회교 (20%)
정치	독 립 일 : 1975. 11. 25 (네덜란드)
	정 부 형 태 : 대통령중심제
	국 가 원 수 : Ronald Venetiaan 대통령
	의 회 : 단원제 (51석)
	주 요 정 당 : 수리남국민당 (NPS), 국가민주당 (NDS), 국민민주당 (NDP)
	국제기구가입 : UN, IMF, IBRD, OAU, Caricom, IDB, OAS 등
경제	G D P : 12억 달러 (2004)
	1인당 GDP : 2,599 달러 (2004)
	화 폐 단 위 : Suriname Guilder (SG)
	회 계 연 도 : 1. 1 ~ 12. 31
	산 업 구 조 : (2002) 광업 15%, 농업 9% 등
	주 요 수 출 품 : 알류미늄, 새우, 쌀
	주 요 수 입 품 : 원료 및 중간재, 자본재, 소비재
	주요부존자원 : 보크사이트 등 광물자원, 산림자원
	경제개발계획 : -
	경 제 적 강 점 : 광물·산림자원 풍부
	경 제 적 약 점 : 수출구조 취약, 자본 및 기술부족

35.2 주요 경제지표

	단 위	2000	2001	2002	2003	2004e
1 인 당 GDP	달러	1,190	1,760	2,023	2,542	2,599
경 제 성 장 률	%	-0.1	4.5	3.0	5.3	4.6
총 통 화 증 가 율	%	76.4	31.1	116.6	19.8	30.9
소비자 물가상승률	%	59.1	43.2	15.5	23.2	9.1
환 율 (달러당, 연말)	SG	2,179	2,179	2,515	2,625	2,735
경 상 수 지	백만 달러	32	-83	-131	-159	-175
상 품 수 지	백만 달러	153	140	48	30	33
수 출	백만 달러	399	437	369	488	537
수 입	백만 달러	246	297	321	458	504
서 비 스 수 지	백만 달러	-125	-115	-128	-136	..
자 본 수 지	백만 달러	-136	106	-33	-28	..
외 환 보 유 고	백만 달러	53	110	96	100	118
총 외 채 잔 액	백만 달러	295	300	321	325	330
총외채잔액/GNI	%	..	..	..	..	..
D. S. R.	%	..	..	..	..	..
단기외채 / 총외채	%	..	..	..	..	..

35.3 한국과의 관계

외 교 관 계 수 립	1975. 11. 28 수교 (북한과는 1982. 10. 11)			
주 요 협 정 체 결	어업협정 합의각서교환(1976), 사증면제협정(1976) 문화협정(1978), 경제·기술협력협정(1982)			
무 역 현 황	2002	2003	2004	주 요 품 목
수 출 (천 달러) 수 입 (천 달러)	1,991 37	2,864 27	3,777 1	전자 및 전기제품, 기계류 섬유
투 자 실 적	(2004년말 기준, 순투자기준) : 1건, 645천 달러 (광업)			

36. 트리니다드토바고(Republic of Trindad and Tobago)

36.1 일반 개황

일반	위치	카리브해
	면적	5천 ㎢ (한반도의 1/43)
	기후	아열대
	인구	1.3백만 명 (2004)
	수도	Port of Spain (35만 명)
	민족	흑인 (43%), 인도인 (40%), 메스티조 (14%), 백인 (1%), 중국계 (1%)
	언어	영어
	종교	가톨릭 (34%), 힌두교 (30%), 기독교 (19%), 회교
정치	독립일	1962. 8. 31 (영국)
	정부형태	공화제 (내각책임제)
	국가원수	Patrick Manning 수상
	의회	양원제 (상원 31석, 하원 36석)
	주요정당	민족연합의회당 (UNC), 국민재건동맹당 (NAR), 인민국가당 (PNM)
	국제기구가입	UN, IMF, IDB, IFC, CARICOM, CDB 등
경제	GDP	12억 달러 (2004)
	1인당 GDP	8,846 달러 (2004)
	화폐단위	Trinidad and Tobago dollar (TT$)
	회계연도	1. 1 ~ 12. 31
	산업구조	(2002) 원유산업 26.1%, 금융업 14.8%, 건설업 9.3%, 유통업 16.4%
	주요수출품	광물원료, 화학제품, 제조품
	주요수입품	자본재, 원자재, 중간재, 소비재
	주요부존자원	석유, 천연가스 등 광물자원
	경제개발계획	석유산업위주 개발계획 추진
	경제적강점	광물자원 풍부, CBI 수혜국
	경제적약점	편중된 상업구조, 높은 실업률

36.2 주요 경제지표

	단 위	2000	2001	2002	2003	2004e
1 인 당 GDP	달러	6,230	7,000	7,461	7,923	8,846
경 제 성 장 률	%	6.1	3.3	2.7	4.2	5.7
총 통 화 증 가 율	%	11.6	2.1	5.6	-0.7	..
소비자 물가상승률	%	3.5	5.5	4.1	3.8	3.7
환 율 (달러당, 연말)	TT$	6.3	6.3	6.3	6.3	6.3
경 상 수 지	백만 달러	544	416	106	1,001	1,906
상 품 수 지	백만 달러	969	718	193	1,293	2,954
수 출	백만 달러	4,290	4,304	3,875	5,205	7,333
수 입	백만 달러	3,321	3,586	3,682	3,912	4,838
서 비 스 수 지	백만 달러	166	203	264	..	..
자 본 수 지	백만 달러	174	321	397	..	..
외 환 보 유 고	백만 달러	1,386	1,876	1,924	2,257	2,993
총 외 채 잔 액	백만 달러	2,696	2,656	2,672	2,751	3,000
총외채잔액/GNI	%	35.8	32.1	31.9	27.1	26.0
D. S. R.	%	10.5	5.0	5.6	3.7	6.6
단기외채 / 총외채	%	31.6	32.4	32.4	32.3	..

36.3 한국과의 관계

외 교 관 계 수 립	1985. 7. 23 수교 (북한과는 1986. 1. 22)			
주 요 협 정 체 결	경제기술협력협정(1985), 사증면제에 관한 각서교환(1994)			
무 역 현 황	2002	2003	2004	주 요 품 목
수 출 (천 달러)	22,623	19,422	22,924	자동차, 섬유류, 철강제품
수 입 (천 달러)	708	339	6,882	암모니아, 건축용 석재
투 자 실 적	(2004년말 기준, 순투자기준) : 없음			

37. 우루과이(Republic of Uruguay)

37.1 일반 개황

일반	위 치 : 남미 동해안, 브라질 및 아르헨티나와 접경 면 적 : 176천 ㎢ (한반도의 3/4) 기 후 : 온대 인 구 : 3.4백만 명 (2004) 수 도 : Montevideo (1,384천 명) 민 족 : 백인 (90%), 메스티조 및 몰라토 (10%) 언 어 : 스페인어 종 교 : 가톨릭 (66%)
정치	독 립 일 : 1825. 8. 25 (스페인) 정 부 형 태 : 대통령중심제 국 가 원 수 :Tabare Vazquez 대통령 의 회 : 양원제 (상원 31석, 하원 99석) 주 요 정 당 : 콜로라도당 (PC), 블랑코당 (PN), 좌익연합 (EP) 국제기구가입 : UN, IMF, IDB, IFC, ICAO, OAS, MERCOSUR 등
경제	G D P : 128억 달러 (2004) 1인당 GDP : 3,765 달러 (2004) 화 폐 단 위 : Peso (Ps) 회 계 연 도 : 1. 1 ~ 12. 31 산 업 구 조 : (2000) 농업 7.3%, 제조업 21.1%, 서비스업 64.6% 주 요 수 출 품 : 육류, 섬유, 쌀 주 요 수 입 품 : 기계·수송설비, 석유 및 화학제품, 소비재 주요부존자원 : 금, 망간, 동, 농축산물 경제개발계획 : 경제구조조정정책 시행 중 경 제 적 강 점 : 농·목축업 발달 경 제 적 약 점 : 부존자원 및 국내자본 부족

37.2 주요 경제지표

	단 위	2000	2001	2002	2003	2004e
1 인 당 GDP	달러	6,090	5,470	3,617	3,294	3,765
경 제 성 장 률	%	-1.4	-3.4	-11.0	2.2	12.3
총 통 화 증 가 율	%	7.2	19.6	28.2	12.5	-1.7
소비자 물가상승률	%	4.8	4.4	14.0	19.4	9.2
환 율 (달러당, 연말)	Ps	12.5	14.8	27.2	29.3	26.4
경 상 수 지	백만 달러	-566	-487	322	52	-104
상 품 수 지	백만 달러	-927	-775	48	182	36
수 출	백만 달러	2,384	2,139	1,922	2,273	3,025
수 입	백만 달러	3,311	2,914	1,874	2,092	2,989
서 비 스 수 지	백만 달러	394	321	153	163	..
자 본 수 지	백만 달러	779	457	-1,928	-343	..
외 환 보 유 고	백만 달러	2,431	3,050	763	2,079	2,507
총 외 채 잔 액	백만 달러	8,175	9,690	10,764	11,764	12,600
총외채잔액/GNI	%	41.4	53.4	88.6	109.1	98.4
D. S. R.	%	29.6	36.2	40.0	34.2	31.0
단기외채 / 총외채	%	23.4	30.2	14.9	12.3	..

37.3 한국과의 관계

외 교 관 계 수 립	1964. 10. 17 수교 (북한과는 미수교)			
주 요 협 정 체 결	문화협정(1971), 무역협정(1981), 경제과학기술협력협정(1985) 외교관 및 관용사증면제협정(1993)			
무 역 현 황	2002	2003	2004	주 요 품 목
수 출 (천 달러) 수 입 (천 달러)	34,657 5,645	44,352 11,692	39,587 14,507	섬유류, 전자, 자동차 농산물, 육류, 냉동어류
투 자 실 적	(2004년말 기준, 순투자기준) : 1건, 85천 달러 (제조업)			

38. 베네수엘라(The Bolivarian Republic of Venezuela)

38.1 일반 개황

일반	위 치 : 남미 북부 면 적 : 912천 ㎢ (한반도의 4.5배) 기 후 : 열대 인 구 : 26백만 명 (2004) 수 도 : Caracas (2.5백만 명) 민 족 : 메스티조 (69%), 백인 (20%), 흑인 (9%), 인디언 (2%) 언 어 : 스페인어 종 교 : 가톨릭 (96%), 기독교 (10%)
정치	독 립 일 : 1819. 7. 5 (스페인) 정 부 형 태 : 대통령중심제 (연방공화제) 국 가 원 수 : Hugo Chavez Frias 대통령 의 회 : 단원제 (165석) 주 요 정 당 : 공화운동당 (MVR), 사회운동당 (MAS), 민주행동당 (AD) 국제기구가입 : UN, IMF, IBRD, ANCOM, IDB, OPEC 등
경제	G D P : 1,122억 달러 (2004) 1인당 GDP : 4,315 달러 (2004) 화 폐 단 위 : Bolivar (Bs) 회 계 연 도 : 1. 1 ~ 12. 31 산 업 구 조 : (2002) 원유산업 26.4%, 제조업 14.3%, 서비스업 48.9% 등 주 요 수 출 품 : 석유, 금속, 화학제품 주 요 수 입 품 : 기계류, 수송설비, 식음료 주요부존자원 : 석유, 철광석, 천연가스 경제개발계획 : - 경 제 적 강 점 : 석유 및 광물자원 풍부 경 제 적 약 점 : 과중한 대외채무, 높은 석유의존도

38.2 주요 경제지표

	단 위	2000	2001	2002	2003	2004e
1 인 당 GDP	달러	4,985	5,252	3,695	3,346	4,315
경 제 성 장 률	%	3.7	3.4	-8.9	-7.7	-17.9
총 통 화 증 가 율	%	23.2	14.8	15.7	57.5	46.9
소비자 물가상승률	%	16.2	12.5	22.4	31.1	21.7
환 율 (달러당, 연말)	Bs	700	763	1,401	1,598	1,918
경 상 수 지	백만 달러	12,106	2,062	7,423	11,500	15,600
상 품 수 지	백만 달러	16,664	7,592	13,034	16,483	22,053
수 출	백만 달러	33,529	26,252	26,656	27,170	39,371
수 입	백만 달러	16,865	18,660	13,622	10,687	17,318
서 비 스 수 지	백만 달러	-3,253	-3,290	-2,909	-2,644	-3,026
자 본 수 지	백만 달러	-2,969	-211	-9,246	-4,942	-10,154
외 환 보 유 고	백만 달러	12,633	8,825	8,038	15,546	17,867
총 외 채 잔 액	백만 달러	38,152	34,960	33,986	34,851	33,700
총외채잔액/GNI	%	31.8	29.0	36.6	42.3	..
D. S. R.	%	16.1	24.7	25.4	29.7	19.6
단기외채 / 총외채	%	10.7	13.3	13.5	12.5	..

38.3 한국과의 관계

외 교 관 계 수 립	1965. 4. 29 수교 (북한과는 1974. 10. 24)			
주 요 협 정 체 결	과학기술협정(1993), 외교관·관용 사증면제협정 발효(1994) 문화협정(1995)			
무 역 현 황	2002	2003	2004	주 요 품 목
수 출 (천 달러)	247,486	106,977	229,902	자동차, 전자·전기제품, 의류
수 입 (천 달러)	45,873	50,171	93,609	철광, 동, 금속제품
투 자 실 적	(2004년말 기준, 순투자기준) : 5건, 59,730천 달러 (제조업, 무역업)			

39. 프랑스령 가이아나(French Guiana)

39.1 일반 개황

일 반	위 치 : 남미대륙 동북부 해안, 브라질 및 수리남과 접경 면 적 : 91천 ㎢ (한반도의 2/5) 기 후 : 열대성 인 구 : 195,509 명 (2004) 수 도 : Cayenne (50,000 명) 민 족 : 흑인 혼혈 (66%), 백인 (12%), 카리브인디언 (12%) 언 어 : 프랑스어, 크레올어 종 교 : 가톨릭, 기독교
정 치	독 립 일 : - (프랑스 해외령) 정 부 형 태 : 자치정부 국 가 원 수 : 프랑스 대통령
경 제	G D P : 7억 달러 (2004) 화 폐 단 위 : French Franc (Ff) 주 요 수 출 품 : 어류 주 요 수 입 품 : 기계류 및 운송장비, 식료품, 기초소비재 주요부존자원 : 금

39.2 한국과의 관계

외 교 관 계 수 립	-			
주 요 협 정 체 결	없 음			
무 역 현 황	2002	2003	2004	주 요 품 목
수 출 (천 달러) 수 입 (천 달러)	2,720 14	3,462 9	3,175 1	철강제품, 전자제품 -
투 자 실 적	(2004년말 기준, 순투자기준) : 없음			

40. 과데로프(Guadeloupe)

40.1 일반 개황

일반	위 치 : 서인도제도의 동부 카리브해 (Leeward) 면 적 : 1,780 ㎢ 기 후 : 열대성 인 구 : 448,713 명 (2004) 수 도 : Basse-Terre (15,000 명) 민 족 : 흑인 혼혈 (90%), 백인 (5%) 언 어 : 프랑스어, 크레올어 종 교 : 가톨릭 (95%)
정치	독 립 일 : - (프랑스 해외령) 정 부 형 태 : 자치정부 국 가 원 수 : 프랑스 대통령
경제	GDP : 39억 달러 (1998) 화 폐 단 위 : French Franc (Ff) 주 요 수 출 품 : 바나나, 설탕 등 농산물 주 요 수 입 품 : 기계류 및 운송장비, 식료품, 기초소비재

40.2 한국과의 관계

외교관계수립	-			
주요협정체결	없 음			
무 역 현 황	2002	2003	2004	주요품목
수 출 (천 달러) 수 입 (천 달러)	9,909 25	11,145 7	16,861 13	가전제품, 타이어, 자동차 섬유, 측정기기
투 자 실 적	(2004년말 기준, 순투자기준) : 없음			

41. 마르띠니끄(Martinique)

41.1 일반 개황

일반	위　　치 : 서인도제도의 동부 카리브해 면　　적 : 1천 ㎢ 기　　후 : 열대성 인　　구 : 432,950 명 (2004) 수　　도 : Fort-de-France (150천 명) 민　　족 : 흑인 및 혼혈 90%, 백인 5% 언　　어 : 프랑스어, 크레올어 종　　교 : 가톨릭 (88%)
정치	독 립 일 : - (프랑스 자치령) 정 부 형 태 : 자치정부 국 가 원 수 : 프랑스 대통령
경제	GDP : 61억 달러 (2001) 화 폐 단 위 : French Franc (Ff) 주 요 수 출 품 : 바나나 등 농산물, 석유 주 요 수 입 품 : 기계류 및 운송장비, 식료품, 기초소비재 주요부존자원 : 농산물, 관광자원

41.2 한국과의 관계

외교관계수립	-			
주요협정체결	없　음			
무역현황	2002	2003	2004	주요품목
수출 (천 달러)	9,172	13,415	16,372	가전제품, 자동차, 기계류
수입 (천 달러)	-	-	1	-
투자실적	(2004년말 기준, 순투자기준) : 없음			

42. 미국령 버진군도(Virgin Islands of United States)

42.1 일반 개황

일 반	위　　치 : 카리브해 동부 면　　적 : 352천 ㎢ 기　　후 : 열대 인　　구 : 108,708 명 (2004) 수　　도 : Charlotte Amalie (60,000 명) 민　　족 : 흑인 (70%) 언　　어 : 영어 종　　교 : 가톨릭, 성공회
정 치	독 립 일 : - (미국 자치령) 정 부 형 태 : 자치령 국 가 원 수 : 미국 대통령
경 제	1인당 GDP : 24억 달러 (1995) 화 폐 단 위 : US Dollar (US$) 주 요 수 출 품 : 석유제품 주 요 수 입 품 : 원유 주요부존자원 : 관광자원

42.2 한국과의 관계

외교관계수립	-			
주요협정체결	없　음			
무 역 현 황	2002	2003	2004	주요품목
수 출 (천 달러)	278	228	210	의류, 기계류
수 입 (천 달러)	42	2,296	14,292	가죽제품
투 자 실 적	(2004년말 기준, 순투자기준) : 없음			

찾아보기

〈주요 저서〉

현대통상의 이해(공저), 경문사, 2001.
남북한경제의 이해, 굿북스 코리아, 2001.
국제지역학의 이해, 도서출판 두남, 2002.
국제투자의 이해(공저), 경문사, 2002.
현대무역의 이해(공저), 연암사, 2002.
유럽지역연구, 도서출판 두남, 2003.
미주지역연구, 시그마 프레스, 2003.
현대투자론(공저), 시그마 프레스, 2003.
세계지역연구, 한올출판사, 2004.
국제기업의 이해(공저), 도서출판 두남, 2003.
국제무역론, 한올출판사, 2004.
국제통상환경론, 청목출판사, 2005.
현대중국경제론, 청목출판사, 2005.
21세기 글로벌기업론, 청목출판사, 2006.
21세기 글로벌무역의 이해, 청목출판사, 2006.
21세기 글로벌통상의 이해, 청목출판사, 2007.
21세기 글로벌투자의 이해, 청목출판사, 2007.
외 다수

〈주요 논문〉

- "미국과 일본의 거시경제적 충격이 한국경제에 미치는 상대적 영향", 경제학연구, 제43집 제3호, 한국경제학회, 1995.
- "Empirical Test of The Market-oriented CAPM and January Effect", LSU Working Paper, 1997.
- "Money Demand Model of Inflation : Reexamined", LSU Working Paper, 1997.
- "Cointegration Test of Purchasing Power Parity", Western Social Science Association, 40th Annal Conference Proceeding, 1998.
- "A VAR Analysis of the Influence of the U.S. Economic Disturbances on the Korean Economy", Journal of Korea Trade, Vol. 3, 1999.
- "Economic Interdependence between Korea and Japan : Empirical Inquiry", Journal of Korea Trade, Vol. 4, No. 2, 2000.
- "교육용 유사주문형 비디오에 대한 지불의사액 분석", 경제학연구, 제48집 제13호, 한국경제학회, 2000.
- "산업연관 분석을 이용한 전파통신산업의 산업파급효과 분석", 중소기업연구, 제22권 제2호, 한국중소기업학회, 2000.
- "남북경협과 중소기업의 대북한 진출방안", 무역학회지, 제26권 제1호, 한국무역학회, 2001.
- "Modeling Zero Response Data from Willingness to Pay Surveys", Economics Letters, Vol. 71, No. 2, 2001.
- "Real Exchange Rate-Interest Rate Differentials : Empirical Inquiry", Journal of Korea Trade, Vol. 5, No. 1, 2001.
- "International Transmission of Economic Disturbances : Reexamined", 국제통상연구, 제7권 제1호, 한국국제통상학회, 2002.
- "An Empirical Analysis of Economic Linkages between Korea and U.S.", 산업경제연구, 제16권 제5호, 2003.
- "남북한 금융협력에 관한 연구", 국제통상연구, 제8권 제3호, 한국국제통상학회, 2003.
- "동북아허브 발전전략에 대한 고찰", 한국항만경제학회지, 제19집 제2호, 한국항만경제학회, 2003.
- "An Empirical Analysis of Economic Linkages between Korea and Germany", 유럽연구, 제21권(2005년 여름), 한국유럽학회, 2005.
- "동북아 금융허브 발전전략에 관한 연구", 국제지역연구, 제10권 제3호, 국제지역학회, 2006.

외 다수

현대중남미경제론

2014년 4월 25일 중판인쇄
2014년 4월 30일 중판발행

저 자 이 재 기
발행인 유 성 열
발행처 청목출판사
서울특별시 영등포구 신길로 40길 20
전화 (02) 849-6157(代) · 2820 / 833-6090~1
FAX (02) 849-0817
등록 제318-1994-000090호

파본은 바꾸어 드립니다. 값 18,000원

http : //www.chongmok.co.kr

ISBN 978-89-5565-180-5